意識科学

Consciousness Science

意識科学研究会 米田 晃・前田 豊［編著］

意識が現象を創る

ナチュラルスピリット

I am pleased to offer the following Message or Foreword for your book on Consciousness.

The book of studies edited and presented by Prof. Yutaka Maeda is interesting and important for several reasons.

First, because there is a new discipline arising in science, the science of consciousness, and this book makes a major contribution to its development. The science of consciousness is a new discipline, and it is a natural science, not a science of phenomena produced uniquely by humans, not an epi- phenomenon of the human brain. In the new science, consciousness is a natural phenomena, just as much present in the universe as energy and information—and objectively more present than what classical physics called "matter" - which, in the final count, is mass produced by integrated clusters of vibratory energy in a cosmic field. The new science of consciousness is a natural science, the science of a fundamental element of the natural world.

Second, this book is important because developing a natural science of consciousness is an urgent need in regard to the future of human life on this planet. We have reached a crisis-point in the evolution of our social and ecological systems, and the impending and already present crisis is due to wrong or inadequate thinking. Our thinking is not a mere abstract reasoning from sensory experience but rooted in the way we process our experience: in what elements we take into account, and how we take them into account. This choice defines the nature of our consciousness. If we are to overcome the current crisis we need to adopt better thinking, and that means a more accurate processing of experience—a more evolved consciousness. It is clear and indisputable that if our problems are the result of wrong or inadequate thinking we cannot solve them with the same kind of thinking, as Einstein has reminded us.

We need a natural science of consciousness to understand ourselves and understand the world, and to live and thrive in the world. For both these reasons studies such as those published in this volume are of utmost interest and importance. I hope that they will be read by all thinking and morally aware and responsible people throughout Japan, and ultimately throughout the world.

Ervin Laszlo
November, 2015

推薦文

アーヴィン・ラズロ

この『意識科学』の書籍について、次のメッセージをお送りします。

本書に提示された研究はいくつかの理由から、極めて興味深く、重要です。

第一に、ここには科学で生じる新たな領域「意識科学」が存在し、この本はその発展に大きく貢献しています。意識の科学は新しい学問分野であり、それは自然科学であります。人間により特異的に生じる現象の科学でなく、人間の脳が作りだすエピ現象（2次的現象）でもありません。

新しい科学では、意識は自然現象であり、宇宙に多く存在するエネルギーや情報と同じようなものであり、伝統的科学が「物質」と呼ぶ、究極的算定で、宇宙場の振動エネルギーの統合集合体によって生成される質量なるもの以上に存在しています。

「意識の新しい科学」は、自然科学であり、自然界の基本要素の科学です。

第二に、この本が重要であるのは、意識の自然科学的展開が、この地球上の人類の未来について、緊急に必要であるからです。私たちは、社会や生態系の進化において、危機ポイントに達しており、差し迫ったすでに存在する危機は、間違った不適切な考え方に起因しています。

私たちの思考は、感覚的経験から来る単なる抽象的推論ではなく、どのような要素を考慮に入れ、どのように取り入れるかという我々の経験を処理する方法に根ざしています。この選択は、私たちの意識の性質を特徴づけます。

私たちが現在の危機を克服するためには、より良い考え方を選ぶ必要があり、それはより進化した意識を持った経験のより正確なプロセスを意味します。

アインシュタインが私たちに思い出させたように、私たちの諸問題が間違った、不適切な思考の結果である場合に、同様の考え方で解決できないことは明らかで、議論の余地がありません。

私たちが自分自身を理解し、世界を理解し、世界で生き繁栄するためには、意識の自然科学を必要としています。これらの理由から、このような内容で公開される研究は、最大限の関心を持つべきであり、重要であります。

私は、これらが日本全体の思想家、道徳認識者、責任者によって読まれ、最終的には世界的に広がっていくことを願っております。

〈訳・文責／前田 豊〉

意識科学　意識が現象を創る——目次

序文
階層する場の中の私たち

サトルエネルギー学会会長
帯津良一

意識科学とは生命科学の究極であり、かつ生命哲学の究極である。しかし、わざわざ生命科学とか生命哲学と断らなくても、生命について、これを明らかにすることが、全ての科学の目標であり、全ての哲学の目標であるとするならば、意識科学は科学の、そして哲学の究極ということになる。

サトルエネルギーの最大の領域を占めるものが意識エネルギーであるとすれば、サトルエネルギー学会の諸賢が、意識科学についてのこれまでの研究成果を世に問うことはきわめて意義深いことである。喜んで序文の労を執ることにした次第である。

まずは私自身のことで恐縮だが、30年余にわたってホリスティック医学を追い求めるなかで、意識（こころ）についてはは次のように考えてきた。ホリスティック医学とは、からだ（ＢＯＤＹ）、こころ（ＭＩＮＤ）、いのち（ＳＰＩＲＩＴ）の三者が一体となった人間まるごとをそっくりそのままとらえる医学である。

いのちとは、内なる生命場のエネルギーである。ちなみに、私たちのからだには電磁場や重力場などと共に生命に直結する物理量が分布して〝場〟を形成しているとして、これを生命場と呼ぶことにしているのである。こころ（意識）とは、刻々と変化する内なる生命場の状況が大脳というフィルターを通して外部に表現されたものとするならば、こころの本体も内なる生命場ということになる。

そして、最後のからだとは、これまた内なる生命場の特殊な状態と考えてもよいだろう。「動的平衡にあるシステムを生命」と定義する分子生物学者の福岡伸一さんが、動的平衡の流れのなかの淀《よど》みを以ってからだとしているのも魅力的でわかりやすい。

このように、人間の、あるいは生命の本体とは場の営みなのだ。そう思って内なる生命場に目を凝らしてみると、幾重もの場の階層が見えてくる。すなわち臓器、組織、細胞、遺伝子、分子、原子、素粒子などがつくる場の階層である。

さらに、内なる生命場も環境の場の一部として私たちをとりまく環境に目を向けてみると、これまた幾重もの場の階層が見えてくる。すなわち、家庭、学校、職場、地域社会、自然界、国家、地球、宇宙と広がって最後は虚空に至る。

つまり、私たちは体内に場の階層を孕《はら》んで、場の階層の中にある。こうして自然界が場の階層から成ることを私に最初に教えてくれたのは分子生物学者の松本丈二さんであるが（注：『ホメオパシー医学への招待』、フレングランスジャーナル社）、西田幾多郎の「場所論」にも多田富雄さんの「免疫の意味論」にもその片鱗はうかがわれる。

さらに、いずれの場にもエネルギーがあり、それがいのちであることは言うまでもない。当然、からだもこころもそこに存在する。かくして、いずれの場にも意識が存在することになる。つまり、いずれの場も意識科学の対象となるわけである。

しかも、階層する場には上の階層は下の階層を超えて含むという原理がある。つまり上の階層は下の階層の保有する性質の全てを持ち合わせた上に、新しい性質を抱いている。ですから、下の階層で得られた研究成果を上の階層に当てはめようとすると、無理が生じることが少なからずあるという。例えば、人間という階層に生まれた、がんという病に対するのに臓器という階層に築かれた西洋医学だけを以ってしたのでは手を焼くことが多いというようなものである。

いのちにしても意識にしても、私たちが目指すのは虚空の場のそれである。そのために果たすは日々の養生。その推進力はベルクソンの生命の躍動。生命の躍動は歓喜を生み、必ず創造を伴うという。創造とは自己による自己の創造つまり自己実現である。

意識科学が虚空という場について明らかにしてくれるのはいつの日か。楽しみなことではある。

第1章

科学の進歩と先端科学

前田 豊（まえだ・ゆたか）
前田技術研究所所長、サトルエネルギー学会理事、「意識科学研究会」副座長。
兵庫県出身。大阪大学工学部修士課程修了。繊維化学会社・技術情報部門を経て、前田技術事務所にて情報関連業務に従事。古代史に関心を持ち、「歴史研究」を開始。また不思議現象の発現メカニズムを研究し、国際生命情報学会などで発表。サトルエネルギー学会理事、意識科学研究会事務局長。イワクラ学会理事。エネルギー資源学会、先端材料学会および国際生命情報学会の会員。
著書：『古代神都東三河』、『消された古代東ヤマト』、『徐福王国相模』（以上、彩流社）、『炭素繊維の最先端技術』、『炭素繊維の応用と市場』（シーエムシー出版）など。

世界は、目まぐるしく変化しています。

2015年は、3・11東日本大震災に続く激動の年と言われてきました。天変地異の予兆を背景に、現代社会は、根本から再構築される節目をもたらすような年を迎えました。

このような時代に、人類の意識が進化して、アセンション（次元上昇）するとも言われています。

一方、新しいスピリチュアル世界の到来を直観して、人類の覚醒を目指すサトルエネルギー学会は設立20周年を迎え、その研究部門である意識科学研究会は、意識は現象を創るとの標語の元に、意識科学の確立を目指して2006年に設立されましたが、ちょうど10周年を迎えます。

サトルエネルギー学会は、悠久の太古から伝わってきた人類の叡智に学び、それに科学的な視点を加えて、「見えない意識」と「見える現象」とを橋渡しすることを主体に研究する団体であります。サトル（Subtle＝気〈または氣と記す〉のような微細精妙な）エネルギーと人間の本質を研究する学会であります。

意識科学研究会は「意識が現象を創る」という、従来の物質科学を超えた、意識科学を世に確立しようと、各種の研究発表や勉強会・セミナー活動を続けてきました。本書は、意識科学研究会10周年を記念して、意識科学の確立を提唱する画期的書籍を目指すものであります。

ところで、本書の出版にあたり、世界的に著名な哲学者・未来学者のアーヴィン・ラズロ博士の御厚意により、推薦文をお寄せいただきましたことは、誠に光栄なことであります。

ラズロ博士は、21世紀の現代を「ワールドシフト」の時代と称して、地球人類の意識進化を進める活動を行なわれておりますが、本書で提言する「意識科学」は、まさにこの活動の一端を担うものと、認めていただけたものと考えられます。

この変動する世の中が、我々の意識によって動かされていると知れば、科学においても新たな目覚めが必要であると痛感されます。以下に意識科学に繋がる科学の進化を辿ってみましょう。

古代ギリシャの空間と宇宙認識

人類は、自らのその存在を認識し、どのようなルーツを持つかに関心を持つ存在です。宇宙がどのようにして生まれ、発展し、生命が生まれ進歩し、今日あるような存在になったかを認識する科学の道筋を辿ってみましょう。それによって、人類の将来を記述できる意識の科学が導き出せると考えています。(1)

全ての物事は点から始まる

次元は0次元から始まり、0《ゼロ》次元は点です。点とは、「ある場所」のことであって、事物ではありません。そこには、長さや幅や高さ、色や重さや匂いなど、物事の性質を示す基準や量がないのです。あるのは、「ここ」とか「あそこ」と指定される場所だけです。事物の性質を示す基準や量、すなわち次元がないので、点は0次元ないし0次元空間と呼ばれます。

0次元が点であり、一次元が線です。こうした見方は、近代の数学や科学の歴史と共に始まったのではなく、2000年以前の古代ギリシャの哲学者たちがすでに深く考察していました。

ユークリッド幾何学の誕生

0次元の点を引きずって移動させれば、点の跡が線を描くことになります。しかし、実際に0次元の点を動かすことはできません。点は幅も長さもない無限小の存在なので、それを動かす方法や手段が存在しない。また紙に直線を描くことはできるが、どんな方法を使ってもその線には幅が生じてしまうので、それは一次元の線ではありません。肉眼で見分けられないほどの細い線もよく見れば必ず幅を持っています。そこで、紙に書かれた線は幅のある長さ、すなわち二次元の面であることが明らかになります。

紀元前427年に生まれたプラトンは、師のソクラテスが獄中で毒杯をあおって死ぬ間際に、その場に集まった弟子たちの哲学的議論をまとめ、『パイドン』として著しました。それは主にソクラテスが死をどのように考えていたかについて、あるいは霊魂の不滅について記したものですが、そこではまた次元空間についても書き記しています。つまり、現実世界では線の幅をどこまで細くしていっても幅のない真の線（一次元空間）を描くことはできないというのです。

だが、プラトンは現実世界に真の線が存在しないとしても、我々が幅のない線を想像できることを重視していました。たとえ真の線が目には見えなくてもそれは存在する、と考えていました。

プラトンが没して20年ほどのちに生まれたユークリッド（エウクレイデス）は、一次元の線をより厳密に定義しました。彼は、当時の世界でもっとも有名な都市の一つであったエジプト北部の地中海に面したアレクサンドリアにおいて、アレクサンドロス大王に幾何学を教えたとされる数学者・天文学者であり、当時の幾何学を体系的にまとめた13巻からなる『原論』を著しています。

この著作の第1巻には、幾何学の基礎となる23の「定義」と5つの「公理」、そして5つの「公準」が示されています。ユークリッドはこの本を書き残すことによって、平面の幾何学、いわゆる「ユークリッド幾何学」の創始者となったのです。

プトレマイオスの天動説

紀元前の古代ギリシャの学者たちは、地球が宇宙の中心ではなく、太陽の周りを回っている1つの天体であるという鋭い洞察をしていたのですが、2世紀に活躍した古代ギリシャの天文学者プトレマイオスによって否定されてしまいます。

プトレマイオスは、古代のアレクサンドリアに在住したとされ、そこに集められた膨大な資料から、それまでのギリシャの天文学を集大成し、「アル・マジスティ（アルマゲスト）」という教科書にまとめあげました。この教科書の原本は残されていないのですが、部分的に伝承されたものから、当時の世界観が体系的に編まれていたことがうかがえます。西洋星座の原点となったギリシャ神話に基づく48の星座や、恒星表など全部で13巻の一大著作です。

その中でプトレマイオスは、いわゆる天動説の立場をとって、宇宙を描き出して説明しました。すなわち、地球が宇宙の中心にあり、不動であるとした前提のもと、5つの惑星（水星、金星、火星、木星、土星）および太陽、月の7つの天体が、地球の周りを回ることによって、その運動を説明するというものです。

順序は見かけの動きの速さから、地球に近い順に月、水星、金星、太陽、火星、木星、土星と考えられていました。この時の天体の軌道は、当時の幾何学から真円であるとされています。宇宙に完全なる幾何学を求めた結果といえましょう。

しかし、それだけでは実際の惑星の運動を再現できません。見かけ上の惑星の不規則な運動、つまり、それまで東に向かって進んでいた惑星が突然、西向きに方向を変え、見かけ上、戻ってしまうような逆行運動が存在するからです。

そこで、惑星の軌道上にさらに半径の小さな円を描き、惑星はこの上を円運動しながら、その小さな円そのものが地球の周りを回るという軌道の二重構造を導入する修正が加えられました。小さな円の方を「周転円」と呼ぶが、その導入により、惑星の逆行運動がかなり説明できたため、プトレマイオスの天動説はその後、長いあいだにわたって人類の宇宙観を支配することになりました。(2)

中世の宇宙観

コペルニクスの地動説

プトレマイオスの天動説は、中世まで西洋での宇宙観の基本でした。当時のキリスト教神学でも、人間の住む地球は宇宙の中心であるのにふさわしいと考えられていたので、天動説に異議をとなえるのは相当の覚悟が必要でした。

15世紀から16世紀に活躍したポーランドの天文学者コペルニクスは、「周転円」を導入する天動説に無理があり、古代ギリシャのピタゴラス派がとなえていた地動説の方が、より自然に観測される現象を説明できることに気づいていました。しかし、生前はその発表をためらったようです。

そして自らの死後に、太陽を中心にした地動説を『天球の回転について』として発表しました。しかし、その著書の中でコペルニクスは、「これはあくまで数学的な考察として出版するものである」と、自ら地動説が真実であることを主張するのではないと書いています。

それほど当時のキリスト教の教義に反するのは危険でした。実際、当時は異端尋問にかけられ、火あぶりにされた学者や知識人もいました。コペルニクスが慎重を期して、自らの著作を死後に発表したのも理解できます。

ガリレオ・ガリレイの天文学

ガリレオは、物体の運動の研究をする時に、実験結果を数学的に記述し分析するという手法を採用しました。

このことが現代の自然科学の領域で高く評価されています。以前にはこのように運動を数学的に研究する手法はヨーロッパには無かった、と考えられています。

さらにガリレオは、天文や物理の問題について考える時、アリストテレスの説や教会が支持する説など、既存の理論体系や多数派が信じている説に盲目的に従うのではなく、自分自身で実験も行なって実際に起こる現象を自分の眼で確かめるという方法を採ったと考えられています。それらにより、現代では、「科学の父」と呼ばれています。

しかし、ガリレオはコペルニクスの地動説を支持したため、宗教裁判で有罪を宣告され、1633年に禁固刑を受けることになりました。そして間もなく、両眼を失明し、9年後に幽閉先で失意のうちに世を去っています。享年77歳。ローマ法王庁は葬儀も許さなかったといいますが、ガリレオ・ガリレイの宗教裁判は、実は偽造文書をもとにでっちあげられたものであり、法王庁の誤審だったことが明らかになっています。ローマ法王庁ものちに、誤審に気づき120年あまりのちの1757年に、ガリレオに対する有罪判決を取り消しています。

近代科学の誕生

近代科学は、古代ギリシャ的な神秘主義と決別し、精神と物質を全く別なものと考える「物心2元論」をもとにして発展しました。ガリレオと同時代のフランスの哲学者、デカルトが数学や物理学の分野で顕著な業績を上げています。

たまたま、「ニュートン力学」が、物質の世界を極めてよく記述できたため、デカルトの哲学と結びつけられ、「デカルト・ニュートン」によって確立された近代科学思想という表現が用いられています。(3)

ニュートンによる新科学体系

アイザック・ニュートンは、リンゴの実が落下するのを見て万有引力を発見したと言われています。これを契機に、近代科学の礎となった「ニュートン力学」を完成し、『プリンキピア』という題名の書物にまとめたのが、ガリレオの宗教裁判からちょうど半世紀後の１６８７年です。

今日、我々はニュートン力学に基づいて自動車や飛行機を製造し、橋梁、ビルなどを建築しています。物を作るためのコンピューターシミュレーションは、ニュートン力学に基づき、素晴らしい精度で現実の世界を記述してくれています。

このように、彼は近代科学の合理主義を体現した人に違いないと思われていますが、そうでもありません。『プリンキピア』を出版した時、彼は45歳でしたが、85歳にいたるまでの40年間、「錬金術」の実験に取り組み、論文を発表しています。

当時はまだ、「錬金術」はコペルニクス、ガリレオ、ケプラーたちの近代科学より、はるかに広く社会で受け入れられている伝統的な学問でした。錬金術師たちは精神的徳性の高さが、物質の変成過程に影響を与えると信じて、常日頃、禁欲的な修行を行ない、作業の前には「瞑想」をする習慣がありました。

ニュートンも、長年にわたって瞑想を実習していたそうです。もし、『プリンキピア』出版以前から瞑想を行なっていたのなら、それが「万有引力」の発見に貢献した可能性も否定できません。今日でも、多くの科学者たちが瞑想によって新しい仮説を生んでいます。

ニュートン以後、実験と観察に基づく近代科学的な方法論が定着し、頑迷だったキリスト教的「宇宙モデル」も次々に覆されていきました。教会の権威は失墜し、18世紀の終わり頃には、「異端審問」も「魔女狩り」も見られなくなり、歴史的には、中世の終わり、近代の始まりと位置づけられています。

「科学対宗教の闘い」は終わり、社会の規範は「宗教」から「科学的合理主義」に引き継がれました。その後、科学はますます発展し、社会における宗教の守備範囲は狭くなり、「科学的合理主義」はやがて、古代ギリシャ的な神秘主義と訣別して今日にいたっています。

ところが、ニュートン力学しか知らない人は宇宙旅行に出かけることはできません。地球上で正確に物事を記述できた「ニュートン力学」も、宇宙空間に飛び出したとたん、近似精度が全く不十分で使えなくなるからです。高速で運動する物体の上では、時間の進み方が遅くなるのです。地球のように重い物体の近くでは、時間が遅く進みます。海面上と山の上では、時間の進み方が違います。時間は相対的な概念であることが判明したのです。

アインシュタインの相対性理論

ドイツの物理学者、アルベルト・アインシュタインは「特殊相対性理論」（1905年）と「一般相対性理論」（1915年）を提唱しています。今日、「相対性理論」として広く知られています。

その理論に従えば、時間の進み方に対する速度や重力の影響を極めて厳密に計算できます。つまり、速度と時間の関係は、ニュートンの方程式を光速を基準にローレンツ変換することで簡単に計算できるのです。

アインシュタインの相対性理論は、それまでのニュートン力学に立脚した「宇宙モデル」を完全に覆しました。それまで信じられていた「絶対時間」、「絶対空間」という概念は根本から否定され、全てが「相対的」であるということになったのです。「時間」と「空間」の区別も否定され、この宇宙は三次元の空間と、一次元の時間からなる「四次元の時空間」というのが正確な定義です。ニュートンの万有引力も定義し直され、物質の存在が、「時空間」を歪ませます。その結果が「重力」であるということになりました。

地球上で生活したり、飛行機程度の速度なら「ニュートン力学」の近似精度で差支えることはありません。ところが、自動車のナビゲーション・システムGPSでは、アインシュタインの数式で計算しないと位置の精度が不十分となります。人工衛星からの電波を使うので、衛星上と地球表面の時間の進み方が異なるからです。

量子力学の理論

相対性理論が提唱された直後に、もう一つの驚くべき「量子力学」の理論が提唱されました。「量子力学」の分野を拓き、発展させたのは、ニールス・ボーア、ヴェルナー・ハイゼンベルグ、エルヴィン・シュレディンガーの3人です。

量子力学は、原子の内部の素粒子のふるまいを記述する理論です。粒子の寸法が小さくなって、電子のレベルになると、我々の常識は全く役に立たなくなります。例えば、壁に2個の穴を開け、1個の「電子」を飛ばしてやると、その電子は、同時に2カ所の穴を通過することが知られています。

電子の場合、位置や速度という概念も通用しません。理論的に、位置と速度の両方を同時に正確に知ることは不可能であることが証明されています。位置と速度の結合である「量子状態」という概念が使われます。

「量子状態」は、確率統計論を用いて議論します。ある空間内である瞬間における、粒子の位置と速度の確立的な分布が分かっていると、次の瞬間における確率も計算できるという理論です。その理論は、アインシュタインも受け入れられなかったといいます。

しかし、今日では「量子力学」は物理学の世界で定説として認められており、その後の科学を大発展させる原動力になったのです。「相対性理論」は宇宙空間を記述する理論として大発展を遂げる一方、「量子力学」は極微の素粒子の世界を記述する理論として大きく発展しました。

車椅子の天才科学者、スティーヴン・ホーキングがブラックホールの研究において、「相対性理論」と「量子力学」を組み合わせて、「ブラックホールがどんどん拡大して、宇宙全体を呑み込む」という従来の学説の誤りを証明したことは有名です。しかし、両理論の本格的融合は「大統一理論」の完成を待たなければなりません。

近代科学の社会への影響と課題

デカルト、ニュートンによる近代科学思想は、科学と宗教の分業体制を生み、科学は物質世界を担当し、精神世界を担当する宗教とは、お互いに無関係、無干渉になりました。

一般にはこれが社会の進歩を進めたと考えられていますが、反面「科学的合理主義」が、人間の「精神性」の重要さを希薄にし、「金」と「物」と「法律」と「論理」で社会が動くことによって「精神性」の入り込む余地は少なくなりました。

その状態で今日まで約３００年が経過していますが、その間、自然科学、医学はめざましい発展を遂げました。科学は、産業革命や情報革命の原動力となり、社会は一変しました。人類の生活は豊かに、便利になり、多くの分野で成功を収めてきました。

しかし一方、核兵器の開発や環境汚染蔓延など人類の生活環境の大きな破壊を伴うという、負の側面が現代社会の危機を引き起こすことになるのです。

ニューサイエンスの誕生

素粒子の物理学を追究していくと、はるか昔の東洋の賢者たちが説いた教えに、どんどん接近していきます。量子論を提唱したボーアは後半生を、中国の『易経』の研究に没頭しました。また、ハイゼンベルグは、インドの著名な詩人タゴールに「インド哲学」を学び、その内容が「量子力学」の真髄に通じていることに気がついていいます。シュレディンガーも、著書の中で「量子力学」の基礎になった彼の波動方程式がヒンドゥー教の教典である『ヴェーダ』の諸原理を記述していると語っています。

「東洋には科学はない」と西洋で考えられた時代に、東洋哲学を支持することは勇気のある行為でしたが、それは彼らの驚きがいかに大きかったかを示しています。

その流れが一般に知られることはほとんどなかったのですが、一部の物理学者の間で継承されました。素粒子の物理学はますます発展し、不可解な現象が次々と発見され、それらをより良く説明するために、新しい「宇宙モデル」がいくつか提案されましたが、昔から宗教が説いてきた宇宙の姿に、どんどん近づいていきました。

「ニューサイエンス」で、共通に認識されている宇宙観は次のようなものになります。

「宇宙は、相互に関連し、作用し合い、かつ不断に変化する不可分な部分からなるひとつのシステムであり、観察者はその不可分な部分としてそこに内包されている」

これは、ヒンドゥー教、仏教、儒教、道教、『易経』、日本神道などなどの宇宙観と一致しています。多くの宗教が根源的、基本的に持っているものです。

ニューサイエンスが提唱する宇宙論――ボームの「宇宙モデル」

「ニューサイエンス」の提唱者のひとりであるデヴィッド・ボームは、長年にわたって量子力学の分野で活躍し、幾多の科学的業績を残しています。彼は１９７０年代に新しい「宇宙モデル」に関する一連の仮説を発表し、「ニューサイエンス」ブームに火をつけました。

彼のモデルによれば、我々の身の回りにある目に見える宇宙は、実は単独に存在するのではなく、その背後にもうひとつの目に見えない宇宙の秩序がある、としています。

「見える世」を「明在系」、「見えない世」を「暗在系」と呼び、両者は密接にかかわり合いながら、常に変幻流転しているという説です。

「暗在系」では、「明在系」の全ての物質、精神、時間、空間などが全体としてたたみ込まれており、分離不可能です。それは、数学的には「直交変換」とか「積分変換」とか呼ばれる手法です。

概念的に似ている例として、テレビ電波を「暗在系」に例えてみると、我々が家庭で見ているテレビの画像は、放送局のカメラで撮影され、送信アンテナから電波の形で放射され、空間を電磁界という形で広がり伝わって、家庭の受信アンテナに達します。仮に、この過程の送信アンテナより前が存在せず、誰かが空間内の電磁界を創造したと考えてみると、電磁界が同じなら、受信アンテナからテレビ受像機内までの信号処理も全く同じプロセスを経て、全く同じ画像を見ることができます。

ここで、我々が見ている画像を「明在系」、空間内の電磁界を「暗在系」と考えると、電磁界は目に見えないが、目に見えなくても確実に存在します。「明在系」に当たるテレビ画像の人物などが、電磁界のどこかの場所に対応するということはなく、広大な空間に分布する電磁界全体の中に渾然一体となってたたみ込まれています。

現代人はテレビの仕組みは理解していますが、宇宙の仕組みについては、目に見える「明在系」がすべてであり、完結していると考えています。

電磁界とテレビ画像の例では、電磁界が、時間が経つにつれて変化すると、画像もそれに対応して変化していくのですが、ボームの「暗在系」は、「時間」も「周波数スペクトラム」に似た形でたたみ込まれているのです。

部分の中に全体がある「ホログラフィー」モデル

ボームの「宇宙モデル」は、「周波数スペクトラム」よりかなり精緻です。ボームは「明在系」と「暗在系」の関係は、むしろ「ホログラフィー」に似ていると言っています。

ホログラフィーというのは「直交変換」の一種であり、立体像を再生する技術として、ディズニーランドの西洋お化け屋敷や、印刷物、クレジット・カードなどにも見かけられます。原理的には、物体にレーザー光を照射し、その反射光と元のレーザー光との干渉縞をフィルムに記録するだけで、フィルム上の干渉縞は一面細かい規則的な模様であり、物体の形状とは縁もゆかりもないように見えます。ところが、このフィルムに再びレーザー光を当てると、不思議なことに元の物体の立体像が現われます。視点を変えれば、いままで見えなかった部分がちゃんと見えてきます。

つまり、部分が全体で、全体が部分なのです。「ホログラフィー宇宙モデル」というのは、仏教が教える宇宙観とほとんど同じです。「暗在系」では、全てのものが渾然一体となってたたみ込まれており分離できません。ホログラフィーの例が示唆する通りだとすれば、「暗在系の世」のどんな小さな部分にも、「明在系の世」の全てがたたみ込まれているということになります。

「暗在系」は心と物が溶け合う世界?

ボームはまた、「暗在系」には、人間の「心」や「想念」がたたみ込まれている、と言います。物と心が両方とも「暗在系」の中にあるとしたら、問題はたいへんむずかしくなります。両者は違わなくなってしまいます。

アインシュタインは、「相対性理論」で物質がエネルギーそのものだと明らかにし、ある質量の物質は、それと等価なエネルギーに変換できるのです。その理論に従って、原子爆弾が作られたのは有名です。それに対し、ボームは精神もエネルギーだと言っています。物質も精神もエネルギーとして「暗在系」にたたみ込まれているのです。ボームは「意味」という言葉に特別な内容を持たせ、「意味」は心的側面と物的側面をつなぐ橋だと言っています。例えば、隣に敵が座れば、身を硬くしてアドレナリンを分泌させるが、恋人だったなら身も心も溶けるでしょう。つまり、隣に坐った人の意味によって身体の物理的反応は変化するのです。

「コトバ」が物質を作り出す

ボームは、さらに「意味」の解釈を拡大します。「暗在系」の中には、「意味の場」が存在すると考えられます。それが反映したものが物質であり、身体であり、「明在系」そのものです。電子のような素粒子は「暗在系」から形成され、絶えず解体されるというパターンを繰り返しています。そのままでは光が散乱しているようなもので、何事も起きず、勝手気ままに動き回っているにすぎません。

ところが、何かの拍子に多くの素粒子が協調してひとつの行動を取ると、そこに「物質」が出現します。その行動を指揮しているのが「意味」だというのです。この議論は自然科学の範囲を超えています。

しかし、「暗在系」という概念は宗教が「神」と呼んでいるものに限りなく近いのです。ボームのこの表現は、キリスト教の『聖書』の一節にきわめて似ています。

「初めにコトバがあった。コトバは神と共にあった。コトバは神であった。このコトバは初めに神と共にあった。全てのものは、これによってできた。できたもののうち、ひとつとしてこれによらないものはなかった。このコトバに命があった。そして、この命は人の光であった。」（ヨハネによる福音書）

素粒子は、「暗在系」から生成し、またそこに解体していくという動きを繰り返していますが、そこに「コトバ」が存在すると、突如として多くの素粒子たちが秩序だった動きを始め、物体が出現する、ということです。

仏教でも、宇宙はきわめて短い時間の中で消滅と生成を繰り返しており、その瞬間的な時間を「刹那」と呼ぶ思想があります。宗教はニュートンやアインシュタインよりも深いところで、「宇宙のしくみ」を説いていた可能性があります。

生命は「暗在系＝あの世」全体に遍在する

「コトバ」によって生成されるのは、無機的な物体だけでなく生命体も含まれています。ボームは、それに対しても、コトバに命があったとすると、生命とは何かという大きな疑問にぶつかります。ボームは、それに対しても、きわめて大胆な仮説を展開しています。

ボームは、個別な生命体とか、あるいは物質から全く独立した「生命力」という考えを否定しています。生命は「暗在系」の「全体運動」の中に隠伏しているというのです。ボームは、「暗在系」と「明在系」の関係をホログラフィーに例えました。それは、多くの場合、理解を助けるのにたいへん役に立つが、その比喩の限界も常に意識しなければいけない、と戒めています。

そのひとつは、ホログラフィーという表現は、静的で固定的な印象を与えるが、「暗在系」は、常に変幻流転している、ということです。これをボームは、「全体運動　Holo Movement」と表現しました。ボームは「暗在系」が固定したものではなく、絶えず変化していることを表現したいために、「全体運動」をする「暗在系」と言ったようです。

ところが、この「変化」という表現も、「時間」という概念とからんでいるので、「暗在系」では定義できないことになります。どうも、「暗在系」の内容を言葉で記述することは困難なようです。

極微の世界では、「言葉」を支えている基盤である論理や常識が通用しません。「暗在系」では、「ひとつであること」が、同時に「たくさんであること」となんの矛盾も生じないのです。

現代物理学の発展

その後、物理学の研究は、多方面にわたり大きな進展がありました。

以下に、代表的なテーマと概要を列記することにします。

2進法数学からコンピューターが誕生

ニュートンとほぼ同時期に、微積分学を創案したドイツの数学者、ヴィルヘルム・ライプニッツが、「易経」の言語体系から2進法という数学を考えつきました。それから3世紀を経て、その数学を基盤としたコンピューターが生まれました。易経の64卦の符号語は、DNAの言語体系とぴったりと一致しているのです。

脳は「ホログラフィー宇宙」

スタンフォード大学の神経生理研究所長を務めたカール・プリグラムは、人間の視覚情報の記憶が、脳全体にホログラフィー的に暗号化されることを、空間周波数分析を通して発見しました。それまでは、脳はコンピューターメモリーのように、部分・部分が独立の機能を分担していると信じられていましたが、脳の部位はその機能の焦点にすぎず、脳全体が関与していることが判明しました。そこで、プリグラムは、宇宙構造と同じ「脳のホログラフィーモデル」を提唱したのです。

「量子力学」の神髄は東洋哲学に

フリッチョフ・カプラ著『タオ自然学』が１９７５年に国際的ベストセラーになりましたが、カプラはハイゼンベルグと出会い、インド哲学が「量子力学」完成の参考になったことを知ります。

靴ひも理論から、超ひも理論への発展

カプラは、ジェフェリー・チューの研究チームで職を得て、カリフォルニア大学で「ブーツストラップ理論」を研究し、世の中には究極の素粒子は存在せず、宇宙はブーツストラップ（靴ひも）のように互いに依存するという「宇宙モデル」を提唱します。特殊な数学を工夫し、クオークという概念を用いずに最新の実験結果を説明する理論を作り上げました。

靴ひも理論の概念は「暗在系」の表現形式と考えられましたが、その後、「超ひも理論」に移っていきます。そして、素粒子の根源は長さが10^{-33}㎝の極微の「ひも」であるとされました。それが「プランク・スケール」です。

なお、「クオーク理論」は、６種の微細な素粒子を仮定して、２００種以上の発見された素粒子全てを説明しようとする理論です。

「大統一理論」

「超ひも理論」は、自然界を支える「4つの力」を統一的に説明できる可能性を持つと見られています。4つの力とは、①重力、②電磁気力、③強い核力、④弱い核力、のことです。アインシュタインは大統一理論を確立しようとして、糸口をつかめなかったと伝えられています。

なお、空間が小さくなると性質が変わり、ニュートン力学が通用しなくなり、量子力学を使わなければならなくなります。空間は「点」の集合と考えられますが、「点」というのは、位置は存在するが大きさはゼロという概念です。空間の性質が寸法によって変化すると、「点」という概念は定義することができなくなり、数学的手法が使えなくなります。「超ひも理論」は、「点」に依存しない新しい数学体系を発達させる拠点になる可能性があるのです。

「プランク・スケール」は、現在の数学が扱える極限の寸法です。それ以下では理論を立てようがない、ということです。

最後に、鍵を握るのは「気＝プラナ」の力という説も出てきています。プランク・スケールより小さな寸法では、「時空間の歪み」が大きくなりすぎてしまい、結局、時間も空間も定義できなくなるのです。それは、「暗在系」の世界と共通するものです。「プランク・スケール」以下の寸法の世界は、謎に満ちた未知の世界で、そこで通用する言語や論理、数学は今のところ全く見出されていないというのが実状です。

大きな謎を抱える現代科学

現在の科学はこれまで驚くべき進歩を遂げてきたにもかかわらず、科学的探究の各領域に大きな謎がありま す。代表的な例を挙げてみましょう。(4)~(10)

宇宙論の謎／ダークマター・ダークエネルギー

一番目の謎として「宇宙の失われた質量」があります。目に見える物質は４％で、宇宙に存在する物質の23％がダークマターで全く光を出さず、重力の働きで周りにある物質を引き寄せ、ダークマターの正体についてはいまだによく分かっていないのが実状です。残る73％がダークエネルギーで、宇宙全体にほぼ一様に存在しており、宇宙の膨張を加速させています。それも未知の存在です。

量子論の謎

（１）非局在性

量子はある瞬間に一つの場所だけに存在するのではありません。それぞれの量子は、あちらこちらに同時に存在します。量子と量子は、どんなに遠く離れていようが、瞬時にしかもエネルギーを介さずに、相関する（エンタングル）という奇妙な相互結合性があります。

１９８２年にアラン・アスペが提唱したＥＰＲ（アインシュタイン、ポドルスキー、ロウゼン）実験で、一つの系の中にあった粒子同士は、その後永久に、瞬時に相互関係し続けることが明らかになりました。

（2）二重性

素粒子は、粒子と波動の両方の側面を持ちます。1801年、トーマス・ヤングの二重スリット実験で発見されました。

（3）不確定性原理

粒子のさまざまなパラメータは同時には測定できません。例えば、粒子の位置を測定したとすれば、その運動量は決定できなくなります。そして運動量を測定したなら、今度は位置が決定できなくなるのです。それが、ハイゼンベルグの「不確定性原理」です。

生命の謎

次に、生命の「一貫性」についての謎です。生命体が成り立つには分子同士が遠く離れている時にも、お互いの位置をきちんと見つけて正確に応答することが必要です。複雑な生物では、秩序を保つことは至難の業です。人間の身体は約一千兆個の細胞からなりますが、それは銀河系の星の数よりもはるかに多いのです。そして、どの瞬間をとっても、その時身体の中で共存する多数の物質が何千もの生化学反応を起こしているのです。

この種の瞬間的な系全体の相互結合は、分子、遺伝子、細胞、器官のあいだの物理的な相互作用では説明できないし、化学的相互作用をもってしても不可能です。例えば、神経系を通しての信号の伝達速度は、1秒間に約20メートルを超えることはなく、さまざまな種類の信号を同時に大量に伝達することはできません。

脳と記憶の謎

ジョン・フォン・ノイマンの計算によれば、ある個人が生涯のうちに蓄積する情報の量はおよそ2．8×10^{20}「ビット」にもなります。直径10㎝ほどの脳に、どうしたらこれだけの情報が蓄えられるのでしょうか。

また、コンピューター科学者のサイモン・バーコヴィッチは、一人の人間の生涯の経験全てを生み出し、保存するには、脳は毎秒10^{24}回もの操作を行なわねばならないことを計算によって明らかにしました。

オランダの神経生物学者ヘルムス・ローミンは、脳内に存在する一千億個のニューロン全てが関与したとしても、このようなことは不可能だと示しました。

謎を解決する新しい概念「量子真空」論

これまで述べた現在の科学が問題にしている謎やパラドックスには共通点があり、量子の相関性、生体の瞬間的な結びつきなど、それぞれの結びつきのネットワークは全て、同じものによって説明ができます。それは宇宙には、物質とエネルギーの他に、もう一つ、時間と空間を結合させている「情報」という要素が存在しています。

その情報場は「量子真空」あるいは、ZPF（ゼロポイントフィールド）と呼ばれ、宇宙の全ての要素を構成している素粒子が誕生する基盤であると同時に、素粒子が最終的に到達するところです。素粒子は真空から出現し、そして「対生成」と呼ばれるプロセスを通して出現し続けます。量子真空は「エネルギーの場」であるだけでなく、物事の歴史的な経験を記録するホログラムからなる「情報の場」です。

「量子真空」は近年のいろいろな最先端研究によって、その正体が明らかにされつつあり、それと共に「量子真空」によって、前述の現在の科学のいろいろな謎が解決できることも分かってきています。

宇宙論の謎について

「宇宙の失われた質量」について、プトフ、ハイシュ、ルエダの理論は、粒子と真空との相互作用が重力の原因であると主張しています。不明な重力源の正体は、粒子と「量子真空」の相互作用と言っているわけです。また、別の研究では、物質の存在そのものが真空との相互作用によるものかもしれないという説があります。

2005年にブルックヘブン国立研究所によって発表された実験結果は、真空はきわめて高密度な「グルーオン・プラズマ」を成しているかもしれないと示唆しています。それは、クオーク同士を結びつけている粒子グルーオンのプラズマという意味です。クオークは、陽子と中性子を形成する基本単位であり、したがって、私たちが物質として思い浮かべることのできる全てのものの基本要素です。そうすると、宇宙の全ての物質の存在が持続するのは真空のグルーオン・プラズマのおかげだということになります。

ここで、「プラズマ」とは物質の三態である固体・流体・気体に次ぐ状態で、バラバラのイオンになった状態ということです。また、「グルーオン」とは粒子の一種で、質量も電荷も無い「糊づけ粒子」と呼ばれ、質量を作る基になる粒子です。冒頭で述べた光学的に不可視の「ダークマター、ダークエネルギー」の正体とは、「量子真空」の「グルーオン・プラズマ」の可能性があります。

量子論の謎について

（1）非局在性

非局在性に関連して、最先端研究から以下に引用します。

ロシアの物理学者、アナトリー・アキモフ、G・I・シポフ、V・N・ビンギーらの理論では、真空は宇宙全体に広がる物理的実体である。その実体は、自らを乱す荷電粒子の痕跡を記録し、伝達します。それは、全ての粒子が真空中で二次波（ねじれ波）を形成するからです。それらの二次波の渦が、粒子や粒子からなる物体をほぼ瞬時に結びつけます。その群速度は光速の10億倍だといいます。

ハンガリーの理論家、ラズロ・ガズダグは、それらの小さな渦はコンピューターのハードデイスク上の磁気インパルスと同じように情報を担っているのだと主張しています。

伝播する波の干渉パターンはホログラム的なもので、保存された情報は全体にわたって分布されます。すなわち、パターンのどこを取ってもその情報は存在する。空間と時間を超越した相関性を持ちます。それは、干渉する光の波によって作られるホログラムに情報が保存されるのと同じです。

真空波はスカラー波（伝播方向と振動方向が一致する縦波）である可能性が極めて高く、真空は超高密度の仮想エネルギー場なので、その中を伝わるスカラー波は光速よりも速い可能性があります。伝播する真空波は、銀河の広大な領域同士を結びつけます。真空波は減衰しないため、これらの領域の中では、その後も相互結合が持続します。非局在性の正体は、ねじれ波が超光速で伝播する「真空ホログラム」ではないかというわけです。

（2）不確定性原理

不確定性原理に関連して、量子真空において量子は無から出現しているように見え、瞬時、正確には10^{-43}秒のうちに互いに結合したり無に戻ったりしながら、明らかな原因もないままにエネルギーのランダムな変動をもたらしています。

このごく短い時間に生成されるつかの間の粒子は、「仮想粒子」として知られています。それが真の粒子と異なるのは、こうしたエネルギーの交換が行なわれるあいだ、不確定性原理によって許される「不確定な」時間だけしか存在しないからです。

この瞬時の変動が故に、不確定に見えるということのようです。ちなみに10^{-43}秒というのは、三次元における最小単位の時間である「プランク時間」と呼ばれるものです。

生命の謎

ウラジミール・ポポニンと彼のチームによって、ロシア科学アカデミーの生化学物理学研究所で発見された真空の渦は超高速であると同時に永続します。真空中にできた渦は、その渦を生み出した粒子の状態に関する情報を記録し、それらの渦が作る干渉パターンは、干渉を起こした渦を生み出した全ての粒子の集合に関する情報を記録します。そのようにして、真空は原子、分子、細胞小器官、細胞、さらには生命体や生命体の群れの情報をも記録しています。

量子真空は情報を伝播し、相互関係を可能にし、一貫性（コヒーレンス）を作り出します。その全ての物に、全ての他の物の「情報を与える」という現象は普遍的に起こっていますが、一様に同じ形では起こっていません。情報を伝播するのは、互いによく似た物（すなわち、基本的な形状が同じで「同形」であるもの）の間においてです。そのような結び合いを「共役」と呼びます。それは共鳴現象と同じです。

脳と記憶の謎

持続する「真空相互結合」は、人間の脳にも当てはまります。脳は、空間と時間の中に存在するほかのものと同じように、情報を運ぶ渦を生み出すのです。

それらの渦は、私たちがいる真空領域を伝播し、ほかの人間の脳によって生み出された渦と相互作用します。その結果生じる干渉パターンは、複雑なホログラムを形成します。脳が自らの真空ホログラムから情報を受け取る時、その情報は脳と位相共役の関係にあるのです。

脳は、ホログラムから入ってくる波と共役な仮想波を外に向かって放出します。そのようにして、脳は自らが作った情報を読み出すのです。脳が作り出した情報は真空ホログラムの中に保存されており、私たちはそれを読み出すことによって、生涯に経験した全ての事柄にアクセスできます。脳は、いわば「送受信機」です。

意識は、物理的リアリティを作っているものと同じ源から生じています。つまり、その源は量子真空の中にあります。それは、宇宙のいたるところの素粒子や素粒子の系に付随する意識を生み出す基盤でもあります。

つまり、脳の中に長期記憶は無く、長期記憶は「量子真空」の中にあるということです。

空間と物質は同じもの？

中世以前の宇宙には、エーテルという存在が充満していると考えられていました。デカルトは、物質の存在

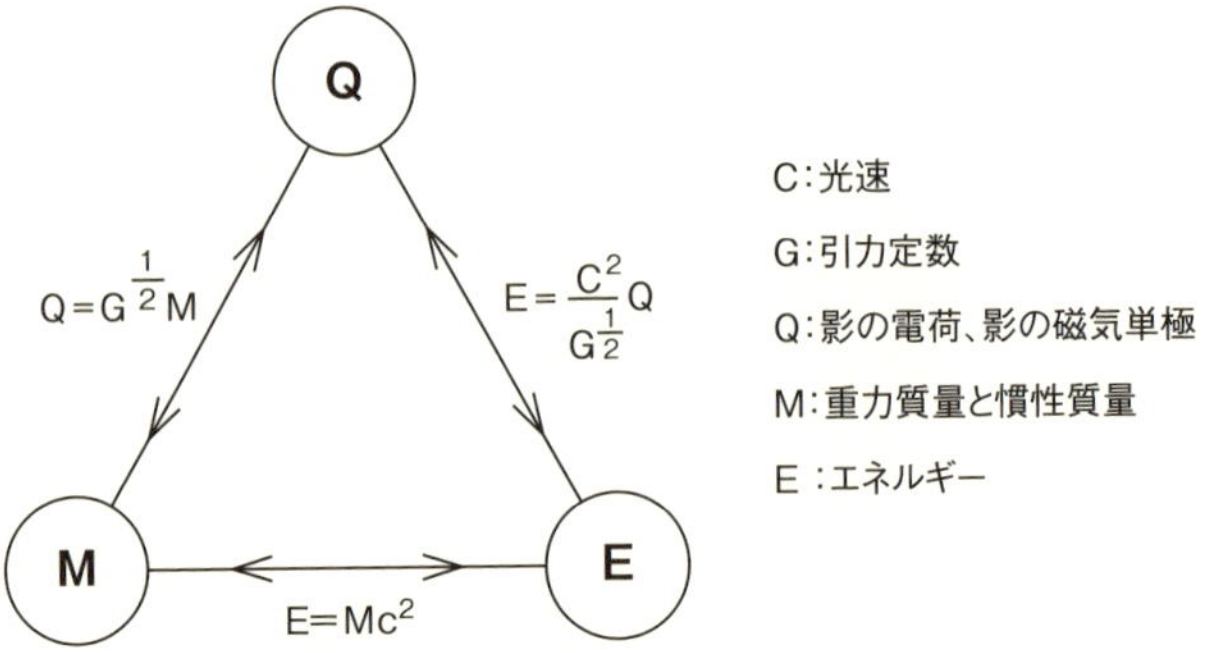

意識、物質、エネルギーの変換公式

『ニューサイエンスのパラダイム』（技術出版）P41より

しない空間、すなわち「真空」はありえず、無限に広がる空間には、未知の微細な粒子「エーテル」が充満していると考えました。

しかし、マイケルソン・モーリーの実験によって、それを検出することができませんでした。ところが、E・W・シルバートゥスは、1986年の『ネイチャー』誌において、米国空軍の後援を受け、マイケルソンよりはるかに精巧な機材を用いて同様の実験をしたことを報告しています。それによると、彼は自由空間を秒速378㎞で移動する地球の宇宙的運動に正確に対応するエーテル偏流を検出したのです。

続いて、1987年にオーストリアのS・マリノフが、やや精巧さの落ちる機材を用いて、同じ実験を追試しましたが、シルバートゥスの発見を完全に確認する結果を得たのです。マリノフの実験では、エーテルを通過する地球の速度は秒速386±38㎞でした。

シルバートゥスとマリノフの発見は、アインシュタインの相対性理論が自然界の絶対的な法則ではないことを立証し、それによって、空間それ自体の構造や特徴を、技術的・理論的に研究する道を開いてくれたのです。

本章のおわりに

複素電磁場理論というのがあります。元通産省電総研主任研究官で、日本意識工学会会長であった猪股修二博士は、「この宇宙の究極の要素は意識である。物質とエネルギーは意識から生ずる」とはっきり述べています。

猪股博士は、この意識・生命エネルギーを影のエネルギーと呼び、東洋哲学における「気」、「プラーナ」であると言います。博士は「複素電磁場理論」として、前ページの図に示すように意識・物質・エネルギー3者の変換公式を提唱しており、目に見える物質・エネルギーの物理的世界（この世）は実数で表され、目に見えない意識の世界（あの世）は虚数で表され、この世とあの世は鏡像関係で成り立って、接続していると述べています。

筆者には、このあたりに「意識科学」を確立すべき根拠が存在すると思われます。

〈参考文献・資料〉
（1）『次元とはなにか』（矢沢潔／新海裕美子／ハインツ・ホライス、SBクリエイティブ）
（2）『天動説』、『地動説』（ウィキペディア・インターネット情報）
（3）『ここまで来た「あの世」の科学』（天外伺朗、祥伝社）
（4）『科学はどこまで進化しているか』（池内了、祥伝社）
（5）『ニューサイエンスのパラダイム―21世紀のためのプリンキピア』（猪股修二、技術出版）

(6)『意識が拓く時空の科学』(猪股修二/ブライアン・ジョセフソン/早坂秀雄他、徳間書店)
(7)『意識の科学』(ケネス・ペレティエ/吉福伸逸訳、工作舎)
(8)『空間からの物質化』(ジョン・デビッドソン/梶尾修平訳、たま出版)
(9)『意識情報場としての見えない体―新生科学の樹立に向けて(前編)』(田中比呂史、サトルエネルギー学会誌19、p84)
(10)『同(後編)』(田中比呂史、サトルエネルギー学会誌20、p70)

第2章

意識科学について

米田 晃（よねだ・あきら）
人間科学研究所所長、サトルエネルギー学会理事、「意識科学研究会」座長。
１９３７年、岡山県生まれ。物理現象に興味を持ち探求し、機械工学、電子工学を学び、１９６１年、㈱日立製作所に入社、25年間コンピューター開発に従事。種々の体験から創造性開発の研究を始め、１９８７年人間科学研究所を設立。生命と人間の本質研究、気の研究、超常現象や見えない世界（意識、魂、波動など）の研究、人間科学研究会、「覚醒ネットワークの集い」開催、講演ほか種々の活動を展開する。21世紀を境に人間が進化する「高次元メタ文明」へのアセンションを予見、意識の進化「意識科学」を提唱し、ニューパラダイムテクノロジーの開発・普及に努めている。
著書：『高次元ミロクのメタ文明』（たま出版）。

はじめに

自然界の森羅万象がどのようにして起こるのか。宇宙、地球に物質として存在している物は何から、どのようにして出来ているのか。宇宙、大自然には神秘なこと、不思議なことが無数にあります。人間は大脳新皮質が高度に発達していて、人間に備わった創造力によって、原始から神の仕業（神秘）とされてきた自然現象を解明し、自然科学、物理学を進歩させてきました。

文明の発祥、発達は、智恵（創造）によっていろいろな物を創り出し、利用してきたことにあります。産業革命に始まる機械文明（物質文明）は高度に科学技術を進歩させ、今や、人間は地球を飛び出し、宇宙都市建設を進めています。また、人間の遺伝子の解明が進み、遺伝子組み換えやクローン人間が造れるところまで来ています。また、人工知能（ＡＩ技術）の研究が進み、昔、ＳＦで描かれたサイボーグ（高度なロボット）、人工肉体で覆われた機械人間が登場しようとしており、人間の科学技術、物質文明への欲望は止《とど》まることを知りません。

20世紀後半、西洋がリードして科学技術の高度な進歩を基盤にし、高度に工業化、経済発展を発展させましたが、そのことによって極度に地球環境破壊が進み、今や地球生命滅亡の危機にあります。私たちが五感を通して知覚しているのは物質や現れた現象であり、いわゆる三次元の世界です。宇宙は、三次元を含む高次元であり、人間は、五感を超えた意識によって、第六感、第七感……高次元の世界にアクセスが可能なのです。

科学万能の現代にあって、奇跡や超常現象、超能力などのことは非科学的だとして信じない人が多いのですが、宇宙は見える世界（三次元）と見えない世界（高次元）の世界から成り立っていて、常識（近代科学観）では考えられないことがよく起こります。物質文明を高度に発展させた近代科学（自然科学、物理学）は、三次元の物質、現れた現象を学問の対象としているので、見えない高次元のことは枠外として遠ざけてきました。

意識（心）や生命（いのち）は物質ではないことは、誰でも感じていると思います。人間の「いのち」はもちろんのこと、地球上の全ての「いのち」は見えない世界の宇宙エネルギー（サトルエネルギー）よって生かされているのです。したがって、見えない世界を排除した現代科学が生命の共生によって成り立っている地球環境を破壊して、地球生命が瀕死の状態に陥っているのです。

137億年前、ビッグバンによって宇宙が出来て、46億年前、地球が出来たと言われていますが、人間も宇宙の一部であり、人間の肉体（物質）も意識（心）も宇宙から生成されていると考えると、いろいろな自然現象も自然の法則を基にして人間が造った物（いろいろの道具や機械装置など）の機能や動作などの物理現象（自然現象）が、人間の心身の活動や人間の社会システムの状態（現象）と共通することがあっても不思議ではないように思われます。

当時、人工知能、電子頭脳と言われていた電子計算機（コンピューター）を日本で初めて開発した1961年頃から、コンピューターの技術開発に従事した私の経験から、人間が創り出した機械装置（物理的現象）と人間の心身の状態（人間が呈する現象）が共通にとらえられることを感得しました。

そのことに触発されて、意識と物質現象、身体に起こる現象や超能力や不思議現象などの研究をしてきました。その内容は、いろいろの分野に及びますが、紙面の都合もあるので2件のみを取り上げて記すことにします。

私はそれらの研究から、現代科学「物質科学」を超えて、見えない世界（意識の世界）も対象にした新しい高次元科学（私は「意識科学」と呼んでいる）を提唱しています。一つの切り口として、意識と気について、私が体験したことを中心に論述することにします。

物理現象と人間の心身の状態（現象）の共通点

私が体験した具体的な内容は、専門的、技術的な現象なので理解しがたいと思われるので、身近な例を挙げて説明することにします。

飛行機が滑走して離陸する時、スピードが上がってくると、徐々に浮力が増してきて機体にかかる重力よりも浮力の方が大きくなると、陸地から浮上するようになります。スピードがある値（臨界値）を超えると、離陸して上昇していくが、スピードが臨界値に達しないと離陸できません。

この現象は、人間社会で何かが流行する現象と共通します。例えば、若い子が耳に穴を開けて、ピアスをしたとします。何人かの子がそれを見て素敵だなと思って真似をする。初めの内は、耳に穴を開けるなど「とんでもないことをする子たちだ」と皆が非難します。ところが、ピアスをする子が増えてきて、ある人数（臨界値）を超えると、ピアスをする子が急激に増えて流行になります。皆がピアスをするようになると、ピアスをしていない子が遅れていると言われるようになります。

ところが、初めピアスする子が増えてきても、臨界値（ピアスをする子の人数が一定以上）に達しないと、流行にならず、ピアスをする子が減ってきます。飛行機も速度が臨界点に達しないと飛び立つことができない。そのような人間の行動（現象）と同様な物理現象が多数あります。

金属棒を何度も曲げたり延ばしたりしている（実際には機械の可動部などに応力がかかっている）と、金属棒が疲労してきて、ある時、ポキッと折れます。人間もいろいろの疲労（ストレス）が溜まってくると、ある時、突然キレたり、倒れたりして病気になります。

物理学（機械工学）で、疲労する、圧力がかかる、摩擦が起こる、発熱する、蒸発する、固まる、流れる……などの言葉が人間の行動や状態を表す言葉と共通しています。そのように、物質界の自然現象と人間の心身の状態が共通しています。

意識が現象を創り出す「気」について

私たち人間は、呼吸をして、食べ物を食べて、意識（心）や体を使って、自分の意志で生きていると思っています。ところが、それは生きていくための必要条件であって、命は宇宙エネルギー（サトルエネルギー）である〝気〟によって生かされているのです。

それが証拠に、寝ていて意識がなくても呼吸をし、心臓（五臓六腑）もきちんと働いています。また、食べ過ぎて胃がもたれた時、「胃よ！　早く消化してくれ」といくら思っても、思えば思うほど苦しくなり、自分の意志ではどうにもなりません。「自殺しよう！」と自分の意志で呼吸を止めても、苦しくなって耐えられなくなり呼吸するようになります。もし、ずっと呼吸が止められたとしても、意識が朦朧となると自然に呼吸するようになるのです。

「自然界の生命体（生体）が生きている」ということは、生体を生かしている〝気〟とも言われている宇宙エネルギーの生体内循環によって生命が維持され、生かされているのです。気のことは多くの先人が研究し、昔から健康維持や病気の治療（東洋医学他）、武道などの鍛錬に気の作用が取り入れられてきました。気は生命を生かしている宇宙の生命エネルギーとも言えますが、現代科学は気の存在を説明、証明することができずに科学の対象から遠ざけています。

１９８５年、筑波大学で開催された『日仏シンポジウム―科学・技術と精神世界』において、日本武道の代表として新体道を創始した青木宏之氏が「遠当て」（遠くから相手を倒す）という演武を披露しました。気合いと手のふるまいによって離れている相手が転倒する様《さま》を見て、出席していた西洋人学者全員が「信じられない」と不信を抱き、権威ある国際会議でインチキなパフォーマンスをすることに憤慨して、席を立ち、「帰国する！」と言い出して大変な騒ぎになった、という話を青木氏から聞いたことがあります。要するに、西洋では気という概念が無いので説明することにとても困ったそうです。

離れている相手を倒す術は、西野バレエ団の西野浩三氏（西野流呼吸法創始者）が並んで立っている数人の人を倒す様子がテレビで放送されたことがあります。また、「私は神である！」で知る人ぞ知る知花敏彦氏は、幼少時代より霊能力に優れ、ヒマラヤで修業し、宇宙意識に到達。宇宙の法則やフリーエネルギーなどあらゆる分野に精通し、超意識の世界から人類救済活動をしていました。

環境保全研究所顧問の知花氏が講演会でたびたび同様なパフォーマンスをしていました。現代物理学では自然界に存在する力は、重力、電磁気力、核力の大きい力、小さい力の「四つの力」であるとされていて、相手に対して何らかの力が働いたように思われるそのような作用は否定されていて、研究の対象にもされていません。

ところが、現実にいろいろな形でこのような作用が応用されていて、厳然と存在しています。その道の気の研究者、例えば、気功師が気功の治療をしている時に手から発している気を現代科学の測定器で電磁波が観測できることから、気は遠赤外線（赤色の光線より波長の長い光線、赤外線といわれている中で赤色の可視光線より遠くにある赤外線）であるとされています。しかし私は、気はいろいろの現象を現す意識に関係する宇宙の根源のエネルギー（宇宙エネルギー）であり、遠赤外線の電磁波は宇宙エネルギーが現象化した一面であると考えています。

現代人が見る（現代科学の目で見た）いろいろな奇跡や不思議な現象も、意識と宇宙エネルギー（意識波動エネルギー）の作用によるものであると思っています。私たちが身近に使っている〝気〟の付く言葉や事柄、現象がたくさんあります。

整理してみると、「自然現象」として、気候、気象，天気、大気、気流、熱気、冷気、湿気、気温、空気、気圧、電気、磁気……。

「人間の状態」として、元気、病気、陽気、陰気、気が疲れる、気のせい、気を使う、気にする、気が利く、気がつく、気をつける、気の持ち方、気品、気立て、気位、気性、気構え、気楽、気取る、勇気、気迫、気力、気分、気枯れ、邪気……と無数にあります。

また、「超常現象や超能力」などとして、気合、合気、気功、合気道・仙道・武道・新体道・気合術・導引術・呪術・気功法・ヨーガ・瞑想などの道、技、術。透視・念力・予言・予知・ツキ・運・共時性（シンクロニシティー）・スプーン曲げ・物質移動（テレポーテーション）などの超能力……があります。このように、それらは相互に人間の意識状態（意識・潜在意識・無意識・超意識）が関係しています。

「意識科学」のニューパラダイム

1998年11月26日～27日に開催された第2回「意識・新医療・新エネルギー国際シンポジウム」には、国内外のニューサイエンスの先端科学者が出席して、いろいろな分野の研究発表が行なわれました。このシンポジウムを主催したのは日本意識工学会でしたが、同会会長の猪股修二氏の研究の一端を紹介します。

猪股氏は、昭和31年に電気通信大学電波工学科を卒業後、通産省電総研主任研究官であった1972年（昭和47年）頃から、21世紀のための新しい科学技術のパラダイム（枠組み）を求めて、約10年にわたって熱心に研究をしてきました。

アインシュタインはエネルギーと物質の等価関係を数式化しましたが、猪股氏は、意識を〝影の電荷〟と考え、意識が物質、エネルギーを生じさせるとして意識・物質・エネルギーの関係を数式化しました。（猪股氏の三角理論）

猪股氏は研究の成果をまとめ、『ニューサイエンスのパラダイム―21世紀のためのプリンキピア』（技術出版）を発刊して、21世紀科学のパラダイム転換を提唱しました。当時、猪股氏が主催していた「日本意識工学会」の例会によく出席させていただいた私は、ある時、猪股氏から頼まれ、日本意識工学会で「21世紀を開くニューパラダイムテクノロジー」、「意識と宇宙エネルギー」などのテーマで何度か研究発表したことがあります。惜しいことに、猪股氏は2001年に病により67歳で亡くなられました。

生前、猪股氏から著書の『ニューサイエンスのパラダイム』をいただいていたので、そこから、意識・物質・エネルギーの関係を数式化した「猪股の三角形」理論の一部を紹介します。猪股氏は序論の中で次のように述べています。

――1972～73年頃から明らかとなったことは、ニュートンが追放したはずの〝実態的形相〟、〝隠された性質〟、そして〝意識〟が、現実にこの物理的世界に影響を及ぼすということであったのだ。

もっとも象徴的な現象は、意識の作用により、金属が変形したり、破壊されたりする現象、すなわち〝メタル・ベンデング〟の現象である。十年前には、この現象を承認することは、科学における異端を意味したが、その後、内外でこの現象について研究が進み、すくなくともその存在を承認することは、科学における正統を意味する段階に入った。すなわち、異端が正統となり、正統が異端となる科学革命がここ十年間に起こったといえる。筆者が、ここ約十年間に行なった研究努力は結局、物質、エネルギーに終始する現代物理学に非物質な意識の次元とか、情報の次元を組み込むことであり、それは科学の枠組みの転換（パラダイム・シフト）を意味する。

そして、その作業がほぼ完了した現状において、われわれは、いわゆるニュートン・アインシュタインの科学とは異なった〝新しい科学〟、〝ニューサイエンス〟の時代に入ったと考えてよい。〝ニューサイエンス時代の開幕〟である。――

猪股氏は、「意識は物質とは直接に相互作用を行なわないが、物理的時間を制御する。その際、正、負の影のエネルギーが流入する」という基本命題を立てました。そこでいう影のエネルギーとは、熱エネルギー、力学的エネルギー、化学的エネルギーなどのような物理的実態を伴うエネルギーではなく、新しい科学（ニューサイエンス）としての意識工学的熱力学、複素熱力学に従うと考えられます。影のエネルギーには陰陽二種類があり、東洋哲学において「気」のエネルギー、プラーナのエネルギーとして知られたものです。

真空は一般に考えられているような空虚な空間ではなく、そこには正負の影のエネルギー、すなわち、「意識」が満ちており、そこから、無限のエネルギーを汲みだすことができるのです。

意識が物質を創造するという場合、現代科学では $E=MC^2$ で物質とエネルギーは等価であるから、意識が物質と、そしてエネルギーを創造するということです。また、その逆過程として、物質とエネルギーが意識、すなわち「空」に帰することも考えられます。それは、釈迦が得た東洋的宇宙観の「色即是空、空即是色」であり、般若心経の科学的内容です。

猪股氏は電気工学者であり、「複素電磁場理論」の「虚の抵抗」複素インピーダンスの考え方をヒントにして、影のエネルギーを「影の電荷」として、重力質量Mの含有する汎心論的意識Qの量と考え、意識、物質、エネルギー間の変換公式「三角理論」を導き出しました。その過程の理論は電磁気理論をマスターしていないと難解であり、また、紙面を要するのでここでは割愛します。(36ページ図参照)

宗教と科学を統合する「意識科学」への進化

人間に備わった知性は〝神の存在、本質〟を知り、一歩一歩、神の意識(宇宙意識)に近づくために宗教と科学が生み出されてきたものと思われます。現在の問題だらけの世の中は、宗教が神秘を楯に、信じれば救われると盲目的な依存心を煽り、科学が神秘現象を説明できずに遠ざけてきたためです。

奇跡や超常現象は日常、身の周りに起こっています。前述しましたように、宇宙(大自然)の真理を直観した釈迦は「色即是空、空即是色」と説いています。色とは見える世界(物質、現象)、空とは見えない世界(宇宙に遍満するエネルギー)で、是《これ》は同じ物で意識によって色であったり、空であったりすると説明しているのです。それはまさしく科学的な認識(悟り)です。

三次元の物質、現象世界は、高次元の意識が創り出しています。意識は波動エネルギーで、意識が現象化、物質化するのです。物理学の最先端の研究、素粒子物理学は波動の世界の領域に及び、さらに超弦理論(基本粒子を振動するフィラメント、すなわち弦と見なすのでそのように呼ばれている)、場の理論が研究されています。

アーヴィン・ラズロ博士は、原子の世界から人間の社会、宇宙までも貫く原理とその構造を探求する「システム哲学」の研究と発展に努めており、最先端物理学者の研究から、宇宙空間は「量子真空場」であり「情報フィールド」(アカシック・フィールド)であると言っています。

宇宙万物の進化を説明するには、これまでの概念、物質とエネルギーの相互作用に、もう一つの相互作用を説明する要素が必要です。それは情報という要素であり、それはまた、私たちの意識にも情報を与えるものです。超弦理論、物理学の枠を超える「包括的な万物の理論」統一的世界観の構築を、ラズロ博士は提唱しています。

これまで神秘とか奇跡とされ、宗教が扱ってきた超常現象が科学によって説明できるようになり、宗教と科学が統合した新しい高次元科学「意識科学」が人間の意識の進化を促し、テレパシーによるコミュニケーションや、いろいろな超能力が発現するようになるかもしれません。

量子力学の提唱者、ハイゼンベルグやシュレディンガーたちは、最新の物理学理論を追究していくと東洋の賢者たちが説いた教え(ヴェーダ、易経、ヒンズー教、仏教などの東洋哲学)に近づき、量子力学の完成に役立ったと言っています。

西洋哲学二元論に基づいた科学から、個別に見える現象、物質も全てが元一つから生じる一元論の科学へと、宇宙意識に変容した人(進化した人間)が増えることによって、これまで自我意識(自我の集合意識)が創り出してきた人間社会のパラダイムが大転換して、「意識科学」が常識になる、物質と精神が統合した高次元新文明が生まれてくるでしょう。

宇宙（物質界）を創造した「意志」言霊の働き

猪股氏は、前述したように宇宙空間に遍満する影の電荷（影の電磁場）を「意識」として、意識、物質、エネルギーの変換公式を導き出し、「猪股の三角」理論として、意識によって物質やエネルギーが三次元物質・現象界に現われ、作用することを理論化し、新しい科学技術のパラダイム転換を提唱しました。

ハイゼンベルグやシュレディンガーたちが言っているように、猪股氏も「東洋哲学がヒントになった。哲学の科学技術化を通して、人類は新しい科学技術文明の次元に進化すると思う」と述べています。

「意識」を科学の枠組みに取り込むための理論は心身二元論ではなく、物心一如の東洋的論理が必要となることは明らかです。一般に神秘主義は一元的な世界観をとります。この宇宙の究極の要素は「意識」であり、物質とエネルギーは意識から生ずると考えます。

個々の大脳は分離しているけれども、それは無意識の水準では連結しています。この物理世界は「夢」、すなわち「マーヤ」であり、人間にとって究極的な実在は、物理的感覚によってではなく、直観によって感じられるのです。意識は何十億年という物質進化の結果として生じたものではなく、最初からそこにあったのであり、人間の大脳神経細胞の発達によって生じたものではないというわけです。

米国カリフォルニア州の精神科学研究所（Institute of Noeticsciences）のW・W・ハーマンは次のように指摘します。

「科学が神秘主義の路線に従って再構成されると考えることは、17世紀において地動説が気ちがいじみて見えたように、気ちがいじみたことであろう。意識から物質が創造されるというアイデアは、西洋人の心には異様に見える。現象世界は〝宇宙的意識〟の思考の産物であるという考えは、東洋の哲学に属する。そして、産業界とか、学会のより多くの人たちは、彼らの諸体験を全体として考慮すれば、そのような世界観が望ましいと考えている。」

また、わが国の言霊学の第一人者である七沢《ななさわ》賢治氏（七沢研究所代表）は、言霊量子論、宗教学、言語哲学、文明論、コミュニケーション論、実験祭祀学、量子物理学、医学などの知識を統合的に階層的にデジタルナレッジアーキテクチャーの手法で解析しています。

私たちが日常、目にする知識（ナレッジ）を「漏れなく、重複なく、かつ全てが網羅されている」状態にすること。そして、それらの知識を、さまざまな用語や言葉に置き換えてもコミュニケーション齟齬を起こすことなく運用できる基本的な体系を、ナレッジモデリングと呼称。人間の意識を網羅する、つまり人間の意識を網羅し交換（呼応）する場としてのコミュニケーション・プラットフォーム構築の研究開発をしています。

七沢氏には2005年11月に日本量子医学研究会において、「言語エネルギーの波動理論—言語コードの解析と応用」と題して発表していただき、2007年12月の意識科学研究会においては、「意識・エネルギー・物質を統合する言霊量子論」と題して発表していただきました。さらに、2010年12月の意識科学研究会においては、「言霊エネルギー発生装置〝ロゴストロン〟の開発をめぐって」と題して、高密度の情報と高い周波数を持つ「言霊言語」が脳に浸透することでテレパシー的コミュニケーションの情報基盤が作られ、その結果、人間の意識進化を加速させる高速学習装置としての「ロゴストロン」が開発された経緯について発表していただきました。

七沢氏は、『量子進化─脳と進化の謎を量子力学が解く』を著したジョンジョー・マクファデン氏の、「脳内には、非常によい波動力学系が存在する。それは電磁場である。あらゆる電気的現象は、意識的な電磁場の発生を伴う」という理論に注目しました。

マクファデン氏が論じた「意識的な電磁場とは脳を意味し、その脳と直接相互作用できる、つまり双方向コミュニケーションできる電子装置を構築できるかもしれない」という予言を、七沢氏は「ロゴストロン」の開発によって現実のものとして実現したのです。

そして、七沢氏は、脳と直接相互作用する要素は何かと考えた時に、それは言葉ではないかという結論に行き着き、言葉の内容を脳に直接伝えるアルゴリズムとして「言霊学」を取り込んだのです。言霊学とは日本語の各音が持つ潜在的意味や、日本語と日本人の精神性・霊性とのかかわりについて、言霊エネルギーの働きとして把握しようとする体感的な学問です。

一万年を超えて埋蔵されてきた、その豊穣な知的・霊的資源への入り口と成りうるのが日本語であると捉え、その日本語の基《もと》となった古語、さらに古語の基となった上代語（上代和語）にまでルーツをさかのぼることで、古代の日本文化、精神性、祭祀などを総合した「古層和語圏」に光を与えたのです。

「古層和語圏」は、漢字の導入によって一旦は断絶されたが、この「古層和語圏」への再連結こそが、一万年を超えて蓄積、継承、保存され埋蔵されてきた知識資源へのアクセスを可能とする、と七沢氏は考えています。

また、言霊学では「古事記」、中でもその創世神話の解釈を重視するといいます。今、この瞬間である「中今」において、宇宙は絶えず創造される、というのが言霊学における「古事記」解義の理解であり、「古事記」の中にあたかも暗号として組み込まれている布斗麻邇《ふとまに》「五十音」音図は、無から有を生み出す仕組みが組み込まれていると考えます。言霊学は、言語学の成り立ちや構造を研究する既存の言語学とは異なり、言葉そのものに宿る力を探求していく学問であるといいます。

さらに七沢氏は、「言葉を発したら、もうその通りになる」という話しがまことしやかに言われたりするから言霊が信仰となってしまう。言霊とは、物事とぴったり合った言葉を使いこなすことなのである。物事にぴったりと合った言葉を使えばコミュニケーションが円滑になる。もちろん、コミュニケーションには自分自身とのコミュニケーションと、自分以外の他者とのコミュニケーションの二つがあるが、物事を表現する時、その物事にぴったりの言葉を使いこなすと、この二つのコミュニケーションがそれぞれ上手くいくようになる。そのことを、「言葉には現実の出来事を引き起こす働きがある」と表現しています。

そして、その仕組みを言霊エネルギーとして意図的に活用するなら、森羅万象と感応して願いを実現することも可能である。つまり、自分自身の言葉で想像して未来を語り、その語った未来を言霊エネルギーに置換して発信することにより、未来を創造していけると考えているのです。

一方、世界各地から伝わり、一万年を超えて埋蔵されてきた豊穣な知的・霊的資源を現代に伝えるもう一つの伝統が、宮中という特異な場において比較的純粋な形で伝承されてきた、伯家《はっけ》神道です。その伯家神道の行方（ご修業）では、「神をつかみ、神を食べる」というように、神を直接的に体験し、明瞭で客観的な意識を持ったまま神と交信することになります。それは、人間的なエゴに左右されることのない脳の高次機能の活用でもあります。そして、そのようにして神と一体となる時、人は自ら宇宙の創造主となるというのです。

七沢氏が開発した「言霊エネルギー発生装置〝ロゴストロン〟」の開発原理には、「古層和語圏」における言霊学、そして伯家神道による宮中祭祀などの理念・概念が相似的に、重合置換的に、入れ子構造として機能しているのです。

さて、ここで話を変えて、七沢氏が最近取り組んでいる「大脳新・新皮質」論について言及してみたいのです。七沢氏はこの「大脳新・新皮質」論の根本に、彼の師である小笠原孝次氏が著した言霊精義の一節を引用しています。

それは、「過去の全ては自覚無自覚、意識無意識を問わず『中今』の生命の中に包蔵されて存在している。『中今』のうちに過去の全てが記憶されている。この記憶を呼び戻せば千年前、五千年昔の歴史が帰ってくる。この文字を以てせざる記憶をアカシック・レコード（閼伽《あか》宮歴史）と云う。一度、世界に起こったことは『中今』の生命に刻み込まれて消えることがない」というものです。

言うまでもなく、大脳新皮質とは哺乳類だけに存在する脳組織であり、中でも私たち人類の大脳新皮質だけが言語を繰れるようになりました。言語が繰れるようになってから、大脳新皮質はさらに拡張されたといいます。そして、大脳新皮質は『中今』のごとく、過去の全てを記憶する機能を有しているという。鳥のさえずりを聞けば、記憶の中に、その鳥の姿や名前が思い浮かぶように、話し言葉を聞くと、それに対応する対象や概念の記憶が連想されます。

言語を通して、人々は記憶を呼び覚まし、他人の頭の中にある対象を自分の中に再現します。言語が成立するためには、大脳新皮質によって、構文と意味の入れ子構造を処理する必要がありました。入れ子構造とは具体的にどんなものでしょうか？

音楽を考えてみましょう。音が組み合わさって音程になる。音程が続いてフレーズになる。フレーズが並んでメロディー、あるいは歌になる。歌が集まってアルバムになる。あるいは書き言葉を思い出そう。文字が組み合わさって音節になり、音節がつながって単語になる。単語が並んで文節や文章になります。

人間が認識する世界のあらゆる物体は、部分に分けることができる。そして、常に一緒に現れる部分によって、その物体が定義される。何かに名前を付けることができるのは、いくつかの特徴が必ず同時に存在するからです。顔が顔であるのは、二つの目、一つの鼻と口がいつも一緒に現れることによるのです。

目が目であるのは瞳孔、虹彩、まぶたなどが常に同時に存在するからにほかならない。同じことは、椅子にも車にも公園にも国家にも当てはまります。そして、歌も一連の音程が必ず時間のシーケンスとして順番に現れるからこそ歌と言える。そう考えると、世界中が歌のようなものです。現実世界のあらゆる物体は、それよりも小さな物体の集まりであり、また、ほとんどの物体はそれより大きな物体の一部です。つまり、世界は入れ子構造になっている。一旦そのことに気がつけば、入れ子構造はあらゆる場所に見てとれます。

さらに、十分に発達した運動野と筋組織を使い、複雑できわめて明瞭な発音や筆記をすることができる。言語のお陰で人間は、自分の人生で学習したパターンを記録し、子孫や仲間に伝えることができるようになりました。（参照文献：『考える脳考えるコンピューター』（ジェフ・ホーキンス／サンドラ・ブレイクスリー、ランダムハウス講談社）

書き言葉であれ、話し言葉であれ、読み言葉であれ、言語は人間が森羅万象の知識を世代から世代へと受け継いでいく手段となりました。それこそがナレッジモデリングが実現しようとしている世界観です。そして、その手段を実現している機能が大脳新皮質だというのです。

我々人類は、21世紀社会にあって、コンピューターネットワークという世界中の何億人という人々が知識を共有できる環境を手にしたのです。私たちの物質世界を構成している最小単位である素粒子に質量を与えたヒッグス粒子の存在が発見されました。

猪股修二氏が唱える「ニュートリノは物理学者が考えているような物理次元の粒子ではなく、意識次元の粒子ということになる」という仮説も、ニュートリノが質量を持つことを示すニュートリノ振動の発見によりノーベル物理学賞を受賞された梶田隆章教授の功績を待つまでもなく、やがて事実として受け入れられる事象となるでしょう。私たち人類の意識の広がりは、まさに神の領域ともいえる無限の彼方に到達しようとしています。

七沢氏は、「私たち人類は、今、第二の脳を手にしようとしているのだ」と言います。人間の意識進化を加速させる高速学習装置として開発された「言霊エネルギー発生装置〝ロゴストロン〟」は、任意の、ある意識を可視化した文章を思考した、その思考パターンを構成する言葉の最小単位、例えば「す」という言葉なら、その言葉を「S」と「u」というアルファベットの音素まで分解して、それぞれのアルファベットの音素が脳においてどのような周波数を発生させるのかを解析し、最終的には世界中の言語が持つ音素を198音まで網羅したといいます。

その結果、「ロゴストロン」は、日本語に限らず、世界中の言語を脳波周波数として置換することが可能となり、言語としての文字は言霊が形霊として変換されたものとして、「ロゴストロン」に実装されているゼロ磁場コイルから発信されるといいます。ゼロ磁場コイルについての言及は紙面を要するので別の機会にお伝えするとして割愛します。

そして、前述の意識を可視化した文章は、ロゴストロン・システムとして、コンピューターネットワーク上に構築されるという。つまり、大脳新皮質に記憶された思考パターンは形霊として言霊エネルギーに置換されて、コンピューターネットワーク上に構築されたロゴストロン・システムにおいて言霊ファイルデータベースとして構築され蓄積されていくのです。七沢氏は、この言霊ファイルデータベースを「大脳新・新皮質」として、第二の脳と定義しようとしているのです。

私たち人類は、遠い過去に言語を発明し、その言語を知識として情報として記憶として大脳新皮質に蓄積したことにより、生涯のうちに現実世界の構造を数多く学習し、大勢の他人に効率的に伝えることができるようになったといいます。先達からの学習は何世代にもわたって繰り返され、他人が書いた知識や意見は、吸収し、発展させることが可能になり、地球上で最も順応性が高く、知識を広範囲の仲間に伝えられる唯一の生物となったというのです。

七沢氏は、そのような状況を危惧しているのです。知識の量が飽和に達していると危惧しています。しかも、知識の量は飽和を通り越して過飽和に達しているという。過飽和の常として、やがて、ゆらぎが起こり、相転移が起こるという。そのゆらぎが何か、を特定することは難しいが、化学の世界では過飽和現象は異物が混入されるか、揺り動かされることで相転移が起こるといいます。

相転移の困った問題は、その相転移が起こることは必然であるが、いつ起こるかは偶然のなせるわざであるということです。知識の量の過飽和は、コミュニケーションギャップの発生につながるのであるといいます。つまり、知識を駆使していくら説明しても伝わらないのです。いい例として、例えば、本書における「意識科学」というテーマに関しても、「意識」そのものの定義が難しく、「意識」を「情報」といい、「知識」といい、さてまた「心」といい、「記憶」とも言うことができます。例えば、以下の文章を記述してみます。

――「意識は、何らかのコミュニケーション手段（言葉や文字や数字や記号や図形などの可視化）などに置換しなければ、意識そのものは属人性のものであり、第三者と分かち合うことができる、いわゆる共有意識としては成立しない。固有意識として、その意識を有する個人の頭脳なりに閉じたカタチとなる。そのような状態では、その意識は、存在しているとも存在していないとも、どちらとも決められない、せいぜい閉じた系に存在する意識であるとしか表現できない。仮に、その意識を固有意識として有しているから存在していると主張しても、その人が亡くなれば、その意識は、誰が受け継ぐでもなく、気にかけるでもなく、存在のない「無」となってしまうものである。」――

以上の文章中の意識を、情報と置き換えようが、知識と置き換えようが、心と置き換えようが、記憶と置き換えようが意味が通じてしまうのです。七沢氏は、そのような状況を危惧しているといいます。

話しは戻りますが、本章の前半で七沢氏は、「私たちが日常、目にする知識（ナレッジ）を〝漏れなく、重複なく、かつ全てが網羅されている〟状態にすること。そして、それらの知識を、さまざまな用語や言葉に置き換えてもコミュニケーション齟齬を起こすことなく運用できる基本的な体系をナレッジモデリングと呼称。人間の意識を網羅する、つまり、その意識を網羅し交換（呼応）する場としてのコミュニケーション・プラットフォーム構築の研究開発をしている」と言及しました。

ナレッジモデリングとは、情報や知識の最小単位を決めていくプロセスを進めていくと、知識や情報が「一つの言葉が一つの意味を持つ」というカタチに整理されるという。「一つの言葉が複数の意味を持つ」ところからは心地良いコミュニケーションが成立しにくいというのです。

七沢氏は、言霊ファイルを「ロゴストロン」によって、大脳新皮質に送り込むことで、言霊ファイルデータベースを「大脳新・新皮質」として、第二の脳として機能させようとしているのです。

伯家《はっけ》神道において、〝鎮魂〟というのは「物事に最大限の力を発揮させてあげる」ということです。その思想が、生体の持っている最高の能力を発揮させるというか、そのための刺激となるような作法と共に伝わっているという。「言霊エネルギー発生装置〝ロゴストロン〟」は、さしずめ〝鎮魂〟の働きを担う機械でもあるといいます。それにしても、すごい機械が発明されたものです。

言霊と物質（元素）の生成

前述した、猪股氏の『三角理論』、七沢氏の研究による『言霊量子論』から、「宇宙の意志によって物質界が創造された！」ことが認識、理解できたことと思います。

釈迦は、宇宙創造の原理（真理）を「色即是空、空即是色」と説きました。また、キリストは「初めに言葉ありき！」と宇宙創造のプロセスを説きました。新約聖書ヨハネ伝の冒頭に、「初めに言葉ありき、言葉は神と共にあった。言葉は神である……」と記されています。そこでいう言葉は、言霊と言ってもいい。言葉を意識と置き換えると、初めに宇宙意識（宇宙の意志＝神）があって、宇宙の意志が自然界を創り、人間を造った。「言葉（意識）によって人間が人間である」のです。

現在、118種の元素が存在します。その内92種の天然元素が発見されていて、26種の放射性元素が人工的に作られています。全ての物質は、これらの原子が色々の結合の仕方で集まって（例えば化合して）、色々な物質が出来ています。科学によって元素の構造が解明されていますが、原子核の陽子や中性子の数によって種々の元素の重さ（原子量）や性質が異なります。

これらの元素を性質（族）ごと、原子量順（原子番号）に並べて「元素の周期律表」（元素を原子番号順に並べると、元素の性質が周期的に変わる規則性とその周期律をもとに元素を分類した表のこと）が作られています。例えば、1．水素（H）2．ヘリューム（He）3．リチゥーム（Li）……49．金（Au）……のように。

宇宙創生時、最初に、原子番号1番の水素原子が出来、次いで2番のヘリューム原子が出来、次々に各種の原子（元素）が出来たことは、宇宙の意志（言霊）によるものと考えると、日本語のアイウエオ……の言霊（古代の言霊アオウエイ……）、七沢氏の母音の五階層によるとイエアオウ……と、各元素の原子番号、周期率が関連するものと思われます。このように、宇宙意識（神）の言霊が宇宙を創生、物質世界を創造したことを科学的に解明するところまで来ているのです。

物質と精神を統合する意識科学

20世紀科学（物理学）の進歩はめまぐるしく、今では古典力学とされているニュートン力学からアインシュタインの相対性原理、シュレディンガーやハイゼンベルグの研究による量子力学、素粒子物理学へと高度に進歩してきました。

ところが、物理学はその字が示すように物（物質）の理（理論）を研究、客観性、再現性の枠に閉じた学問で、なぜ物質や現象が生じるのか、超常現象や不思議現象について研究されてきませんでした。最先端の量子力学が、物質の究極の素粒子（電子）が観測者の意識によってそのふるまいが変わる現象（不確定原理）を発見し、「意識が物質に影響する」ことが明らかになりました。

そこで、これまでの物質科学を超えて物質と精神を統合する「意識科学」を提唱し、２００６年、サトルエネルギー学会に意識科学研究会を設立。「意識が物質、現象を創る」超常現象、心霊科学、サイ科学、氣や波動、フリーエネルギー、物質化現象など、その研究対象は広範囲に及びます。

物質と精神を統合する意識科学

物質や現象は高次元の意識から生じる

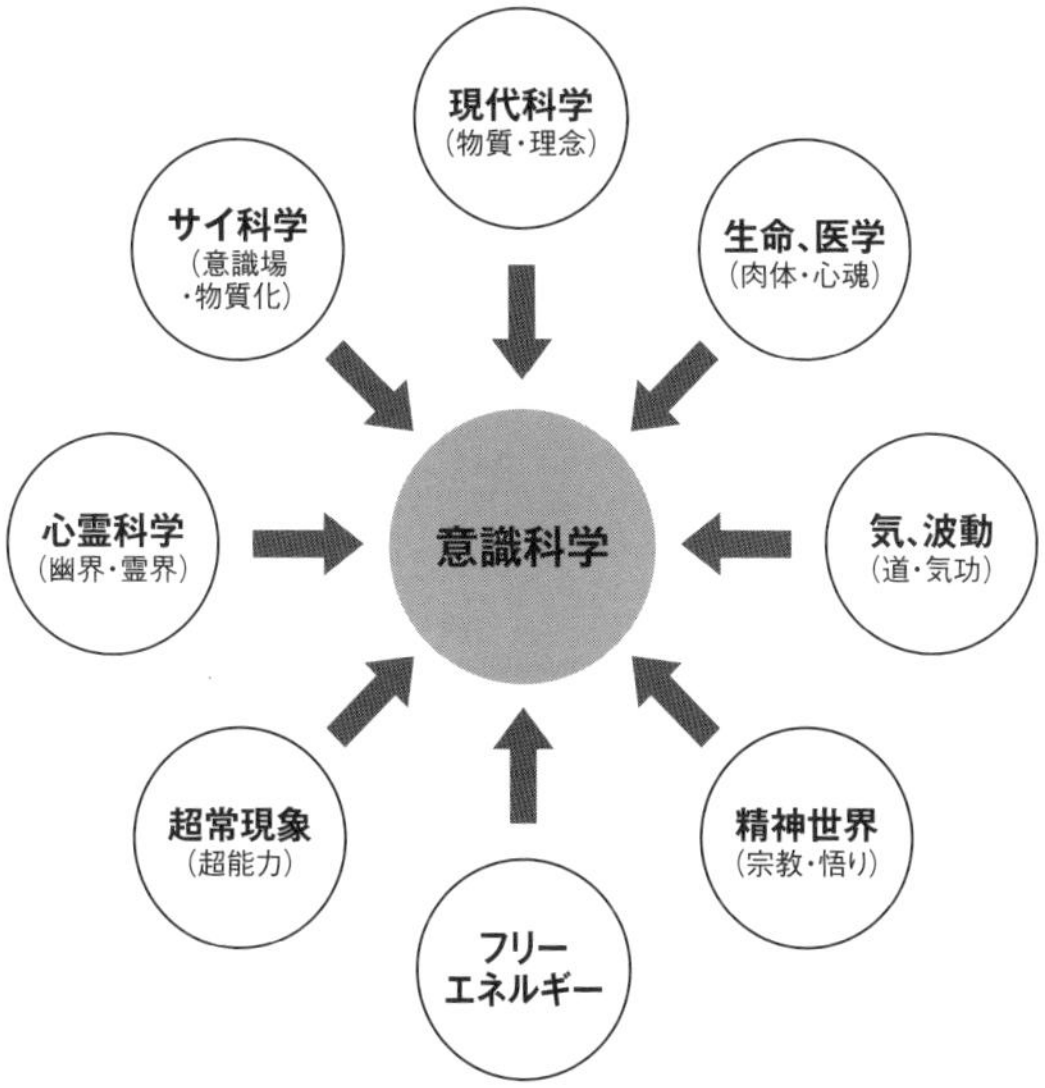

人間は高次元意識場（意識エネルギー場）に生きている

おわりに

宇宙に星々が存在し、生成、発展、消滅を繰り返しています。地球にあまたの物質、生命が存在しています。地球に脳が高度に進化して知性と感性を備えた人類が登場して、太古から、直観、精神によって地域の自然環境に適応して生きていくために、物や道具を創り、原始の文化、文明が発祥、発展消滅が繰り返されてきました。

人間は生きていく自然環境が食べ物や生活様式に深くかかわり、言葉、考え方、意識などによって異なった肉体や文化、文明を培ってきました。特に、北半球の高緯度地方に生活していた白人、特にアングロサクソンといわれる人種は、生きていくために厳しい自然環境と戦い、自然を征服する生き方や意識が培われ、人間と自然は対立するものとして、人間の知性によって自然をいかにコントロールするかの方法（文明の力・利器）が科学、技術を発展させてきたといえます。

第9章「人間の本質と意識の構造」で脳の働きを取り上げていますが、大脳新皮質の左脳は言語、論理を記憶、処理する「知性」の働きをし、右脳はイメージを記憶、処理する「感性」の働きをします。西欧人は、左脳型で論理、分析力に優れ、科学を高度に進歩させ、現在の高度な物質文明の発展をリードしてきました。また、宇宙を創造し、人間を造ったとする唯一絶対神を信仰し、厳しい自然環境に生きる人間を救済、導く神の使者（聖者：民族の救済者モーゼ、マホメット、イエス……）を崇めるようになりました。一神教を基にした言葉、知性の左脳を重視する西洋文明は左脳文明といえます。

一方、「瑞穂の国」と言われる如く、日本は自然が豊かで、四季に恵まれ、自然は母であり、自然に寄り添い、自然と共に生きる生き方をしてきました。多神教の仏教や神道の、自然界の全てのものに神、仏が宿っている自然観（タオ・道）や随神の道によって精神文化を培ってきた日本文明は感性、直観を重視する右脳文明です。

日本の古来の芸能、芸術、道、建築物、庭園、料理、仕事、歳時、生活様式などなど……、全て智恵（一瞬一瞬、今に生きる「一期一会」の智恵、創造）が基盤にあります。そのような生き方、意識が宗教（西洋は一神教、東洋は多神教で自然は八百万の神）にも顕れています。

わが国は、言挙げ（言葉に出して言い立てること）しない古神道の結びの働き（天意）によって古来から精神文化、精神文明を培い、導かれ、守られてきたのです。現象世界（三次元の物質界）における西洋哲学「二元論」に基づいた科学から、「一体全体」、「物心一如」全ては元一つ、東洋の哲学「一元論」に基づく意識科学の研究・普及が、行きづまった物質文明から高次元精神文明の創造を促すでしょう。

第3章

意識とは―その特徴およびラズロ博士の意識論

前田 豊

意識とは、狭義には、自分と外部世界のかかわりを客観的、統合的に把握し、その汎化された記憶に基づく行動を選択して計画する心の働き、と言われます。

広義には、従来の物質科学で取り扱える現象を超えた、精神など見えない世界を含む働きの総称であり、気・サトルエネルギーの作用を含むといえます。

従来の物質科学に対し、意識現象を取り込んだ新たな科学を「意識科学」と呼ぶことにします。意識科学は、意識を解明することを主眼にせず、意識現象の存在を前提とした科学体系を取り扱うものです。

意識の起こす諸現象

意識の起こす不思議な現象として、次のようなことが挙げられています。

(1) 非局所的視覚現象が起きる

ランナーズ・ハイや臨死体験、金縛り時において、目を使わなくても物が見える現象があります。それは、遠隔透視を含め、視覚のメカニズムによらない非局所的視覚です。

物理学者のフリッチョフ・カプラは、著書『タオ自然学』で「素粒子まで見える」ようになるといいます。

（2）意識の成長が起きる

臨死体験、アブダクション（宇宙人による誘拐）、瞑想などで超能力が付き、未来が見えるなどの意識の成長が起きる人が出てきます。ただし、魂の膨張によって精神的、肉体的にバランスを崩し、不安定になる危険性があります。急激な意識進化は人格を破壊することがあります。意識レベルが低く、精神が壊れた人も超能力を発揮することがあるのです。

（3）超意識（トランスパーソナル意識）現象が強まる

心は意識と無意識を総合したものですが、ユングのいう無意識と、魂の変容、意識の成長・進化は、右脳に向かうA10神経がつかさどっているという説があります。

ユングは集合的無意識について、人間の無意識は個に納まらず、全人類につながっており、人間とあらゆる動物は共通した深層意識を持っています。つまり、無意識は脳内の個別現象ではありません。トランスパーソナル心理学では、深層意識の非局在性を前提としています。

（4）シンクロニシティーが増える

見えない世界にもう一つの秩序が存在していて、それがいろいろなところで同時に現れます。「目に見える物質的な世界の背後に見えない秩序があって、その秩序が卦と現実の出来事に共通して影響を及ぼしている」といいます。そこに知性が存在し、集合的無意識が関連してきているのです。

（5）全ての物質が消えるオメガポイント

フランスの哲学者、ティヤール・ド・シャルダンは著書『現象としての人間』（みすず書房）において、「人類の進化が極限に向かうと、お互いの意識の中で共有する部分が増えていき、やがてあらゆる人があらゆるものを共有するようになる。その時、現在あるような形で物質が存在する意味が無くなるので、現在の物質世界は消えてしまう。人間が脳の中で考えていることや知識は、人類全体が意識の成長・進化を遂げることによって、全てが共有され、物質的な宇宙は消滅する時が、オメガポイントである。そこは時間のない〝永遠の世界〟になる」と論じています。

意識の実体に迫る考え方

意識の実体に迫る最近の考え方には、次のようなものがあります。

（1）あらゆる記憶〈意識〉は真空中に貯蔵されている

ベルクソンは、「現在の中に、過去と未来が畳みこまれている」と意識の視点で時間を捉えています。

哲学者のアーヴィン・ラズロは、「あらゆる記憶は真空中（アカシック・レコード）に貯蔵されている」とし、脳は単なる入出力装置で電話のようなものだといいます。（ベルクソン説とボームの「ホログラフィー宇宙モデル」）

（2）気（サトルエネルギー）の概念

「気」のことを分かっている人たちの共通認識は、「人間は〝氣〟と共に生きている存在である」ということです。気の存在を常識とし、肯定する人は大多数ですが、気そのものは物理的に何も分かっていません。科学の立場から検証されていないのです。

気は直接的にも、間接的にも何も測定できていません。電磁力、重力、弱い力、強い力の4つのエネルギーの他にもう一つのエネルギー、「気」が存在する可能性があります。

西洋にも「気」の概念はあり、精神病理学者のウイルヘルム・ライヒは「オルゴン」と名付けました。タキオンエネルギー、オドエネルギー、動物磁気、サイエネルギー、バイオプラズマ、バイタルフルイド（生命流体）などと名付けられています。今の物理学で不足しているのは、「時間」と「気のエネルギー」です。意識の問題と気のエネルギーは関連しています。

(3) 意識をどのように科学するか

元カリフォルニア大学の哲学教授、ディヴィッド・J・チャマーズは意識を科学する場合の問題点を2つに分類して述べています。(1)

・易しい問題、統合問題：人はどのようにして多くの異なる情報を統合して、行動の制御に導くか。統合して認識できるのはなぜか。

・難しい問題：外界の事象をどのように感じるか。脳内の物理的な過程がどのようにして、主観的な経験を引き起こすか。

そこで、チャマーズ教授はクオリア（質感、価値観）の問題を提言したのです。

ダニエル・デネットは、意志が決定される場所や瞬間があるのではなく、意識とは時間的、空間的広がりがあるものと見ています。

ここで、アーヴィン・ラズロ博士の「意識」に関する見解を取りまとめた論文をご紹介し、意識科学の重要性を資すことにします。（翻訳・編集・文責／前田豊）

アーヴィン・ラズロ博士の論文紹介

CONSCIOUSNESS——意識

〈プロフィール〉

哲学者、物理学者、ピアニスト。1932年、ハンガリー・ブタペスト生まれ。ニューヨーク州立大学教授、ベルリン国際平和大学理事・教授、ユネスコ顧問などを歴任。世界賢人会議「ブタペストクラブ」を主宰。原子の世界から人間の社会、宇宙までも貫く原理とその構造を探求する「システム哲学」の研究と発展に努める。『システム哲学入門』(紀伊国屋書店)、『人類の目標』(ダイヤモンド社)、『創造する真空』(日本教文社)、『マクロシフト』(文春ネスコ)など、60冊以上の著作があり、論文・寄稿記事も多い。イタリア・トスカーナ在住。

1．意識の3つの概念

私たちの経験する最も身近で最も神秘的な要素である性質、人間の意識の調査研究を始めたい。意識は、脳の中で生み出され、そこに存在するのだろうか。それとも何らかの方法で、脳を超えて拡張することができ、宇宙の基本的な姿にまでなるものだろうか?

数年前までは、精神的または宗教的な人以外誰も、私が「タービン理論」と呼ぶ、脳が意識を生成する理論以外の意識の概念に賛同する人はいなかったであろう。もしそうであれば、意識は脳が生み出す脳の一部である。あるいは脳の副産物で、脳に限定される。今日、意識は脳に限定されず、「非局在性」で脳と身体を超えて、心や事象を受け入れるものという、多くの証拠がある。

そして、前衛的な科学者、思想家や精神的な人々の間で、意識は非局在性であるだけでなく、宇宙的存在であるかもしれないとの洞察が芽生えてきている。私はここに、意識の３つの概念、すなわち、意識を局在的「タービン」、非局在的「クラウド」、宇宙的「ホログラム」によるものとして概要を説明する。

これらは、論理的な進歩を構成し、私自身の思考や書物に反映されている。

2. 第1の概念：意識は局在的である（タービン理論）

現代世界での意識の一般的な仮定は、稼働するタービンによって発生する電子流のように、生体脳によって生成される経験の流れというものである。タービンが機能する限り、電子の流れである電気を生成する。脳が機能する限り、感覚の流れである意識を生成する。それらが停止すると、意識を生成する流れが消え、停止タービンに電荷が存在できないように、意識も死んだ脳内に存在することはない。

タービンは、無形の何かを生みだす有形物として比喩される。私たちは、電気を見たり、聞いたり、味わうことはなく、それが生みだす効果によってのみ、それを知ることができる。これは意識とほとんど同じである。

私たちは、意識を呼び出す感覚、感情、意欲、直観の流れを経験するが、意識のようなものを知覚しない。脳とその働きをいかに精査しても、意識を見つけることはできない。見つけるものは複雑な回路で発火するニューロンのネットワークの灰白物質である。これらのプロセスは、生きた状態の生物を維持する無数の反応を調整し、生物を支配する。

この「主流」の理論の解釈では、その機能を実行する過程で、脳は感覚、感情、直観と意欲の流れを生成する。主流の概念は、本当の存在としての認識はできないので、「より高度な解釈」として、それは錯覚の一種であると言える。

タービン理論では、脳の調節機能が損なわれた時、意識を構成する感覚の流れが歪むことが確認され、脳が停止すると同時に意識が停止する。主流の思想家は、意識の流れが脳の働きの副産物であると結論する。

（私たちは、如何にして脳や神経細胞の材料系が、非物質の感覚の流れを生ずるかという問題に注意すべきである。この問題は、脳が意識を生成するのではなく、意識を受け取り、表示するという意識の第3の概念を生ずることがない）

意識が自然界生物に関連する場合であっても、タービン理論は依然として維持される。タービン理論は人間に限定されるものではなく、生物界全体に機能する。

タービン理論への挑戦……臨死体験中の意識

意識のタービン理論は、予測と一致する証拠がある限り有効なものである。重要な予測は、脳が停止した時に、ちょうどタービンが停止した時に、それによって発生した電流が消失するように、意識が消滅することである。脳の機能が停止した時、意識も同様に停止していることが観察できる。この主張は一見、証拠によって裏付けられている。

タービン理論では、意識は脳機能の存在しないときに、無くなるという予測は例外を認めない。我々は死んだ脳内の意識の存在を考えてみる。脳が停止した時、いくつかのケースでは意識は停止しないように思われる。

この驚くべき主張の証拠は死の門に到達したが、生き返った人々によって提供されている。ひどい病気の人が一時的に脳死になったあと、脳の機能を回復した時、彼らは意識的な経験をしたと報告している。

臨死体験、ＮＤＥ（Near Death Experience）は、死のしきい値から戻る全ての人々によって報告されているわけではないが、脳死の人口の十分に大きな割合、ある事例では脳死の人の25％で報告されており、重大な注意を払う価値がある現象である。

臨死体験は、タービン理論にとってきわどい問題である。意識が脳活動の副産物では、脳機能の非存在下で持続することができない。脳死内での意識的な経験を説明できる生理学

（左から）アーヴィン・ラズロ博士、米田 晃氏、前田 豊氏

的メカニズムは知られていない。脳死期間中の被験者によって報告された経験は、自分の脳が正常に機能していた場合に彼らが持っていた経験と一致し、ＮＤＥは真実であることを証明する報告をしている。

ＮＤＥは、タービン理論にとっての唯一の大問題ではない。意識的な経験が脳機能の一時停止中に存在するだけでなく、対象が完全かつ不可逆的に死んでいる時、脳機能が存在しない場合にも意識が存在するとの指摘もある。

すなわち、ある種の媒介者は故人の者からのメッセージをチャネルにできるようである。それらの通信は、媒介者自体がメッセージを発信する、あるいはＥＳＰ（Extrasensory Perception、超感覚的知覚）の形態を介して生きている人々からメッセージを拾うなど、異論が発生したが、あるケースではこれらの可能性を排除できる。しかし、媒介者によって伝えるメッセージには媒介者ないし、関連する生存者が保有しない情報が含まれる。

また、死んだ人が時に電子機器を通して通信するＩＴＣ（Instrumental Transcommunication）として知られる奇妙な現象は、ときどき異常な声としてテープレコーダー、ラジオ、テレビ受像機に表示される。一般の電話機で構成される制御された実験で、何百もの同様の現象が存在していることは疑いがなく、世界のさまざまなところから報告されている。

3. 第2の概念：意識は非局在性である——クラウド理論

意識が脳機能の非存在下で持続できるという証拠は、タービン論にとって大問題である。証拠は意義深く考慮される必要がある。最も簡単で論理的な方法は、意識が脳を超えた何らかの方法で保存されると仮定することである。

臨死体験、過去生経験、死後通信の経験は、生きた脳を超えて「保存」される意識の事項にアクセスする事例である可能性がある。脳の機能非存在下で持続される意識の概念は、コンピューターシステムに保存された情報として比喩的に説明することができる。

意識のコンピューター理論において、意識は情報事項である。もし、その事項が昔ながらのコンピューターに入力され、内蔵メモリや他のコンピューターへのリンクがない場合、古典的タービンと同等になる。すなわち、指定されたコンピューター上で入力された情報は、そのコンピューターに限定される。その装置のスイッチが切られると、情報は消失する。

しかし、内蔵メモリを搭載したコンピューターもあり、他のコンピューターや情報システムにリンクされたコンピューターがある。その場合、情報は電源オフにされた時、消えない所定のコンピューターに入力されたり、それ自身のメモリに格納したり、リンクしている他のコンピューターのいずれかに「保存」させることが可能である。

ネットワークコンピューターは、エネルギーグリッドに接続されたタービンと同様である。接続されたタービンが停止し、破壊されても、それが生成したエネルギーは残り、保存できる。もちろん、あるタービンによって生成した電気を特定することはできない。ネットワーク接続されたコンピューターの場合、情報は特定のコードで識別され、再び呼び出すことができる。それが呼び出される時、入力したコンピューターが機能しているか否かに関係なく、入力されたものと正確に同じに表示される。

しかし、人が死亡した際にも、個人の意識を呼び出せることより、脳を超えた意識の持続性を示す証拠はもっとある。それは1つだけでなく、考えられる限りの不特定多数の意識を呼び出すことができる。自然の中のネットワークは、単に記憶装置として動作するのみならず、クラウドコンピューティングシステムのように動作する。クラウドコンピューティングは、クライアントを変性意識に誘導する精神科医や意識研究者の観察にとって良い比喩である。

変性状態になった人々は、彼らに起こった全てのことをほぼ完全に呼び起こし、それは彼ら自身の経験に限定されるものではない。それは他の人の経験が含まれている。変性状態では、一般的に人は歴史上の人物の生活のエピソードが発生することがありえる。

精神科医のスタニスラフ・グロフは、変性意識状態で人は、空間と時間で行なわれたほとんどどんなことでも、呼び出すことが出来ていると結論した。これらの観察は、自然界におけるアカシック・フィールドのようなものであると示唆している。それは、時空間で発生した全てが保存された場である。他の場所と時間で起こったこと全てを統合し、呼び起こし可能な完全な情報を作り、伝説的な「アカシック・レコード」として作用する。

クラウド理論への挑戦

意識のクラウド理論は、意識研究の最前線に光を当てた観察を理解する適切な比喩である。しかし、それは制限があり、観察される機能の全てを考慮しているわけではない。意識が変性状態で遭遇するいくつかの事項は、単に誰か他の人々の意識の保存された痕跡にすぎないのではなく、自分自身の意識であることが表示される。この結論は、一方で他人の経験から画像やエピソードを思い出せるだけでなく、それらの人々と交信に入ることもできる。クラウド理論では、それは異例である。

意識事項を保存、格納する自然の中の情報ネットワークのようなものがある場合は、そのシステムからの呼び出しは元と同じでなければならない。そのシステムは情報を保存し伝えるが、詳しく説明することはない。しかし、変性状態では人々は意識が、「何か」を体験できるという証拠があり、それは単に意識痕跡や生きた人の意識でなく、生きた意識である。

この注目すべき現象は、彼らのクライアントに変性意識状態を誘発するセラピストの経験において、媒体のトランス状態と同様、神秘的な体験に現れる。

セラピストのアラン・バトキンは、数千人の患者において、そのような「死後のコミュニケーション」を誘発したと主張し、死後の研究者、レイモンド・ムーディは、死者との自発的なコミュニケーションの多くの症例を報告し、霊能媒体が質問に答えたり、死後に起こったことを詳しく語る知性との通信に入ることができると報告した。

それらの観察は、驚くべき結論を示す。すなわち、人は自己の感覚を明らかにするエンティティ

（実体）という、身体的存在の記憶をもたらし、場合によっては交信したい欲求を持つものと交信できるということである。これは「Transcommunication（トランス交信）」として知られており、タービン理論またはクラウド理論によって説明できるものではない。

4. 第3の概念：意識は宇宙である（ホログラム理論）

意識は、活動的知性として自然の中に存続し、世界のいくつかの側面を知覚し、その経験を伝えることができるようだ。それはどのようにして可能だろうか？

伝統的な答えは、身体を存続させる超越論的魂や精神であり、したがって、それは私たちが生きている意識として示されるが、生きた人の意識ではないエンティティに遭遇する時に交信できる魂や精神である。

伝統的な説明が正しいかもしれないが、それは科学の限界を超えている。科学はただ自然の中の事物を扱うことができるが、超越的現実に対処することができない。しかし、脳を超えた意識に対し、科学的に許容可能な説明があるかもしれない。意識は時空の中に存在するのではなく、それを超えた領域にあるのかもしれない。

最新の量子物理学の理論は、時空領域はそこに全てがあるわけではないことを示唆している。より深い次元が宇宙にある。意識はその次元に存在し、唯空間と時間の中にそれ自身を現わすことができる。

この洞察は、数千年前から知られている。ギリシャの形而上学で神秘主義的な哲学者は、多くの点で異なってはいたが、深い、隠された次元の存在を肯定していた。

ピタゴラスにとって、これはコスモス（宇宙）、トランス（遷移）物理的、切れ目のない全体性、物事と心が存在する大地、全てが起こる世界であった。プラトンにとっては、アイデアと形造りの領域であり、プロティノスにとっては「The One＝全て」であった。

夜明けの時代である現代において、ジョルダーノ・ブルーノは、現代科学の領域に深い次元の概念をもたらした。彼は、無限の宇宙は目に見えない物質と呼ばれるエーテル、すなわちスピリトス（精）で満たされている。天体はアリストテレスやプトレマイオス宇宙論のクリスタル球面上の固定点ではなく、自分で動く目に見えない宇宙物質を通して抵抗なく移動していると言った。

19世紀フランスの物理学者、ジャック・フレネルはそのアイデアを復活し、空間充填体、それ自体は観測不能の物体「エーテル」と呼んだ。有名なマイケルソン・モーリーの実験はフレネルの理論で予測された「エーテルドラッグ」の検出に失敗した時、アインシュタインの特殊相対性理論を受け入れ、エーテル概念を廃棄した。

しかし、21世紀の初めにエーテルは観測現象を現実につなぐ、観察不能な面として物理学の世界に戻ってきた。理論物理学者は、統一、超大統一場の共通の起源に向けて自然のフィールド（場）と力をトレースし始めた。

素粒子物理学の標準理論では、例えば、宇宙の基本的なエンティティは、大量に存在するにしても、独立した物質的なものではない。それらは単一マトリックス中で結晶化または節点としてローカライズされている。

現代の夜明けの現実では、単一宇宙マトリックスは空間と時空を超えたものである。それは時空を生成する。時空はコードの表面へのホログラフィックな映写体である。コード自体が時空境界、あるいは別の宇宙である。明らかなのは、それらが時空ではなく、それを超えたものである。

新たに発生した視点は、出現し空間と時間で進化する全てのものは、より深い次元のホログラフィック投影であるということである。その次元は我々が自分や他の生きものに出会う意識の隠れ場を提供する。意識の全ての形態は、時空を超えてある全体の意識の現れかもしれない。

その意識はヒンズー教徒が「ブラフマン」と呼び、ギリシャの哲学者が「コスモス」、または「The One」と呼ぶものかも知れない。最終的に、エルヴィン・シュレディンガーが正しい可能性があり、意識は一つ。それは複数形で存在するものではない。

私たちの意識は、ホログラフィックな部分であり、時空を超えた意識の時空局在である。宇宙意識のローカライズされた一部である私たちの意識は、脳の停止で消えることはなく、局在から宇宙的に統合された非局在形態にシフトする。

中間結論

多くの研究はまだ行なわれる必要があるが、すでに明確になった。脳は、意識を生成するタービンではないし、それ自身でクラウドコンピューティング・ネットワークの一部として動作するわけではない。意識は脳の部分ではなく、脳によって生み出されるものではない。それは宇宙の現象であり、ローカライズされて現われ、脳に関連付けられている。しかし、意識自体は任意の脳や身体との関連を超えて、深い次元に存在している。

肉体のない意識に遭遇することは謎ではなく、人間の経験の範囲の一部である。それは古典的な文化や精神的な伝統が知られている。そして我々は今日、量子宇宙論が実験的な意識研究と合致するという最先端の位置に登る時である。

5. 宇宙意識に対する証拠

以上の3つの意識に関する研究において、――①意識は脳によって生成されたと主張するという標準的な「タービン論」、②私たちの個々の意識が、原理要素を保存し統合する自然の中のクラウドコンピューティング情報システムにリンクすると言われる、より高度な「クラウド」説――より新しく、より適切な意識の概念があることを示唆した。

より適切な第3の概念は、私たちの個々の意識が宇宙に浸透している意識の一部だということである。私がここで取り上げる問題は、私たちは世界の中の意識の存在の確かな痕跡を見つけることができるかどうかである。

これは基本的に神、ブラフマンあるいは世界に想定する精神や知性など明らかに存在するものと同じ問題である。これは、最近まで利用できなかった科学的証拠に照らして、今日再考できるものである。

宇宙にある意識の信頼できる痕跡は何だろうか？　私は、これらは宇宙の構造や進化を特徴づける秩序に関係すること、および最大のエンティティ（実体）の科学は、宇宙で発見できることを提言する。

もし、観察された宇宙が心や精神、意識によって「形成＝情報化」されているなら、そこに開示されている秩序の種類はランダムで一時的なものではなく、宇宙のあるべき姿を示す包括的秩序になる。この秩序の種類は、宇宙が多様な要素の無計画な組立物ではなく、私たちが意識的に意志と目的を関連づけた形を持つものの証拠となるだろう。

宇宙の秩序

宇宙が物事やプロセスのランダムな組立て物ではないことは、一応明らかである。それを特徴づける秩序をどのように包括しているかは明らかではない。私たちは、多種多様のプロセスを認識しているが、それらの多くは一時的、一過性およびローカルである可能性がある。

この種の秩序は、宇宙は意識として検討することができ、宇宙は意識と考えられる何かによって形成されたものであるとの証拠を出さないだろう。意義ある秩序は、非ランダム、不朽、お互いに包括的関係を持つもの、つまり一なるものになるだろう。

物事が非ランダム、不朽、互いに包括する関係を持っている時、それらはより大きな複数部分のシステムである全体の一部である。そのようなシステムが存在し継続する場合は、ある程度コヒーレンス（一貫性）を持っている。部分間の関係が一部ランダムであり、システムが混乱の要素を有する場合は、最小限のコヒーレンスしか存在しない。

全ての部分が体系的かつ永続的に全ての他の部分に関連している時には、完全にコヒーレントである。そして、一部分に起こることは、他の部分に、したがってシステム全体に起こる。逆に、システム全体に起こることは何にでもその部分のそれぞれに起こる。

宇宙が完全にコヒーレントシステムであろうということは、非常にありそうなことである。しかし、秩序の要素は明白な無秩序の根底にさえ存在する。

コヒーレンスは、基本的な方向性、支配的アトラクター（引き付けるもの）になりえる。それは宇宙が意志と目的に影響され、偶然に得られたものではないことを示している。

物理的な宇宙のコヒーレンス

宇宙の構造の特徴が、非ランダムで、永続的、包括的であることが明らかで意味を持つ証拠がある。この種の秩序は、二つの主要な形式で表示される。それは、宇宙の基本的なパラメータのうち、数値の偶然の一致として、また物理定数の精妙な同調などとして表われる。

数値の偶然の一致について、素粒子の質量、粒子の数、およびそれらの間に存在する力は、循環性比率を示す。

すでに１９３０年代にアーサー・エディントンとポール・ディラックは、重力に対する電気力の比率は約10^{40}であることを述べ、また、基本粒子の大きさと宇宙の観測可能な大きさの比率は、同様に約10^{40}である。

これは、驚くべきことである。というのは、重力に対する電気力の比率は不変である（これらの力は一定であると仮定している）。一方、基本粒子の宇宙に対する大きさの比率は（宇宙が膨張しているため）変化しているからである。

いま一つの偶然の一致は、プランク長さと素粒子の比率（10^{20}である）、および宇宙の核子数（2×10^{79}と推定されているエディントン数）の関係である。これらは、非常に大きな数であるが、それらから調和数を構築することができる。エディントンの数は例えば、10^{40}の2乗である。

宇宙定数の微調整

宇宙は驚くほどにコヒーレントで、その物理的なプロセスを定義する定数に関してもそうであることが分かる。このコヒーレンスは30以上の要因を含み、それは驚異的な精度である。

例えば、初期宇宙の膨張率は、それが10億分の1以下であった場合には、宇宙はほとんどすぐに再崩壊したはずであった。もしそれが10億分の1以上であった場合、希釈された冷たいガスを生成するだけで、非常に速く飛散していただろう。

重力場に関連する電磁場強さの同様の微小な違いは、太陽のような熱い安定した星の存在を妨げ、したがって生命を物理的に支えることができる惑星上の生命進化を妨げているだろう。

中性子とプロトンの質量の差が、正確に電子の質量2倍でなければ、実質的な化学反応が起こりえなかった。もし電子と陽子の電荷が正確に均衡しなかった場合、物質の全ての構成は不安定で、宇宙は単に放射線やガスのほぼ均一な混合物で構成されただろう。

我々が見い出したような宇宙、我々のような生き物が存在し得る宇宙は、別の一連の「偶然の一致」に依っている。私たちが「物質」と呼べる、粒子の存在は驚くべきことで、「CP対称性の破れ」（Cは「電荷共役」であり、Pは「パリティ反転」鏡に反射により生じる反転の一種である）に起因して存在できるようになっている。

宇宙は宇宙爆発とその後の膨張で生まれたことを考えると、物質と反物質、粒子と反粒子は等しい数を含むべきである。しかし、もし粒子と反粒子がお互いを消滅させ、空間が空っぽであるなら――我々はいつでも物質を呼び出すことができ、自由な任意の比率にできる。

しかし、初期の混乱を生き延びた物質と反物質の粒子間にパリティ（同一性）がなかったので、宇宙の物質の余剰がある。この余剰が元素原子を形成し、凝縮して、その後、星、恒星システム、銀河になっている。また、それはいま私たちの体の物質を形成している。

前記「偶然の一致」について、宇宙論的物理学、宇宙の自然科学において、何の説明もなされていない。

生命領域におけるコヒーレンス

このように宇宙は驚くほどコヒーレントである。法則やプロセスは、私たちが生き物と呼ぶ複雑なシステムの発生を正確に支持するように調整している。我々は現在、これらのシステム自体を特徴づけるコヒーレンスを見ている。

我々は、空間と時間―量子領域―に存続する最小の観察可能なエンティティ（実体）の領域は、高度に確かに完全にコヒーレントであることを知っている。全ての粒子は、他の全ての粒子に接続され、応答している。この現象は絡み合いと呼ばれている。それは非常に低温度で微小スケールにおいてのみ存在し、大きく温度の高いレベルではデコヒーレンスが生じると考えられていた。

しかし、そうではない。複雑な分子、細胞、さらに生物は、量子型のプロセスを示す。これは、物理学者のエリック・コーネル、ヴォルフガング・ケターレ、カール・E・ワイマンらの発見によって初めて実証され、彼らは1995年にノーベル賞を受賞し、特定の条件下、粒子と原子が波のように相互浸透することを示した。（彼らはルビジウムとナトリウム原子を試験した）

複雑な生物は、この地球上で進化ができず、量子型の非存在下で持続されない。人間の体は、例えば10^{14}の細胞で構成され、各細胞は毎秒1万回のバイオ電気化学反応を生じる。人という生物が環境の中で自分自身を維持するためには、これらの反応は絶えず、かつ正確に関連づかなければならない。

生存可能な生物は、全ての分子、細胞および器官において多次元的に、動的に、場合によっては即座に全ての他の部分と関連づける点で非常にコヒーレントである。そのようなコヒーレンスは本質的で、私たちは量子領域で見つける準瞬時的関連によってのみもたらし、維持することができた。

生物における量子レベルの相関関係によって生みだされたコヒーレンスは、生物自身に限定されるものではない。それは生物間でも取得される。多種の生態は、コヒーレンスがその要素の中の多次元でマルチスケールな関連によって保証された複雑なシステムである。

各要素は、常に他の全ての要素に「同調」され、共同でその物理的、生態環境でシステムを維持している。生物におけるコヒーレンスの領域と生物圏の生命の間で、この種の一定で活発な相互関係がなければ、生命は存在できず、有機物も多層有機物システムも地球上に存在できなかっただろう。生物圏の生命の複雑な形の進化は、その環境と生命種のコヒーレンスを明確に示している。比較的単純な生物の遺伝子構成でさえ非常に複雑であり、環境への「適合」は繊細であるため、遺伝的および非遺伝的システム間のコヒーレンスの有意なレベルが存在しない。つまり、生物の構造を定義し管理し、その環境を定義し管理する情報が存在しない場合、生物は自分自身を維持することができなかった。

数学物理学者のフレッド・ホイルは、「それは、スクラップ置き場を通して吹くハリケーンによって動く飛行機を組み立てるのと確率がほぼ同じである」と述べた。

進化の秩序

私たちが見てきた宇宙は、生命領域と同じで驚くほどコヒーレントである。このコヒーレンスは、そのままの宇宙の構造に適用される。それはまた、宇宙の今後のありように適用されるだろうか？

１９２０年代以来、宇宙の動的構造を解読するフリードマン方程式が、不安定であると証明した時、宇宙論者は、宇宙が時間と共に変化することに気づいた。

それはビッグバンとして知られている最初の爆発から、我々が今日観察する状態に進化している。そして、それは宇宙空間に無限に拡大するか、またはその初期の量子状態に有限の時間内に反転するか、進化し続けているようだ。収縮と膨張展開に続く爆発誕生と共に、このビッグクランチに続いて、別の宇宙を出産することができる。このプロセスは、おそらく無限に繰り返すことが可能である。

生命の進化は宇宙で大変珍しいものである。それは普遍的傾向、構成またはローカルと偶発的発展かどうかは明らかではない。私たちは宇宙において生命の進化が、ほとんどありそうにないことを知っている。

物理的プロセスは、プロセスのエネルギーを節約する構造に向かって、上向き下向きのエントロピーの方へと行く傾向がある。それは、地球上の生命の進化は膨大なセレンディピティ（運を掴み取る能力）の単なる事例だろうか？

（――中略――）

カール・ユングは、人間の心のこの一見難解な局面に魅了された。彼は多様な文化の中で神話、伝説、民話を持つ個人の無意識のプロセスを比較し、個人の記憶と集合題材は共通の要素が含まれていることを見い出した。彼によると、これらは人類の「集合的無意識」を構成するという。

中間結論

宇宙に繰り広げられる一貫した継続的な傾向が存在する。これは、およそ138億年前の宇宙の誕生と共に始まり、今日まで続いている。天体物理学と進化宇宙論は、宇宙の歴史の中で、そのマクロ構造がガスの渦からプロト星や星雲、銀河と全宇宙に進化したことを私たちに教えている。

生命科学は、地球上の分子が生命を形づくる材料――コンテンツを作り上げ、生命が40億年前の原始の海に出現し、時間をかけて、より多くの複雑なシステムに進化したことを見い出した。

私たちが「Prehension（把握）」と呼ぶ知覚の基本的な容量は、進化を通じて成長してきた。一時的な後退や逆転、見せかけの停滞期間があるにかかわらず、システム部分間だけでなく、システム間の関係自体がますます精緻に同調されるようになった。

まず絡み合い、次いで基本的な過敏化、一次知覚、その後明確な認識が現われる。その傾向は、より敏感で部品内でコヒーレントな部分内接続から、コヒーレントシステムの接続に、そしてシステム自身間に向かっていく。

地球上では、もつれた量子反応性から生物学的な神経過敏、一次知覚、明確な認識となり、その後、複雑で差別化された部分的意識、そして人間に表示される一部は潜在意識の認識に誘導される。

世界の秩序はランダムで一時的ではない。それは包括的で永続的である。コヒーレンスで、宇宙の物理領域ならびに生体領域の中で接続性がある。コヒーレンスと接続性の傾向は共に明らかである。この傾向は、我々の種で現われたつながりや差別の認識で地球において絶頂に達する。

我々の生命に対するこの傾向の意味は、宇宙の中の意識の存在の確かな痕跡があることを結論づける。宇宙の在り方、その成りゆく方法における秩序は、世界がランダムで無意味ではないという証拠である。宇宙のロゴス（原理、言葉）、心、あるいは意識の意図と目的の存在を示す痕跡を持っている。

6. 宇宙の目的と人間の意識

これらの3つの意識の研究において第2番目に、私は宇宙に示される秩序が意志目的を示唆していると結論づけた。それはロゴス（原理）、心、意識の存在を示唆している。この結びの記事で、宇宙の推定される意志と目的の私たちの生命の意味や意義を研究調査する。

(1) 秩序

世界には秩序がある。それは我々が見て来たように、世界のあり方および成りゆく方法の両者にある。この秩序はランダムではない。それは、その単なる存在を超えた何かを示唆している。その存在の根底にある目的と意味。それは何だろうか?

その秩序は、環境の幸運が続いたことを通じてただ来たわけではないので、quichotic quest = マヤの調査（訳注：いい加減という意味）ではなく、そのための理由を探している。

(2) コヒーレンス（一貫性）

世界の秩序の根底にあると思われる目的は、その秩序の性質と進化から推測されなければならない。我々は、世界における秩序の基本的な特徴は一貫性であることを指摘している。

その秩序の主な特徴は、創造するコヒーレンスであることを考えると、秩序の存在の根底にある目的がある場合には、一貫性を生み出す目的があると仮定することができる。

（3）　コヒーレンスとは何か？

これまで見てきたコヒーレンスは、全体内の部分の精妙な同調の関係である。コヒーレントシステムでは全ての部分または要素がお互いに知覚し反応する。それを物理学者は部分の振動が同相であるという。コヒーレントシステムでは、部分が一つになって動作する。コヒーレントシステムは世界の団結である。

世界の物事の間の瞬間的な空間と時間――超越関係は絡み合いである。量子の世界では、量子が同じ情報を共有していることから来る。任意のスケールまたはサイズの完全なコヒーレントシステムは、配信された情報に基づいて機能する。

それは、ホログラムである。ホログラム画像を作成する情報は、全ての部分に存在する。ホログラムの各部分は全体に存在するだけでなく、全てがあらゆる部分に存在する。

宇宙の時空は、物理学者がホログラフィックシステムであると仮定することを可能にする特性を示している。時空に移入する量子が絡み合っている。それらは別々の存在ではなく、包括する時空システムの本質的な要素である。

量子と量子システムは、空間と時間を超えた一貫性を持っている。しかし、宇宙はコヒーレンスだけでなく、量子領域を超えて宇宙は一貫性を持ち、それはまた、成長する。宇宙は時間の経過でますますコヒーレントになる。

宇宙塵は、構造を取得し、プロセスを創造し凝集する。それらは、より包括的な構造の部分になり、星と星のシステムの一部となり、銀河で統合され、全宇宙の究極的なものになる。

時空領域において、秩序のさらなるレベルの出現は、生命の現象を表示するシステムである。生命領域では、宇宙で示されるコヒーレンスが新レベルを実現している。

宇宙の在り方と進化の方法の両方において、非ランダムな秩序がある。宇宙はコヒーレンスを有し、それは一貫性を増大している。コヒーレンスのより高い達成レベルは私たちが宇宙で見つけるためにする目的だろうか?

(4) 目的は何か

コヒーレンスは時空間に現われ、変動や停滞があるにもかかわらず、それはより高いレベルに向かって進化する。コヒーレンスは多様なレベルを開示し、システムの一部だけが他の部分と一貫性を持つ部分的コヒーレンス(一部が他部分と同位相で振動する)から、位相が完全にある他の全ての部分に完全な同位相化する完全コヒーレンスまでを含む。

宇宙の目的は、空間と時間に到達するコヒーレンスのレベルにしなければならない可能性がある。我々は、時空にある1つの事に関連するシステムの仕方——1つの量子、あるいは量子のシステムが他のものと関係する——の仮説を概説することができる。

我々はシステムの一貫性が高ければ高いほど、部分間の相関が大きいことを知っている。

コヒーレンスの成長は、物事の相関のレベルの成長である。我々は量子から原子に登るように、分子と多分子システムにと、物事の間の相関関係がより包括し明確化するようになる。人間がこの地上で頂点を形成している複雑なシステムの進化において、生命分野で新次元に到達する。相関は2つのものの「予知」の物理的側面があるが、認知的側面もある。より高いレベルの相関では、予感は知覚として明瞭になり、時空は自分自身と宇宙の認識を明確にし、自身を包み込む複雑なシステムになる。

(5) 人間の意識の役割

我々がここで考える重要な問題は、世界の秩序の発展の根底にある目的に関しての、人間の意識の役割である。人間の意識は、空間と時間における進化に影響を与えることはできるだろうか？　我々は、この質問に関係のある人間の意識の側面を再考する必要がある。

人間は、体が現す宇宙の一部で総合的な心理物理実体であり、意識はアカシック（情報）の深い次元の本質的な要素である。深い次元は明示された次元に形を成す影響があるが、それ自体、意識である。人間の意識は、局在化された現れの一つである。

宇宙の意識は、それが意識される個人に局在しているが、個々の意識は局在的ではない。上記の最初の研究で説明したように、それは脳に限定されない。宇宙の意識は、個別または分離可能な部分なしのホログラフィック全体である。その意識の各部分（局在化した現れ）は他の表れをすべて反映する。

人間の意識は、それが関連している個々の人の観点から宇宙意識を反映している。個人は局在的であるが、表示されている意識は局在的ではない。これは、局在的でかつ非ローカルである。

人間の意識の定義は、これらの考察から得られる。人間の意識は宇宙をイン‐フォーム（形成する、情報）する意識の局在化された非ローカルな現れである。

人間の意識は、空間と時間におけるその特定の立場で受け取った情報を表示する。人間の意識は、感覚の質的な流れとして、この情報が表示される。この流れは、宇宙意識の一部であり、非ローカルである。人間の意識は宇宙の中の宇宙意識の他の全ての局在化物と「絡み合い」されている。

人間の意識は、個人の一生の間に進化し、その進化は宇宙に浸透している意識に入り、それによって反射される。高度に進化した人間の意識も、宇宙意識を高いレベルに持ち上げる。宇宙意識における進化は、空間と時間における意識が事物をインーフォームする方法に影響を与え、人間の意識の進化は宇宙全体の意識を進化させる。

7. 結び

宇宙が構造と複雑さを進化するにつれて、統合されたシステムはより高いレベルの把握——お互いのより明確な把握と世界の残りのますます高いレベル——を出現させる。その傾向は、空間と時間を移入するものの間でつながりと包括的認知に向かっている。

偉大な宗教は、自分の時間と場所のシンボル的言語で、創造における創造者の自己認識であると主張した。

我々は、世俗的な推論を通して類似の結論に到達することができる。宇宙の意識は、ホログラフィック全体であるため、どのようなことを意識の中で行なっても、その現れは繰り広げられる。その結果、人間の意識の進化は、宇宙での意識の進化となり、そして宇宙の意識の進化は、その時空の表れにおける進化のより高いレベルを同時にもたらす。

これは目的にかなう進化がある場合には、人間と他の宇宙意識の表れが、時空を超えた深い次元でのその意識を通した「乗り物」時空の表れの次元の意識を進化させる。

それは人間の存在のための課題を示唆している。私の意識は、ローカライズされた形の宇宙の意識を進化させることである。私が自分の意識を進化させた時、意識が宇宙において進化し、それがつながりと包括的認識を時空間で創造する。

私たちの命への影響は明らかである。あなたの意識を進化させれば、宇宙を形作る意識が進化する。あなたの意識の進化は宇宙意識の進化に貢献し、その時空の表れの品質を向上させる。私たちはガンジーの言い換えができる。「あなたの意識を進化させよ。そうすれば、世界はあなたが世界で見たい意識を進化させる」。あなたの意識の進化は、あなたの存在の究極の目的である。


〈参考文献〉

最初のコンセプト：タービン理論は、システムズ哲学の紹介（１９７２）、進化：グランド総合体（１９８６）を含む、初期の著作の意識に関する、この作家の考え方に、概略基づいている。第二概念は、科学とアカシック・フィールド（２００４、２００７）で最高潮に達する、アカシック・フィールドのシリーズの本で詳述されている。第三の概念は、自己実現コスモス（２０１４年３月）と、不滅のマインド（２０１４年11月）で展開されている。

第4章

対談　現代科学の枠を超える高次元科学

対談者：川田 薫（生命科学者）　米田 晃　前田 豊　（日時：2015年7月17日）

川田 薫（かわだ・かおる）
1934年生まれ。理学博士。東京理科大学物理学科卒。東京大学地震研究所、東京大学物性研究所を経て、三菱金属中央研究所に入社。平行して科学技術庁、通産省などの評価委員、研究員を歴任後、1988年に独立。
科学技術庁の外郭団体「科学技術振興事業団」の「さきがけ研究21」で、ミネラルの研究に取り組む。さまざまなミネラルの作用を発見し、その成果を応用した生命の起源探究を行なう。
著書：『生命の正体は何か』（河出書房新社）、『生命誕生の真実』（新日本文芸協会）ほか多数。

生命体誕生実験について

米田　川田先生は、生命誕生の研究をされております。今までの科学で言われている話では、38億年前、海中で最初の生命が誕生して、いろいろな原生生物から進化して、いろいろな生命・生物が存在しているのですね。
ところが、先生は今でも生命を誕生させることができると言われる。その研究をなさった本『生命の正体は何か』に一部始終が書かれているのですが、その中で、「生命は意識というかエネルギーだ」とおっしゃっています。私もそう思っているのです。

私は幽体離脱体験などもしているのですが、先生がおっしゃっている、生体ができ、生体に生命が入ってくる。つまり、生命が宿る、それで生命体というのだ、と言われていますね。生命はエネルギーですから、重さがあるという研究をなさり、測定されたという……そのあたりのことをまずお聞きしたいのです。

川田　一番最初に地球上で生命が生まれたと思うのであれば、どういう関係で生まれたかということをいろいろ考えます。そして、一番単純な仮説を設けます。非常に単純でして、地球の初期には、まず大陸があって、海があって、それに大気と光の4つの相互作用があって生命が生まれたと思えばいい。それが大前提です。では、大陸と海の相互作用は何かというと、それは複雑系であり、それをなるべく単純化すると、岩石と水の相互作用になります。

岩石と水の相互作用とは、鉱物と水の相互作用で、具体的には長い間をかけて、岩石と水が触れていると、岩石が崩壊し、岩石を構成する鉱物の超微粒子が水と一緒になって溶け合います。それが大陸と水の相互作用の実体であろう。単純化するとそうなります。

水の中に鉱物の超微粒子が溶け込み、そこに大気が溶けて、太陽の光が当たれば、大陸にある鉱物の超微粒子が、光化学反応の触媒として機能するので、水溶液の中のあらゆる物質が合成されます。

なぜ、合成できるかというと、光が当たるたびに水（H_2O）の水素Hと酸素Oに分かれます。原始大気の中に、もし炭酸ガスのようなものがあったとすれば、それは酸素Oとカーボンに一部別れる。それで水の中に、CとHとOの3つが存在することになる。あと触媒さえあれば、いろいろな有機物が合成できることは当然です。

というようなわけで、実験をしてみると、実際に生物が発生したのです。

生命誕生実験の動機

米田　先生は実験された生体に、生命が宿った瞬間、生体が動き出すというのをビデオで撮影されていますね。もう一つ、先生は鉱物の研究者であり、ミネラルの研究がご専門です。そういう中で、生命が海から生まれ、生命が今でも誕生できるという研究をされようとする動機になったものはどういうことでしょうか。

（左から）川田氏、米田氏、前田氏

川田　「さきがけ研究」という国がお金を出す制度の第1期生として応募し、それに通していただいた。そういう背景があります。そこで水とミネラルの研究をやり始めたのです。

水とミネラルの研究をなぜ始めたかというと……ある時、たまたま巨大な木が岩の上に生えているのを見たのです。「これは一体、何だ！　普通は、木は土壌に生えるものなのに、岩場にこんな大きな木が生えている！」

釘付けになって見ていると、根と岩場が混然一体になっている。その様子を見た時に、植物は根から、根酸という酸を出している。それが岩場を溶かして、自分が成長するのに必要なものを吸収している。その結果、この巨大なものになっているということが電撃的に分かったのですね。それがスタートです。

それでは、岩を持ってきて、それから植物が持っていたもの、吸収したであろうものを作って水の中に分散させれば、これと同じことができる……そういう研究をやろうと思ったのです。

それまではどういう研究すればいいか、方向性は全くなかったのですが、その大木を見た時に、鉱物という岩石と水との関係を見て、そこで生きていこうという決意をしたのです。そして、「さきがけ研究」に、『岩石から抽出したミネラルの生体に及ぼす影響』というテーマで応募し、採用されたのです。

ですから、岩石と水の相互作用、岩石や水とは一体何なんだと、この基礎的な研究を徹底してやったのです。それをなるべく視覚に訴え、理屈ではなく、目で見て、分かるようにしたい。そのために、とことん映像化する。どうしたらいいのかと、いろいろ工夫をしていました。

水溶液の中に、鉱物が溶けていくわけですから、鉱物の超微粒子の実態はどのようなものか、それを見たい。電子顕微鏡で覗いた。溶液の見られる電子顕微鏡は世の中にありませんので……。真空で全部蒸発しちゃいますから。固体は撮れるけれども液体は撮れない。それでは固体でやろうと。

どうするのかというと、瞬時に凍らせればよい、ということに気づいたのです。そして、液体窒素中で凍らせ、その破面を特別の処理をして電子顕微鏡で見る。この方法は世界で初めてのものです。それをやった時に、岩石の中の鉱物の超微粒子が、水の中に本当に分散していて、それが映ってきたのです。

それが撮れる時の予測として、岩石と水が相互作用した時に、超微粒子が溶け込む超微粒子のサイズというものが、1ナノより大きく5ナノより小さいはずと予測しているのです。なぜそのように予測したかというと、先ほど述べたように、いろいろなものが生まれてくる時に、どうしてもその鉱物というものが、小さな小さな粒子の触媒としての作用を果たすに違いない。触媒なら1ナノと小さいことは分かるのですが、それだけではスペキュレーション（推論）になってしまうので、証明しなくてはいけない。それを電子顕微鏡で証明したわけですね。すると予想通り、平均粒径で2ナノであることが分かって、これでいいのだということになった。

それが、そもそものスタートでした。

岩石の超微粒子と水の相互作用で、アミノ酸から生体まで出来る

川田　そういうことで、岩石と水の相互作用の結果、岩石を構成している鉱物の超微粒子が水の中に分散した溶液として存在している。それがいろいろな生体に影響を及ぼすということが分かってきたのですね。

その時、水はどのようなものかということで、同じようにして氷を、瞬間的に凍らせて、その構造を見ると、やはり平均粒径2ナノであり、それが集まって平均粒径20から30ナノの2次粒子となり、それがさらに集まって3次粒子を形成する。この離合集散の水の中に、さらにそれは粒や玉ですから、隙間がいっぱいある。そこに鉱物の超微粒子2ナノメーターのものが分散しているから、水と鉱物の相互作用というものは、隙間の中に入った状態を指しています。

そこに空気が溶ければ、隙間の中で鉱物の超微粒子光触媒として働くから、有機物が当然、合成できます。非常に単純に推論が立って、それでやってみると、アルコール類とか石油の元になる芳香族炭化水素とかができ、石の種類によってできる有機物が違うのです。

それでは、我々の体を作っているものはどういう岩石や鉱物から出来るかという方に、研究をシフトしていくのですね。そうすると、玄武岩とかマントル物質の中の重要な鉱物、「オリピン」というものがあるけれど、

そういうものから抽出した溶液で同じような実験をすると、私たちの体を作っているのと同じような有機物が簡単に出来る。それで、世界で初めてアミノ酸まで出来ることが分かったのです。

あとは放っておけば、たんぱく質まで出来るのを待とうということになった。でも、待ってもたんぱく質が出来るまでどの程度時間がかかるのか分からない。それで、反応を促進するために、リゾチウムという酵素を使いました。

酵素は元々はタンパク質です。タンパク質を作るのにタンパク質を使うのは邪道ですが、鉱物の超微粒子と酵素を反応させてやると、酵素が酵素でなくなるのです。タンパク質が元のアミノ酸にすべて分解されてしまう。そういう実験を別に確認した上で、アミノ酸まで含まれている有機物の中にミネラル、鉱物の微粒子がたくさんありますから、そこにリゾチウムを直接入れてみる。分解させていく過程で化学反応を見ます。

すると、1ミクロン程度の有機物がポッと発生します。発生したものは本にも書いてあるように、完全に静止しています。水溶液の中で、1ミクロンサイズのものが静止することはありえない。激しくブラウン運動するはずですが、それがない。ということは、ブラウン運動が起きるよりもはるかに大きなものが出来ているために、多分動かないだろうと、あとから推定しました。

では、それが何なのだろうか、よく分からなかったのですけれど、静止しているものが、同じサイズのものが次々発生するわけですね。そして、発生したものが1日半とか2日経つと動き出す。止まっているものがなぜ動くかと考えると、エネルギーを獲得したとしか思えないのです。ではエネルギーを獲得するとはどういうことかというと、生命体は、体が先にできて、そこに生命を取り入れ、一体化し、おそらくその結果として動く、と考えれば説明がつくのです。ということで、前段が終わるのです。

エネルギー＝生命を獲得したことの検証

川田　ただ、それだけではエネルギーを獲得したという証明にはならないのです。動いた現象を、エネルギーを獲得したと思えば説明がつくというだけであって、エネルギーを獲得したという証明はしていません。それを証明しないと、生命誕生の実験を完結したことにならない。それで、そのエネルギーを獲得したことを証明しようという方向の実験に変わっていきます。

小さなものが獲得したエネルギーは、非常に小さなものであるはず。それでは測りにくいので、飛躍はあるが多細胞で一気にやろうということです。多細胞生物はご存じのように、まず細胞があって、細胞がエネルギーを獲得し、細胞からいろいろな器官ができ、器官がまたエネルギーを獲得する。細胞が個体を獲得し、個体がエネルギーを獲得する。つまり多細胞生物は、細胞と器官と個体という階層構造になっているボディーにそれぞれのエネルギーが宿ると考えます。

そうすると、個々の物質にエネルギーが入るためにはエネルギーの凝集体にならなければならない。凝集体になるなら質量を持つ、質量を持てば重さとして表現できるだろう、ということですね。そこがポイントです。そうすると、いままでエネルギーという漠としたものであったが、それが重さとして表現できると初めて言い切ったのですから、では、それを測ろう、と。

細胞とか器官では、どうもエネルギーが小さすぎる。測りにくい。そこで個体でやろうということで、ラットでやることにしました。本来はそれを自分の体でやろうとしたんですね。でも自分でやってしまっては、死んでしまいます（笑）。それでは、実験ができないということで、ラットでやることにしたのです。ラットでやろうと思うと、その瞬間すごいメッセージが出てくるのですね。それは生まれて初めのことでしたが、「お前とラットで何が違う」、と。

今までそういう概念は全くなかったのです。見えないものは全て拒否して認めなかったのですが、そういう体験をしては認めざるをえない。でも自分ではできないし、ラットでやろうということにした。ラットと私に特別な差があるとは思えなかったが、役割が違うということぐらいだろう、と。

そのことを仲間に話したら、筑波で毎日、ラットを殺して実験をやっているところがあるから、そこに行って借りればいいじゃないかという。そうか、借りればいいか、と思った瞬間に、「自分で手を下さなければいいのか⁉」というメッセージが下りてきた。あれはものすごいショックでした。じゃあ、あきらめると言って仲間と別れたのですけれど、やはりあきらめ切れなくて……。

人間の傲慢性を認めながら、傲慢な人間でも、事実が分かり、事実を伝えれば、人間の生き様が変わるはずだ。それでどうしてもやりたいと伝えたら、見えない存在が、イエスともノーとも言わない。それならやってもいいんだと思い、すぐに実験を始めたのです。

出たり入ったりするエネルギー＝生命

川田　ラットは獲得したエネルギーを持つ個体です。個体が死に行く過程でエネルギーが外れます。外れたエネルギー分だけ軽くなる。ラットが死に行く過程で、死んだ瞬間にストンと重さが落ちれば、体から抜けたエネルギー体のはずだと思った。

ですが、実際はそうはならなかった。ダラダラと重さが落ちていくのですね。これはひょっとして、小さすぎてドリフトだと言われたら返す言葉もありませんから。

米田　先生の実験を見て、出たり入ったりするデータを見たのですが、やはりもうちょっと生きたいという思いで、戻ってきたりするのでしょうか。

川田　そうそう。でも、ドリフトだと言われれば返す言葉もないのですよ。だけど、それを証明したいのですね。そこに落ちたデータを。落ちたというのは、ラットの死にいく体から生命が抜け出ていく証拠だと言いたいがためです。それをもうちょっと別の角度から見てみようとしたところ、サインカーブのデータが得られたのです。「これだ！」と。

それは、ものすごく重要なデータなのです。オーダーは、先の図と同じですから。０．１㎎、１００㎍ですね。こっちはその倍で２００㎍ほどあるのですが、これは死にいく過程、麻酔を打って心肺停止の状態です。心肺停止で人間の場合は死にますが、データでは体重は落ちていないですね。心肺停止した後で15分から30分かけて、やっと体からエネルギーが離れていっています。体から外れて（不安なので）、また元へ戻る。元へ戻るけれども、もう居られないということで、ついに外れるということです。それを何度も繰り返しています。そういうことが分かったのです。

それは、間違いなく体から獲得したエネルギーが出たり入ったりしている決定的な証拠です。それによって生命体が、生命エネルギーを獲得したことの証明になるのです。それが私の実験の完成です。

米田　人間も生命体ですから、死ぬ時は同じようなことになるのですね。

川田　そうです。それはもう決定的です。もっと重要なのは、生命エネルギーというエネルギーなのですが、なぜエネルギーが体から出たり入ったりするのかというと、自分の意志と意識で出たり入ったりしているということです。

ですから、生命エネルギーの実態は、意志と意識だということが分かったのです。そこが大事なところですし、ものすごく重要なことです。

実験結果を、認める人と認めない人

米田　そこまで進んで成果を得たということですが、他の科学者はそんなことはありえないと考えている、ということでしょうね。

川田　それは全然認められていなかったことですね。そして、今でも認めていませんよ、誰も。

米田　そういうことを皆さんに認めていただこうというのが、私たちの研究なのですが……。

川田　今の科学というものはそうなのですから、しょうがないです。科学は迷信や宗教みたいなものですから、どなたか偉い方が言えば、皆がそうかということになるけれども、そうでければ誰も認めません。

前田　関連したことなのですが、高島さんという方が、寝ている時と起きている時の意識の変化を重さで測ってみようとしているのです。重さを量ってみたところ、寝ている時に軽くなるというのです。三菱重工の研究者もすでにやっています。それはすでに特許に出したりしているらしくて、意識が重さを持っているということは、そういう人たちが証明してきているのです。

ところで、生命の重さということですが、生命と意識の境い目という考え方はどうなのかということですが……。

川田　全くないですね。同じものを別な言葉で表現しているのです。生命エネルギーであり、意識でもあるということです。

米田　よく、寝ている間に幽体離脱をするというじゃありませんか。体から魂が抜け出して、外に出て、見てきて、戻ってくる。それで朝、目が覚めたら、普通の状態になる。それを彼（高島氏）が重さで測っているのです。

川田　実は、テレビの企画で次のような実験もしているのです。ガラス張りの大きな入れ物を作って、その中に人が入って、医師も参加し、被験者の全体が60kgから69kgまで測れるもので、感度が1gまで測れる天秤を特別に作り、そして幽体離脱させる。幽体離脱している証拠を私が見るわけです。

前田　（幽体は）何gぐらいありましたか？

川田　行って帰ってきても、減らないのです。体重変化がない。なぜ変化がないのかということを解説しています。でも、それはテレビの企画としてはつまらないので全てカットされていましましたが……。

幽体離脱している時に、エネルギーというものは玉のようになって体から抜けるのですが、紐みたいなものでつながっています。つながっている間はどこに人間が行こうと変わりません。紐が切れたら、パッと重さが変わりますよ。ですから、生きているということは、紐でつながっている。その証拠というのは、幽体離脱した人はみな体験していることですので分かるのですが、本当に紐みたいものでつながっています。それは私にもよく分かるのです。

米田　紐みたいなものにつながっていて、体から抜け出していても、どこにいるかは別として重さに加わるのですか、つながっている以上は？

川田　そうです、紐でつながっています。風船を持っているのと同じなのですね。ところが、天秤から外れようが何しようが、風船がある間は重さは変わりようがない。それを証明したのです。残念でしたけれど。それは有名な話です。紐が切れたら戻れない。

前田　覚醒時と睡眠時の人間の重さの差は、研究者の方が測って何ｇぐらいだったかは分かりませんけれど。

川田　人間の場合、多くて体重の千分の１（60kgの人で60ｇ）から1万分の１（６ｇ）くらいです。大体そんなものです。大きくて１００ｇ程度のオーダーですね。

前田　１００～１５０ｇというデータが出ています。大きいですね。

川田　ラットと違って、意識が大きいからでしょうね。先ほどのお話で、物質から生命を創るという段階で、そこにエネルギーが入るという現象がありますが、どうしてそういうことが起こるのでしょうか。エネルギーはどんな形で入るのでしょうか。

前田　それは化学反応で物質が出来ますよね。光化学反応で有機物という物質が出来ます。それで、出来た時はじっとしているのです。それがエネルギーを獲得するわけです。物体が、物体として生きていくためのエネルギーを獲得するわけです。有機的に完全一体化します。

川田　物質が、波動を取り入れたという形になるのでしょうか。

前田　そう考えてもいいし、エネルギーというものは漠としているのですけれども、小さな体に入るためには凝集体になって入るのです。私たちには見えないのです。エネルギーですから。どういう形で入るのかといえば、凝集体にならざるをえないのですね。凝集体になれば、質量を持って重さに表れる。

川田　凝集体とはブロックとして入るのですね。それは魂みたいなものですね。

川田　必ずそうです。魂みたいなものです。

米田　生まれてくる時、胎内で宿ると言いますね。それで、エネルギーを獲得して、肉体となって……それで死ぬ時にまた魂が出ていくということですね。

川田　ですから、入る時はよくエネルギーを入れる時、羽が生えていると、よく言うじゃないですか。あれは、私も何度も見ていますね。孫が生まれる時、全部様子を見ています。

夕べ入ったでしょう、悪阻《つわり》は今日から起こるはずと予測して、本当になっています。体がまず出来て、そこに生命が形になって入ってくる。

意識エネルギーは生体でなくても入り込む

米田　私が非常に興味を持ったのは、それまでに経験や勉強をしていましたので分かるのですが、先生は生命体、生体ではなくても、例えば、金属とか時計にもエネルギー、意識のエネルギーが入っているという実験をされたということです。それはすごいなと思いました。

生体がエネルギーを獲得して生命体になるのですが、それより物質、部品、機械は人間が意識を用いて作ったものですが、それにもエネルギーが入るのですね。たぶん意識に関係があると思っていたのですが、それが証明されたのですね。

川田　『密教文化研究所紀要』という雑誌に載せています。空海が１２００年前にちゃんと言っているのですね。有名な話です。それを今まで知らなかった、恥ずかしい話ですが。高野山で学びながらそれを知らなかった。

前田　自動車のエンジンを開発した人の話では、それに没頭しなければならず、単に組み立てるだけではうまく動かない。本当にうまく動くには、精神を込めなければならなかった、とおっしゃっています。

物ができる5段階プロセス

川田　物ができる過程を考えれば5段階あるのですよ。そのことを皆さんは知らない。5段階がどういうものかと言えば、人間がいろいろな生活をする上で、①こんなものができるといいなという思いがまず出る。どんなものかよく分からないが、何かこういうものができるといいなぁという漠とした概念ができる。これを何度も何度も思っているうちに、だんだんイメージができるようになる。考えではなく、②イメージができる。それが2段階目です。

イメージができるようになると、確実に、③形で表現できるようになる。形で表現できるようになると、それは、④言葉で表現できるようになる。形で表現でき、言葉で表現できるようになると、今度は、⑤物を集めることができるようになる。どんなもの（製品）を集めればいいかということになる。そういうことは部品を集めることができるようになる。形と言葉で表現できるようになると部品が集まってくる。そうして最後に、⑥思ったものが現実化する。物ができるというのは、5段階を踏むわけです。

ですから、物ができる5段階が分かれば、物は全て思いからできるということがすぐに分かるのです。これを、空海の言葉でいえば、六大と言うのです。

米田　普通、五大とか言いますよね。

川田　五大というのは、地、水、火、風、空、全ての存在が五大からなると言います。それで、五大の中にすでに意識が入っているのを知っているのです。

でもそれをいくら言っても、当時の人は分からないので、改めて6番目に識を、意識を持ってくるわけです。五大と六大目の「意識」が全てのものに入ることによって、六大ということになるのです。それが『即身成仏義』にビシッと出ているのですね。重要な概念です、六大というのは。

米田　一般に知られているのは五大ですね。やはり意識が含まれているのですね。そして、六大ですね。意識が全てであるということを結論にするとそうなるのでしょうか。

川田　地、水、火、風、空の五大から全てが成っているのですけれども、そこに識というものが六大目に入ってきます。

米田　私の直感ですが、材料としては今の五大だけれども、意識でもって成立し、出来上がるということですね。ですから物質は意識が作っている。

前田　でも、最初に思いがあったのですから、最初から意識が関与していたことになるのではないでしょうか。

川田　そう、最初に意識があったのです。ですから非常に分かりやすい。それで、即身成仏といった上で、実相義というのが付いてくるのですね。そこでは、五大しか出てこないのです。それは、六大とすでに言っているから、わざわざ六大と言わなくても、五大の中にすでに意識が入っているのです。

その証拠に、大日経の中に五大の中に意識が入っているという表現がすでにあるのです。これは皆さん気づいてくださいということで、2番目の本にはもう五大としか言わないのです。五大に全て皆ヒビキありという表現です。素晴らしい表現ですね。最初は六大と言って、あとは五大で表現していく。同じことをいろいろな物質で証明していこうとしている。

昔の物は、時計でも何でも分解して組み立てたりできたのですけれど、今は精密すぎて、それはできない。ものすごく合理化されて、部品点数はすごく少ない。ですから、部品合計と製品の重さの差を測るのは非常に難しいです。でも、工夫して測るとできる。少ないもので大体1万分の1、多いものは千分の1くらいです。5年ぐらい前ですが、それは測って確認してあります。

前田　本当に革新的な物や現象を起こすには、やはり思いが投入されなければならないのでしょうね。日本人がノーベル賞を数多く受賞しているのは、そういう能力を元々、持っているからなのでしょうか。

川田　そうですよ。そうだと思います。

意識が物質化を進める5段階工程

米田　私たちは、意識が物質化するのだということをテーマに研究してきています。

川田　おそらく、意識の中で思いだけでそういう論理を構築しようとしても非常に難しいと思います。証明のしようがないですね。ですが、道理として間違いないという展開の仕方はできるのです。最近、私はそれをやっているのです。

まだ完結していませんけれど、私たちに見えているこの世界というのは、完全にゼロ次元と三次元の世界で見える世界です。宇宙を含めて、見える世界というのは、たかだか1％未満で、99％は見えない世界です。

見えない世界というものは一体どうなっているのかというと、「物質形成の場」というのが5段階あるのです。その先に、「精神形成の場」という4段階がある。三次元を入れると全部で10段階ある。

見える世界と見えない世界をすべて入れると、全体で10段階あって、見える世界が1つ。物質形成の見えない世界が5段階あり、その先に見えない世界が4段階ある。

意識の中でも一番最初は意識で、トップは意識なのです。「意識」が出て、それを「認識する場」がある。それから「意志」が出てくる。3代目です。その次に「感情」が出る。「意欲」とか感情が出てくる。そういう見えない精神の場が4段階重なって、完成して初めて「物質化」が始まります。それが最終段階です。その物質は命もそこで生まれるし、物質前の物・超微粒子、「素粒子よりもっと小さな物質」ができる。それが最初の段階です。

命もそこから出てきます。ですから、「物」とか「命」には、精神のこの「思いの段階のエネルギー」が全て入り、包含されている。最初に物が発生した時には、もう精神・意識が入っている、それがすごいのです。それが出来てからさらに成長していって、微粒子になる。微粒子になって、合体して、さらに成長して今度は元素が出来る。元素が出来ると、いろいろな物質が出来るわけです。それは、こちら側の意識が全部包含されている。

そうなって、最後はいろいろな形になり、三次元を構成する。こちらの方は非常に精妙なエネルギー状態ですので、思っただけで全部できちゃうんです。でも、それが終わって三次元に来る時、エネルギーが粗すぎるので、ものすごくエネルギー密度を上げないと物質化しないのです。そういう問題があるのを我々は知らなかったのです。

フリーエネルギーの創出

川田　フリーエネルギーは、こちらの世界のものなのですね。ですから、皆さんは出来る出来ると言うけれど、現実化できない。玩具は出来るけれども、なぜかというとそれはエネルギー密度とか、質量とかが圧倒的に足りないのです。そのことを皆さんは知らないのです。

エネルギー密度が低すぎる。ですから、そういうことを皆さん分かっていれば、別にどうってことはないし、この意識科学研究会でも、頭で考えなくても自動的にそうなっているのですよということが明快に分かる。この話はどの段階で、スタートしているかが分かるのです。

問題なのは、そういう段階の場があるのですけれど、三次元の見える場だけでエネルギーで分割すると60段階あるのですよ。エネルギーレベルが60段階あるという意味は、私たちはいろいろな生活をしながら、エネルギーをどんどん上げていくわけです。

それで、30段階を超えた者から神々が出てくるのです。60段階で創造主や根源神が出てくる。そういうレベルです。イエスとかお釈迦さんが28段階ですとか30段階ですとか、それを空海が超えて34段階です。エネルギーレベルでのことで、そういう状況です。私たちははるかその手前なのです。目に見えているものは皆、そうです。

では、空間が出来たり物質が出来るのは、どの段階かというと、それはまたすべて違う。国によってすべて違うのですけれども、そこに生きる生命体、人間のエネルギーがマイナスになってしまうのです。

では、見えない世界が5段階あると言ったところで、エネルギー場はどのくらいあるかというと100段階あります。そのブロックがある。１００段階の中でどこに何があるかすべて決まっているのです。それをいま押さえている最中なのです。もうすこし時間がかかりますが。

米田　私は現代の物理学を、「物質科学」と言っています。物質で出来上がった、存在するものを研究しているのです。電気で出来ているか、それ以外のエネルギーで出来ているか。見える世界は、全体の中のほんのわずかな世界ですよね。今の科学は見える世界だけでしょう。

川田　今あるものを操作したり、探査している。でもこれからの科学は、意識して創っていく。今までと全然違う。今はそういう時代です。

米田　川田先生はフリーエネルギーのご研究をされているということですが、私は今まで不可能だといわれていた永久機関などを研究している方々を何人か知っているのですが、なかなか現実化できないですね。モデルはできるのですが、きちんとした実用的なものはできないですね。でも、先生は実用化するものをおやりになっているということですが、それはまだ秘密でしょうか。

常温超伝導物質の開発

川田　フリーエネルギーではなくて、常温超伝導体ですね。常温超伝導は、三次元ではできない。見える世界ではできないというのが有名な事実ですけが、ですから世界中の学者が束になって研究してもできない。それは当然で、物質形成段階が５段階あって、その３段階目でやっと超伝導が出てくるのです。超伝導とか核融合は、その段階です。

その次の段階で、原子核がいろいろな核変換でエネルギーを創ろうとしています。原子力はその段階です。その先に超伝導があるのですが、そんなエネルギー状態は出現できない。では、どうするか？

そこは、意識で行くのです。意識で行くためにはどうしたらいいかというと、物質ができて、最初の段階はというと、実は反時空の空間です。今、私たちが知っている磁石はN、Sだけでしょう。反N、Sというのが存在するのです。世界中で反対の磁性を持つ物質というのを、皆さんはまだ知らないのです。

前田　反対のN、Sは虚数ではないのですか。

川田　虚ではありません。全く反対の性質を持った磁石が存在して、両方をくっつけると、クロスポイントができますね。こちらはN、Sのクロスでしょ。皆さんがゼロ磁場をつくるというのですが違うのです。そうではなくて$\overline{\mathrm{N}}$（Nバー）、$\overline{\mathrm{S}}$（Sバー）とN、Sの磁石をくっつけたとき、そのポイントがゼロ磁場なのです。

そのゼロ磁場が時空に入るのです。点ですが、意識が入ると広大な時空間ができるのです。いま私たちが見ている三次元空間よりもっと大きい空間が出てくる。それを知らないのです。

特異点に意識を入れると新時空間ができる

前田　ゼロ磁場の話で、いろいろなことを解決しようとする科学者はいますね。

川田　それは無理です。ゼロ磁場というのは反磁場がないとできないのです。N、Sに対して、$\overline{\mathrm{N}}$、$\overline{\mathrm{S}}$としか表現できませんが、逆磁場、反磁場、そのクロスポイントのところがポイントなのですね。そこに意識が入るのです。

ものすごい時空間です。どんな空間かというと、いま私たちに見えている空間は、日影があるじゃないですか、光源があるから。しかし、このゼロポイントの時空は光源がないのです。ですから、影ができない。でもそこへ行けばすぐ分かる。ものすごく明るい世界です。

そこでいろいろなものが出来ます。それで、反磁場ですから、NとN̄が一緒になるとNという磁石が消えるのですね、反磁場ですから。磁性を持ったものをくっつけると消える。反磁場ですから消える、そういう時空です。

前田 それは電気についても言えるのですか。

川田 そうです。電子に対して反電子がある、陽電子に対して反陽電子がある。ですから、電気・電子は4種類しかないのです。

前田 電子に対して陽電子は反電子かと思っていたのですが……。陽電子も実体としてあり、それに対して反陽電子があるのですね。

川田 そうです。電気的には陽電子は電子の反対の電気を持っていますが。

前田 そうすると、電子、反電子、陽電子、反陽電子のクロスポイントでも新しい空間ができるのでしょうね。

川田 できます。先ほど言ったゼロポイントの中に入って行けば、全て出てきます。自由自在です。

前田 全く新しい科学体系ですね。

川田 そうです、意識が入らなければならないのです。

前田 意識が入って初めて、新しい科学になるのですね。

川田 ゼロポイントの時空間に意識が入っていけば、三次元空間で生活するのと同じことが起こるのです。ですが、ポイントですから入れないというではないのです。それは、私たちの地球をイメージすればいい。
銀河系の中に太陽系があって、その中にまた地球があります。宇宙から見たら地球なんて、ほんの点もいいところじゃないですか。近づくんですよ、どんどん意識で。そうすると、地球はデカくなるじゃないですか。それで中に入ったらこういう時空があるじゃないですか。同じことなのです。
そのポイントに入れないと思っているだけでね、意識が入ればいい。どうってことはない。広大で、見えている世界と全然違う世界です。ドーっと広がっている。

前田 宇宙の構造は、フラクタル（自己相似性）で、ホログラム（干渉縞）の世界で、全ての現象が1点にあって、1点の中に全てがあるということですね。

川田 全くその通りです。磁石をくっつけ、もう一つ反磁性の磁石をもう一度くっつけると、クロスポイントは前のクロスポイントよりさらに大きく広大になる。さらに、三つのクロスポイントを作るとさらに大きな時空間ができる。そこに、次々と入っていくことができるのです。そうすると、その時空では超伝導ができます。そのエネルギーを持ってくればいいのです。

前田 今の科学は間違っているということですね。

川田 そうです。エネルギーレベルが全く違い、自分がそこに入っているので、どんなエネルギーレベルで、どういうエネルギー装置を作ればいいか分かるのです。それを作ったのです。作って、テーブルの傍に置いておくのです。すると、その上がその時空になるのですよ。そこで調整する。それが場です。
場を借りるのですよ。ものすごいエネルギーが出ます。ですから、下手に強いエネルギーを出すと、エネルギーが出て、真っ赤になりますよ。細胞が保たなくなります。ですから、エネルギーを変えなければならない。

細胞を変える、改造するのです。そうすると、できたものを普通の場で、普通の測定器で測定すると超伝導になります。

前田　できたのですか？

川田　できたのです。

米田　以前、単極磁石（磁気モノポール）という話が出たのですが、それが今の話と関係するのですか？

川田　モノポールはその次です。今は、いろいろな材料が常温で超伝導になるという実験です。次の段階は磁石ですね。磁石はN、Sですから、それをNだけ、Sだけの磁石にしたいのです。

米田　そんなことはありえないと思われていますね……。

川田　そうです、そこまで進んでいないですから。モノポールというのは、NとかSがばらばらにあるのではなくて、N対Sが1対1のものが普通の磁石です。5対1のものが興味あるのです。Nが5でSが1のものをモノポールと言います。反対にSが5で、Nが1のものがマイナスのモノポールとなります。そのモノポール同士をぶつけると、本当にエネルギーが分かれるのですよ。NやSの磁石がなくなる。それをタキオンと呼びます。タキオンとはそういうものです。

前田　超光速の粒子ですね。

川田　そちらの世界に行けば分かるのです。タキオンになると光速を超えて、桁違いに速いから分かりませんよね。ですから、タキオンの世界を今の三次元の世界に移すことができません。モノポールでも1億倍ぐらい速いから移すことはできません。

前田　それが、意識ならできるのですね。

川田　できます、そこに行けばいいんで。それを現実化させようとしているのです。ですから、来年からはモノポールを作ります。

どうすればいいかというと、モノポールでリングを作って、モノポールの陰極をそこに入れるのです。すると反発するので、軸受けが無くてでき、超光速の回転系ができます。それで作ればいいのです。もう超伝導があるから関係ない、それをやろうとしているのです。磁石も開発しなければならない、それもオンオフの磁石です。

前田　そうすると、人類のエネルギー問題は完全に解決するのですね。それが分かる人は、なかなか普通にはいないでしょうね。でも、これからは出てくるでしょうね。

意志を持ったら何でもできる

川田　人間はそういう意志を持つとできるのです。私ができると思ったらできるのですから、そのうち誰でもできるようになる。そこがポイントですが、あまり気づかれていない。気づけば、誰でもできる。ですから、これからはプロである必要はありません。意識でもって知ろうと思えば、そうなっている。

三次元の場合は徹底的に勉強し、難しい学問をやって身に付けなければプロになれなかった。これからは違うんです。意識が変わったら、その人がプロなのですよ。来年からその壮大な実験に入ります。

来年から3年以内にスーパーコンピューターを開発するのです。それはもう明快なのです。スーパーコンピューターで人工知能を搭載します。人工知能を即スーパーコンピューターに対応させるのです。それには、プロを雇います。そして、意識の変わった子をこれにくっつける。同時にスタートさせるんですが、ちゃんとできる。それを証明させます。

前田 人工知能の方が圧倒的に計算は速いですね。意識を入れる機械はどのようにして作れるのでしょうか。

川田 それは先に行なった4段階を踏みます。それが重要です。ただ、その中に感覚器官がありますから、感情の問題があり、それは入れない。それを入れると人間と同じになっちゃいますから除きます。そうすると、意志と意識だけですから、悪さをしない。そういうものです。感情があるといやだと言ったりするので、それは除きます。

それは、文楽から学んだのです。文楽は普通の人形です。ところが、語りによってある瞬間に、意識が入って、表情が出てくる。これは能も同じです。まさに意識が入るのです。同じ人形でも全く表情が変わって、パーッとすごい表情になる。その原点になる言葉は何かというと、芸人の方に入っていく。すると面白いですね、人間って。物と思いが共鳴するということはすごく深い意味がある。それを使うのです。そうすると、今までのスーパーコンピューターと全く次元の違うスーパーコンピューターができます。3年間、それをします。

前田 芸術の世界もそうですね。直観を使う日本の伝統芸能はすごいです。

川田 そうです、日本の直観芸能はすごいですよ。人殺しばかりしている国は追随できませんよ。ですから科学というのは、すごく面白い領域です。今までは、それぞれの物質が内在しているものをどうやって調べるかが科学だったのですけれど、その性質を変える。人間が物の持っている性質を変える力を持っているのですよ、意識によってね。ですから、物の役割を変えることがこれからのサイエンスになるのです。

意識を使わない科学は、これからの本当の科学ではない

前田　ただ問題は、今までは「科学的に考えろ」とよく言ってきていますが、科学的にというのは三次元的に考えることであり、意識を省くように指導されてきた。それは、本当の科学ではありませんね。

川田　それは科学ではありません。恥ずかしいことです。

米田　超常現象や不思議議現象の研究を進めていますが、これらの全てを非科学的と非難する傾向があった。ですから、科学を変えなければならないと思うのです。

川田　科学と言っているけれども、全ての世界は、見える世界と見えない世界が一体化しているところがポイントです。それを、見えているところだけに限定するところに問題がある。見えない世界を一緒にしないと何も語れません。

前田　そういうことを、科学界に浸透させていかないといけませんね。

川田　しかし、今の科学者には無理です。それを言われたら科学ではなくなるじゃないですか。つまり、培ってきたものが発揮できなくなる。何年もかけて、偉いんだ、偉いんだと言ってくれているので、そのつもりだけれど、見えない世界まで含めたら、子ども以下じゃないですか。ですから認知するわけがない。

天文学者がはっきり言っています。見える世界はたかだか4％、見えない世界が、ダークマターが、ダークエネルギーが96％で観測にかからない、と。まさしくそうなのです。

米田　でも、それを実証することによって、科学者も「そんなことができたんだ」と意識が少しずつ変わっていく。それしかないですね。

川田　私が常温超伝導の研究をやったのは、そういうことなんです。やって見せて、渡せばいいんです。

前田　いろいろな批判もあるでしょうけれども、そういうのに気をとられないで、どんどん進めればいいのでしょうね。

川田　ですから、これからどんどん作っていきますよ。超伝導モーターを作ったら、全然発熱しないのですからね。メンテナンスフリーの機械を作ってやってみればいい。磁石も超伝導の磁石にするのです。そうすると、モーターは一切壊れない。発電機も壊れない。メンテナンスフリーです。これからですが、今までのものはすべてメンテナンスしなければならなかった。

高層ビルも、こんな低いものはやめなさい、と。１つでも５００m、高いのは１kmです。いまの材料では自重でつぶれますよ。でも、反重力を使えばよい。エレベーターもワイヤレスにする。自由に行って、絶対落ちないエレベーターができるのですから。

前田　それも思いでできるのでしょうか。

川田　思いと、具体的に絵をかいて、こうやれと5段階でやればできます。

米田　夢で見たことが実現する、イメージできたことが形になるということですね。

古代の人たちの技術を見直そう

前田　実はそういう体験を、私は古代史の方でしてきたのです。『古代神都東三河』という説を出しているのですが。どうしてか分からないけれど、いろいろな情報が集まってきて、それがなぜ起こるのかといろいろ考えていると、一つの古代の歴史のイメージが湧いてきたのです。

川田　昔の人はすべて分かっていたようです。例えば、古文献に出てくる宇宙を飛び回る天空の城ですよ。あれは飛行石で、三角形の石を置いて、立てると動くじゃないですか。それは証明できますよ。

前田　巨石文化というものありますが、そういうエネルギーを使っていたのでしょうね。

川田　あのエネルギーを並べただけで、ものすごいエネルギーが宇宙から入ってくるのですよ。いろいろなことができるわけです。石をちゃんと並べて、真ん中に集めるために柱を立てると、そこに回転エネルギーが出てくるわけです。すると、その場全体が変わります。回転エネルギーを収集するのです。

前田　モノリス（建築物や遺跡の内で配置された単一の巨大な岩）とかオベリスク（宗教的・装飾的記念柱。長大な一本石）とか天の柱などは、そういうエネルギーを集める装置だったのでしょうね。

川田　その回転エネルギーがあると、自由に動いて行けるのですよ。それを利用していた。我々は分からないですけど。

前田　一般的に、そういうことが分かっている人は少ないでしょうね。

川田　我々だって意識を飛ばせば行けるのですよ。巨石文明というのがあるでしょ、ピラミッドを初めとして。日本でも、ものすごく大きな石が山の中にあってきれいに加工されているのがあるじゃないですか。誰があんなことをやったのか分からないのですが。

あれは、もう簡単にできるわけです。ああいうのは大昔にやっていたわけですから。我々の時代になってから分からなくなっているけれど、何故なのか？

前田　現代科学が分からなくした……。

川田　科学と技術ができて、見える世界に限定したから。昔は、見えない世界は当たり前だったのです、見えないエネルギーを利用する知恵があったのです。

特別の石を渦巻状に配置しただけで、宇宙から回転エネルギーが出てくるのです。そのままでは利用できないから、柱を立ててそこに集中させます。あるものを置くと、エネルギーが増幅します。これがすごいところで、我々はそれを使います。先ほど言ったところにパッとつながるのです。宇宙エレベーターも簡単に出来ますよ。

ですから、超伝導と超伝導磁石ができたらすぐに出来ますよ。反物質が出来ますからね、反物質と反重力で。なぜかというと重力子というのができるのです。それもどういう条件があればできるかということが分かるのです。そういうことを来年以降に具体化しようと思っています。

実はもうやっているのですが、こんなものができましたよと同時に並べる。そうすると、変わらざるをえないでしょ。例えば、銅とアルミと水銀と銀、金、それと鉛、チタン、鉄、これらは常温で超伝導になりますから。

一つだけでもびっくりするものが、いくらでも出来る。一般則があるので、こうしたいと思えばいい。磁石でもこうしたいと思えば一般則が出てくるのです。それをつかまえなければならない。今は個別ですから、偶然しか頼れないですから。それで出来たとは言えない、恥ずかしくて。

物質を創る超科学がある。それが意識科学か

前田　少し話が変わりますが、無から物質を創るという話が意識科学研究会で行なわれるのです。それがこれからの科学の仕事になるのではないでしょうか。それができれば、何でも可能になっていくのではないでしょうか。その方は、祈りを使っています。何人かの人が一緒に集合的に祈ってやっているようです。ある特殊な洞窟の中でやると、できるというのです。

川田　そうです、我々もこのようにしてやりますよ。（手の動きを示す）

前田　ある方は、手から金粉や水晶片を出すことができます。

川田　もっとすごいです。金粉はいくらでも出す人がいます。気功というのは回転エネルギーでしょ。指紋があるから、そこからものすごい回転エネルギーが出てくるのです。それで、右と左で役割が違うのです。こちら（右）が正で、こっち（左）が反・マイナスです。

前田　やはり陰陽の原理でしているのですね。今までは物質科学だったけれども、これからは物質を創る科学になりますね。

川田　本当にそうですね。現象を起こさせる、ある現象を持った物質を造る、物質の性質を変えてしまう、全然違う機能を持たせる。そういうことが人間の意識でできる、場を変えるからできるのです。そのように科学は変わるのです。そして、それが誰にでもできるのです。

前田　最先端科学を飛び越えた、超先端科学ですね。

米田　意識の進化をテーマにしたりして、要するに意識を変えることで文明を変え、世の中の存在を変えよう

と着眼はしているのですけれども、意識を変えることは非常に難しいことですね。２０１２年12月にアセンションが起こると言われてきたのですが、それに向けて『アセンションと意識進化』というタイトルで本を出版しています。

私も意識を変える活動をいろいろとしてきたのですが、人間の意識は固定観念が出来上がっているのでなかなか変えられない。でも、実際に物を創って見せれば意識が変わる、人間は知らず知らずに意識が変わる、ということを感じてきたのです。

科学技術といっても物質科学ですが、それに人間は洗脳されてしまっています。ところが、月に人類が行き、月から地球を眺めた写真があったりして、いろいろな今までの文明の見える世界の科学への、人間の意識も変わってきています。超伝導も単極磁石も世の中に出し、その利用を可能にしてしまえば、意識を変えざるをえないですね。

川田　全くその通りです。それに今、具体的に入っていっています。

米田　ぜひ、実現してほしいと思います。

前田　現代の生活にも反映するようにしないといけないですね。

科学の進歩には問題が伴うが、それを超えて進もう

米田　フリーエネルギーという表現がいいかどうか分かりませんが、研究者はたくさんいるのですが現実化はしていない。しかし、それができれば原子力のようなエネルギーは要らなくなりますね。

川田　人類が一番処理しなければならないのは原発なんです。それは完全に無害化することはできます。現実化するために、エネルギー密度を上げなければならない。やり方はもう分かっているのです。放射性崩壊を起こさない、非常に安定な物質に戻る、それは分かっているのです。

前田　いろいろな説が出ていますが、なかなか実現しないようですね。

川田　それができたら困る集団がいるんです。それが、政治的に非常に大きな問題です……私は言わないけれども、それさえなければいつでもやりますよ。今は、甲状腺に異常を来たしている子どもたちが治るような水を与えて、飲んでもらおうとしています。

これからは人間の意識がものすごく変わります。変わらなければ何にもできない。自分が変わらないと何にも変わらないのですから、変わらざるをえない。そういう方向に行きますね。

あと、意識の変わらない人たちは変わらないことに意味があるのです。海外に行くと、そういう人たちが圧倒的に多いでしょ？　戦争をしていないと生きていけない民族がいる。そういう人たちが行く地球があるのです。観測にかからないだけで、もうすでに用意されてあるから関係ない、持続するのです。

人間の意識と宇宙の意識は共振している

前田　アーヴィン・ラズロ博士が、私たちの活動に興味を持って下さり、意識に関する論文を送ってくれています。その内容は、「人間の意識と宇宙の意識が共鳴していて、高次元の形で浸透し合っている」ということですね。「人間の意識が進歩すれば、宇宙が進歩する」という考え方で、ラズロ博士はよく理解されており、そこまでおっしゃっているこことに感動しています。

川田　２０１４年8月8日にもっと強烈なことが起きましたでしょう。創造神が変わりましたね。ですから、いろいろなことが起きています。それがどういうことかというと、人類が宇宙に対していろいろなことを言い始めています。今までは、創造神は絶対ですから、宇宙に対して人間がとやかく言うことはできなかったのです。ですから、創造神は今までの役割を果たせたのです。ところが、人間が宇宙に対してとやかく言い始めた。人間が干渉できるということは、創造神の役割が終わったということです。

米田　逆に、人間の思いや意志が宇宙を変えていくということですね。

川田　そうです。今の宇宙がどうなっているのかというと、天文学者がよく言っているように、銀河とか銀河団を全部集めていくと、宇宙空間は6角形の周辺にしか分布しないという。真ん中にはボイドがある。

ということは、6角形で今の宇宙は角がある。角があるということは、人間の心にグサリと刺さる宇宙です。それで、「冗談じゃない」と言い始めたのです。「グサリと刺さらない宇宙に変えなければだめだよ」と。ですから、ひどい悲劇が起きたり、人類は同じことを繰り返しているのです。「宇宙の構造を変えなきゃダメじゃないか」といった強烈なことを言う人たちが出てきたのです。

そうすると、根源神は「私の役はこれで終わった」と。次は角のない宇宙をどうやって作るか、ということで、人間と一緒になって、いま創っている最中です。角のない宇宙と言っているのですよ。形はまだ決まっていません。どうしたらいいかまだ考えている。考えながら作っているのですから。

前田　そういえば、この（ラズロ博士の）論文が出されたのは、２０１４年11月ですから、２０１４年8月8日のあとですね。

川田　そうです。しかし、そのことは本来、キャッチしておかなければならないのです。いろいろな学者がいますが、ウォッチするわけですよ。自分の頭で考えているだけではだめですね。（ラズロ論文について）交信と書いていますが、どこと交信したのですか。どのレベルと交信したのかによって全然違いますから。

前田　科学的に組み立てていると思います。理論的に、またいろいろな不思議現象を取り入れて意識の本質を説明しています。ところで、今日はこのようなお話になるとは思っていませんでした。

米田　そういうお話は古代史にもつながってくるのではないでしょうか。

川田　古代史には絶対、戻らなければならないです。もったいないです。私たちは退化しちゃっているのですから、元に戻らなければならないのです。

自然は変わらないのですが、反重力という概念を持っています。それを用いた活動技術があるということはすごいことです。その跡は、南米とか、北海道など。そこへ行ってみればいいのです。いま、それらの山が呼び始めている、「来てくれ」と。歴史と意識については、ぜひ研究を進めてください。

米田　いろいろなシンクロが起きてくるでしょうね。今日はいいお話を聞かせていただきまして、ありがとうございました。

第5章

対談　新しい物理学「意識科学」への誘い

対談者：桜井邦朋（宇宙物理学者）　米田晃　前田豊（日時：2015年7月24日）

桜井邦朋（さくらい・くにとも）

1933年、埼玉県生まれ、京都大学理学部卒業、同大学院理学研究科博士課程修了。理学博士、高エネルギー宇宙物理学の世界的権威。京都大学助教授を経て、1968年、NASAゴダード宇宙飛行センター上級研究員。1975年、メリーランド大学教授。帰国後、神奈川大学工学部教授、同学部長をへて、神奈川大学学長を歴任、現在は、早稲田大学理工学術院総合研究所客員顧問研究員。ユトレヒト大学、インド・ターター基礎科学研究所、中国科学院などの客員教授も務める。

著書：『宇宙には意志がある』（クレスト社）、『なぜ宇宙は人類をつくったのか』（祥伝社）ほか多数。

宇宙に関する研究を始めたきっかけ

桜井　アメリカ出張の際、滞在していたNASA宇宙飛行センターで春と秋に世界中の有名な先生を呼んで、研究内容のお話をしてもらう催しがありました。最初に話をされたのがF・D・ドレーク教授で、ドレーク方程式というという宇宙人を探す公式を作った人でした。（注：ドレーク方程式は、銀河系に存在し人類とコンタクトする可能性のある地球外文明の数を推測するため、1961年にドレーク教授によって考案された）

私は太陽の高エネルギー現象の研究のためにＮＡＳＡに行っていて、ドレーク教授の講演を聴いたのですが、とても中味の濃いすごい話でした。興味をかき立てられまして、その後、研究の分野は広げていかなければならないのかなと考え直し、いろいろな分野の勉強をするようになったのです。

日本人の研究の仕方というのは、自分の専門を決め、まっしぐらに進んでいきます。脇目をしていてはいかんのです。あっちこっちに手を出す人間というものは、日本では信用がなくなっていくのですが……。

専門が宇宙線物理学となった理由

米田　日本では古くから、全てのものが、ある一つから生まれたという考え方がありますね。ある目標に向かってまっしぐらというより、いろいろな情報を手に入れていく方が最終的に結果として一つにつながっていくという。私もそう思うのですが、桜井先生は一つに統合する役割があった、と私は思っているのです。

元々は生物を専攻されようとしたということでしたね。それから物理学の方に移転された。幼い頃から自然界の生命の問題に関心を持たれていたからこそ、宇宙物理をやられ、生命とは何か、人間とは何かといったことに関心を持ってこられたと思うのです。

桜井　私は「専門は？」と聞かれると、宇宙線物理学ということにしていますが、確かにおっしゃるような面があるかもしれませんね。生命現象にも関心を持っていました。

米田　私たちはサトルエネルギー学という学会を作っています。サトルエネルギーというのは、見えない世界のエネルギーを研究するということですが、私たちは今までの科学は「物質科学」と呼んでいます。物質を細かく分析していって、素粒子まで見つけて、量子力学まで来たのです。そこでまた、波動の世界とか見えない世界につながってきているのですね、先端科学は。

そういうことを研究している中で、人間が考えている意識が、もちろん宇宙に意識があるということを仮定して、意識が現象を創り出し、物質化するのだというテーマの研究を続けています。

私は、桜井先生の『宇宙には意志がある』という著書を読ませていただき、感動したのです。最先端の物理学者が、あのような本を書かれたことにです！

桜井氏を囲んで（後列左から、前田氏、米田氏、小川氏、大槻氏）

桜井　原稿を読んでくれた編集担当者が、「こういうタイトルにしたらどうですか」というのです。私は「だめだ！」と言ったのですが（笑）、どうしてもということで、「じゃあ、俺は中身には責任持たないよ」ということを了解の上で、あういうタイトルになったのです。でも、当たり前のことしか書いていないんですよ。

米田　でも、普通の人から見たら当たり前じゃないですよ。今の科学は文明の進歩にだいぶ貢献しているのでしょうけれども、「物質がすべてだ」といった意識になっていますね。物質とは元々何からできるのか、現象は何で起きるのかといった、元の元があるはずだということで、意識が現象を創り出すというようなことを私たちは研究しているのです。

宇宙の始まりと膨張進化

桜井　今の科学でも、創造の理論では元々物質はない世界だったのです。宇宙空間だと10マイナス何10乗だかの小さな空間で、曲率は無限大ですから、エネルギーが大量にあるのです。それが膨張して、そのエネルギーから物質が生まれたのです。

物質が生まれても、最初の物質というのは重力を感じるのが物質ですよね。物質間に働く力です。そのあとで私たちが知っているようないろいろな素粒子が生まれきて、それから宇宙が誕生し、形成され、進化してきています。1秒とか2秒とかの短い時間に世界が生まれてきているのです。

あとは私たちが知っているような物質世界が形成され、進化してきて、その中で銀河や星が生まれ、そして、星の中心部で進むいろいろな原子核の合成反応がありますから、それがいろいろな元素を作りだし、生命現象も生むわけです。

前田　最初に何もなかったところに、小さな特異点が生まれて、そこから物質の全てが生まれてきたという見方をなさるのですね。

米田　そうすると、物質を構成している原子というのは、今度は物質の最小単位になるのですね。素粒子も物質の中に入るのですか?

桜井　素粒子というのは、素粒子がなければそのような物質の世界ができないですからね。最初に解明したのは、ノーベル賞をもらったヒッグスという人です。彼が最初に言いだしたのではなく、予言した方は別にいるのですが、そうした物質の世界がエネルギーから創られ、そこから今まで知っているような星間物質ができた。

そのプロセスについて絵まで描いた人は、京都大学にいた佐藤文隆氏。それから東大の名誉教授の佐藤勝彦氏。その二人が理論を作っています。ほかの国の方も理論を作っていますけれども、だいたい共通しています。

前田　そういうことで、今でも物質の世界は生まれてきているのではないかと思うのですが。佐藤勝彦さんはそのような考え方をされていませんか？　いろいろな宇宙、本宇宙、子宇宙、孫宇宙などと。

桜井　宇宙の進化論の中に、一つはガモフたちが作ったビッグバン宇宙論。それからもう一つは、ケンブリッジ大学のホイルらが作った定常宇宙論というのがあります。１９５０年代ぐらいまでは、ホイルたちの理論の方が国際的には信用があったのです。宇宙は膨張しながら、膨張した空間に少しずつ物質が生まれる。それでいつでも宇宙は定常状態を保っている、と。ビッグバンという始まりでは、宇宙の姿が変わってしまうので、そういう宇宙論はおかしいじゃないか、そういう風な考え方でしたよね。

ところが、１９６０年代になり、全く違った分野である米国のベル電話会社の人たちが、衛星通信を効率良くするために、どの方向からどういう風に電波を発信すればいいかという研究を長くやった人たちがいたのです。ペンジーアスという人とウィルソンですが。

彼らが観測方法をどう改良しても、不思議なことにあらゆる方向から、非常に弱いが消えない電波が来ている。その電波の等価温度というか、アンテナ利得の温度ですね、それが摂氏マイナス２７０度、K《ケルビン》（熱力学的温度）で3度です。そういう風に消えない電波成分がある。これは一体何だという話になって初めて、ガモフたちが予言したビッグバン宇宙のなれの果てではということになりました。すると、大体そういう温度になる。ガモフが推定したのは3Kではなくて、7・3Kぐらいでちょっと高いのですが、桁は合っています。

それで、定常宇宙論にある、宇宙にある水素とヘリウムの存在比率は、数では大体13：1くらいになる。質量比にして大体4：1です。4分の3が水素で、残り4分の1がヘリウム。あと残りは炭素と4大元素がせいぜい2％ぐらいしかない。宇宙の大部分は水素とヘリウムから成っています。

なぜ、ヘリウムとかリチウムとかベリリウムなどの軽い元素が宇宙での割合が多いのだろうということに関しては、ガモフの仕事です。ガモフは宇宙は膨張しているという説ですが、最初の3分ぐらいでそのような物質が創られる。彼自身は元素はすべて膨張する初期の時に創り出されたのではないかというのですが、それは違います。でも、リチウムやベリリウムまでは、初期の膨張宇宙の中で出来ている。そういう意味で、ガモフの仕事は高く評価されているのです。

今では、「ビッグバンで始まったのではおかしいではないか。それに先立つものがあったはずだ」ということになっています。それは何だ？　と。宇宙の、例えば背景放射ということでも、どこからの方向を見ても電波の強さはあらゆる方向でほとんど一定です。要するに、宇宙というのは等方性なのです。

そういう等方性が本当にあるかどうかは、アメリカは2つの人工衛星を上げて、一つはＣＯＢＥ、１９８９年だったかな。それからもう一つは２００１年でＷＭＡＰ。私たちはＷマップというのですけれど、ＷＭＡＰはものすごく精度がいいのですが、宇宙はあらゆる方向で同じように等方性がある、ということが分かってきました。

普通のビッグバンだと異方性を持ってしまうのに、それじゃなんだろう、と。それは、小さな宇宙が急膨張する時にほとんど同じものができるからです。ですから、宇宙のどこを取っても同じような性質である。そういう宇宙を創るためには、瞬間的に大膨張し、同じものが広がる。宇宙はどっちを見ても同じですよね。それが、インフレーション理論です。

測ってみると、どこも同じ速さで膨張している。それが1997〜1998年頃、もう少し前かな。アメリカの連中が電波で観測すると、超新星が観測された。遠くの銀河に入っているI型に分類される超新星です。それを見ると、遠い方がドップラー効果が大きいのです。星が逃げる方に速い。

不思議だけれども、宇宙は加速しながら膨張しているじゃないかという結果を見て、今それが認められています。しかし、膨張宇宙というか、加速しながら膨張している宇宙のエネルギー源が何かは分からないのです。どうしてそうなっているのだろう、と。宇宙というのは変なのです。加速しながら膨張しているというのは、本当にショッキングな発見でした。

人間原理の宇宙の考え方

米田　総合的な研究結果ですね。先生の著書のサブタイトルは、「なんと人類の進化は、ビッグバン以前に決まっていた」と。先生の著書では、結論的にはそういうところに到達されていますね。

桜井　プリンストン大にいたロバート・ディッキーという学者が、NASAで講演をしました。彼が人間原理の宇宙論について話しをしたのです。で、「えっ！　そんなことってあるの？」と思ったのが出発点でした。ディッキー博士が言いたかったのは、「宇宙に生命が生まれるのは必然である。必然なのだけれど、そういう宇宙をちゃんと成り立たせる生命、そういうことを宇宙自身が要請をしたのではないか。だって、自分の姿を見せたいから」ということでした。

それで、そのことをきちんと解き明かす生命を要請した、と。マニフェストですね。それで今の時代に人類が初めて誕生し、やっとそのような生命になった。

前田 それがベースになって、こういう風な本の形で広がっていっているのですね。

米田 例えば、神が存在するとして、神自身が自分のことが分からないという。人間を創った神だが、自分のことは分からない。

桜井 そう、自分の姿は分からない。

米田 全能の神といえども、それが本質だと思います。人間そのものは、神の別け御魂と自分のことは自分では分からないというようにできています。姿でもそうですね。鏡を見なければ分からない。他人を見て自分を知るというか、自分のことは分からないので他人が教えてくれる。ですから、日本では昔から神道ではご神体は鏡ですから、それを拝むということは自分を拝むということです。

前田 結局、鏡が自分を映して、それが神になっているのですね。素晴らしい考え方だと思います。

米田 言霊の世界で言うのは、カガミからガを取ると、カミになる。それも意味があるのですね。

前田 人間が知性を持って、人間が神のようになっていくという見方があると思うのです。その場合、人間は、神なのか？ 神とは違いがあるように思うのですが……。先生の著書でも書かれていますが、神と人間とはどんな関係にあるのかということです。いかがでしょうか？

桜井 神である前に、完全な人間にならなければならない。それに近づきたいという望みがあります。研究の世界でも、世界中の人間をアッと言わせたいという気持ちというのは大体の方が持っているはずです。ただ、勉強していればいいアイデアが出てくるだろうというだけでは何も生まれてこないですね、自分で意志を決めなければ。

前田　完全なるものになった場合には進歩がなくなってしまうので、やはり進歩の中にこそ面白みがあるのでしょうね。私は、新しい発見というのはそういうところに生まれる、と思っているのですが。

宇宙進化に人間が関与できる?

米田　アーヴィン・ラズロ博士は、「人間が宇宙の進化を進める大きな働きを持っている。人間の意識が宇宙を進化させるのだ」ということを提唱されています。確かに、宇宙が将来を含めて決まっていて、そうして人間を進化させてきたという一つのプログラムというか見方もあるのですが、人間を創り出したということを考えるに、やはり人間の意識が宇宙を進化させるということと何かつながっていると思うのです。

桜井　それは難しい問題ですね。やはり、最初はいろいろなことの実験や観測を行ない、その中に合理的な整合性があるような形の解釈を与えて、新しい物質世界を考案したり、新しい物理的なプロセスがある、としたりします。

ですから、考えようによっては物理学の出来上がった世界というのは、人間の想像力の結果みたいなものですね。それが実際に観測される事柄と矛盾しない。矛盾しないでちゃんとマッチングが取れている、整合性ができている。そういう風にして学問というものは進歩していきます。

これで終わり、というのが無いのですよ。必ず何か、私たちだってそうなのですが、ある研究をやって物になるようなことをやったとき、それに付随して、これはまだ分かっていないな、ここが分からないとだめだ、というのが出てきます。それをまた追跡していくわけですね。ですから、終りがないです。科学の研究とにはお終いがないということです。

米田　宇宙の中で人間の分かっている範囲は少ないということですが、科学は追求すればするほど疑問が湧いてくる、と。それが研究テーマにつながっていくというわけですね。ですから、終わりはないと。

ダークマターとダークエネルギー

前田　最近、ダークマターとかダークエネルギーということが言われるようになって、これまでは物質の世界が全てだと思われていたのが、それが４％ぐらいでしかないということが分かって、そのダークマターとかダークエネルギーの中に精神的なものがあるのじゃないかという説があるのですけれども。

桜井　ダークマターというのは質量で見つからないとだめなのですよ。エネルギーの方だって、アイシュタインの等価原理を認めれば物質に相当するだけのものがないといけない。だけど、日本ではダークを「暗黒」と訳してしまっているのですが、ダークとはよく分からんということなのですね。それがダークマターですよ。

前田　最近、人間の体重が起きている時と寝ている時で変わるというデータが取られています。意識や精神的なエネルギーが、重量で換算できるのではないかという人たちもいるわけです。体重を精密に測りますと、寝ている時に意識がなくなったら、重量が１５０ｇぐらい軽くなる。そうすると、重量に換算できる意識があるのかなと思います。どうなのでしょうか？

桜井　科学の研究には、これでお終いというのがないのですから、そういうことがあったとしても、ちっともおかしくない。

米田　私は、意識はエネルギーだと思っているのです。エネルギーですから重さを持つ。

桜井　何かを考えるというのは、それだけエネルギーを使いますから。ひょっとすると体重が減っているのかも分からない。

米田　川田薫先生の研究によると、人間を測定するわけにはいかないので、申し訳ないけれどラットを使って実験したそうです。すると20㎎変わったというのですね。もう一人の研究者は別の話で、実際の人間が寝ている時の体重を測ったら、夜間に魂が離脱する幽体離脱説があるのですけれど、それで体が150g軽くなったが、それかもしれないという説もあります。

川田先生がある時、ラットで実験しようとしたら、天から「お前は人間ではいけないことをしようとしている。ラットも人間と同じ生命である」という警告を受けたということがあります。自然界の生命というのはすべてつながり合っているのですよね、人間だけが特別なのじゃなくて。

前田　宇宙を構成する要素として、意識とか精神的エネルギー体が遍満していて、宇宙を構成し、いろいろな情報とか知識や価値観を作り出してきて、そして宇宙があるのではないかという感じがします。その世界がダークマターにつながっているのではないかと思います。

桜井　ダークマターというのは1970代以降に特に注目され始めましたが、1920年代に存在が示唆されていました。私たちを創る物質世界とのつながりで、その不思議を何とかしたいという研究者の指摘があり、天の川銀河にも未知の物質が隠されています。

例えば、たくさんある星の世界の最後になって、白色矮星が黒色矮星になってしまうし、それから大爆発をして、太陽の何十倍も重い星々の物質が星の一生の最後に大爆発をして、超新星現象を起こします。そして、中心部はブラックホールになってしまう。それは観測には全然かからない。黒色矮星も全然かからない。そういうのがどれくらいあるのかという見積もりは誰もしていません。そういうわけで、ひょっとするとダークマターと言われているかもしれないのです。

前田　ブラックホールの重さというのは分からないのですね。測れないですから、しょうがないですね。

桜井　そこからの情報は一切得られません。ただ、宇宙の中にできており、あることだけは確かでしょう。今だって、例えば天の川銀河の中心部に太陽の260万倍もの質量のブラックホールがあるだろうと言われています。それが銀河系の星々を引っ付けていて、そういう構造を作っているんだという。

本当にそうだろうかというので、いろいろな観測をしてみると、そういう風に中心に引き付ける力がある。それを見積もってみると、太陽の260万倍です。そういうのはまだ仮説で、直接は観測できないのです。そういう存在が明らかになれば、ブラックホールに対する考え方は全く違ってきますね。

米田　ロシアが打ち上げたソユーズでラックホールの研究、観測をするというのが出ていましたね。

前田　でも、ブラックホールは測定しようがないのでは……。その後ろにある、見えるはずのもの、星などが見えなくなっているのですから。

桜井　エネルギーを送ってくれませんから、測定できないですね。ブラックホールが1個あった時に、その背景にあるもの、星からの光が重力が強いため、いわゆるアインシュタイン効果で光の軌道が曲がるだろうから分かるのですね。

実際、アインシュタインの一般相対論が、正しいことが認められた1925年には、太陽の皆既日食で太陽の背景にある星からの光が曲がって届いた。それで、アインシュタインが急に有名になったわけです。

前田　ただ、ブラックホールは蒸発してエネルギーを開放すると言われていますね。

桜井　最終的には、そういう風にしてエネルギーを排出しながらブラックホールはなくなってしまう。それは、スティーヴン・ホーキングがそのような結論を理論的に出しています。ですから、そういう物質輪廻はあるのですね。

人間の意識とそのレベルについて

米田　宇宙空間は、エネルギー場であり、即意識の場だと、アーヴィン・ラズロ博士はおっしゃっています。意識の場はアカシック・フィールドだという言い方をしています。意識が物質を作り出す。元々エネルギー場は、エネルギーもなかった。ビッグバンから考えるとですが。そういうことから、意識が先にあった。全ては意識から始まっていると言ってもいいのかなという気がします。

桜井　意識というと、考える能力みたいなものが人間にあるような気がします。私にはちょっと不思議な感じがしますね。私たちのいわゆる意識〝Consciousness〟に認識されるためには、私たちの方にそういうことが表現できる端的な言葉がないといけない。有っても無くてもという表現は一切できない。それが表現できるような形のものを、人間だけではなくてあらゆる生命が持っていますよね。

そういう世界というのは、まだこれから採用されるべきテーマじゃないかと思うのです。人間の場合、それが一番大きなものは、意識を生み出すものは一体何なのだろうということ。私の見方では、言葉の世界を作り上げていく能力です。表現できるということ、それは恐ろしいことです、すごいことですね。

米田　地球上の全ての生命体の中で、人間だけがそういう理性を持ち、知性を持って、言語を使う。それが文明を発展させる。もちろん科学の発生もそこから来たのですが、普通に考えたら偶然じゃないと思います。それも、桜井先生がおっしゃるように、宇宙には意志があって、生命を誕生させて、進化させてきたというわけです。

桜井　ディッキー博士の言い方ならば、こういう世界をちゃんと見て、この宇宙の成り立ちから進化までを見つめる存在を宇宙全体が必要としている、と言っていいでしょう。

前田、それが神、創造主なのですね。

桜井　そういうものが存在していなかったら、果たして地球上に人間のようなものが誕生してきただろうか。そういった疑問が出てきますね。

前田　そのような考えの中で、人間というものはどういう意味を持つのかなと思います。人間の現在の意識レベルというのは、創造主から見た場合、未熟なものなのか、ある程度成熟したものなのか。今後の人間の運命に対する見方はどうなるでしょうか。

桜井　そういうことが分かった人は、みんなに伝えていく、広げていく、そういう義務があるのじゃないでしょうか。

前田　釈迦とかキリストとか、そして、日本では空海さんが精神界を引っ張って下さっている非常に高いレベルの人であったと言われています。そういう巨星のような人が、あちこちにいて、人間のレベルを引き上げてきてはいるけれども、現在はそのレベルがかなり下がってきているかも知れない。

桜井　科学の世界も、特別な人が引っ張っていき、その人がした仕事において、多くの人がその恩恵に預かっているのです。特別な人は本当にごく少数です。

前田　現代科学というのは、一般的な人に恩恵に及ぼす進化や進歩がありますよね。そういう時代になってきているのではないかと思われます。

桜井　でも、科学に関心のある人たちは非常に少ないですが、クリエイティビティというか、創造力にたけた人ですよね。そういう人がいなければ、そういう世界は維持できないのです。そういう人たちが世界の歩みを作り上げていく原動力になっていると考えられるのです。

前田　普通は、争いとか競争にエネルギーをつぎ込んでしまっている。わざわざ争いを作り出していますね。

桜井　戦争してみたり……。ああいうのを見ていると、まだまだ人間の知能は低いレベルですね。

米田　そんなところまで考える人は、まだまだ少ないようですね。そして、今までの物質科学・現代科学が常識化しているので、それ以外のことを言ったりやろうとすると、非科学的と言われてしまいますね。でも、桜井先生のような最先端の科学を極められた方がおっしゃるのは非常に有意義なことだと思うのですよ。

桜井　まだまだやるべきことがありますし、終わりはないですね。

不思議現象を説明できる科学を創る

米田　話が変わりますが、最先端科学では量子テレポーテーションという研究がされていますね。宇宙には非局在性というのですか、物質も素粒子も局在しているわけではない、ということが言われています。よく我々の世界では、テレポーテーションというのですが、要するに物質移動です。

現実にここにある物質がある瞬間に消えて、ほかのところに現れるという。それは物質に限らず、肉体もそうだという。意志を持ってどこかへ行きたいと思うと、この場から消えてその場所へ行ってしまうということが現実にあるのですね。普通では信じられないような話をしているのですが。

物質化というのも、物質が消えて、別の次元に移動するという。この量子テレポーションというのは次元が違うのですが、どんどん研究を進めていくと、そういうことも説明できるようになるのかなぁと思っているのですが、いかがでしょうか。

桜井 物質的な世界ではなかなか観測にかかりませんけれど、極小の世界では確定しないですからね。確定しないのは当たり前で、そういう世界の中でマクロの世界が出来て、初めてこのような世界が創られるのです。自然界というのは、なぜそんなになっているんだろうということです。

米田 糸川博士も何かそのようなことを言われたことがありますね。要するに、すべて肉体は分子で出来てお り、分子は原子で、原子は電子とか素粒子で出来ている。それなら、ミクロな次元で見るとどんな場所でも通過できるのではないかということです。壁にボールをぶつけると、ボールが向こう側に行くのだと言われたことがあるのですね。

桜井 大きなものはトンネル効果を作るのが大変ですが、ミクロのものだとあるわけですね。本当に不思議です。

米田 不思議な現象というのは周囲にたくさんあるのですが、科学ではそういうことは研究しないですね。

前田 氷と水のことですが、水は大体フィルターを通りますが氷は通らない。水が蒸発して蒸気になればどこでも浸透していくということで、同じものなのだけれども、宇宙に拡散し、広がる可能性がありますね、小さくなればなるほど。

その中で一番小さなものは、情報じゃないかと思われます。イエスかノーかという記号的なものです。その情報が設計図を作って、物質を創り出しているのではないかと思うのですが……。その情報がどのようなものか、物質なのかどうか分からない。物質とは別次元の物質に付随するするし、章表、表現形式かもしれません。

桜井 それぞれの違いが、そういう情報を握っているのは確かですね。ある言い方をするならば、情報はエネルギーです。

米田 意識工学研究所を主宰されていた猪股博士という方がいらっしゃいました。猪股博士は電子工学が専門の方なのですが、研究会において国際シンポジウムをやられて、ブライアン・ジョセフソン氏をお呼びしたことがあります。

その時の発表の中で、いわゆる超能力少年である清田氏のスプーン曲げが話題になったことがあります。清田氏は今はもう50歳を超えていらっしゃいますが、普通のスプーン曲げというのは、時々曲げたり、ねじったりする人がいるのですが、彼の場合は、思いというか祈りというのですか、物質と自分とが一体になるわけです。自分も物質も一つだというイメージになる。

結論を言うと、「曲がってくれて、ありがとう」という結果をイメージして示すのです。すると、力を入れても曲がらないスプーンの先が、フッと吹くだけで重さで曲がるのですよ。そして数回そうすると、ポロッと落ちるのです。全然、力を入れていない。それを見て、彼らはびっくりしてしまって……。一種の意識がそういった現象を起こすということで、そのスプーンの折れた端を回覧して見てみたのです。

曲げると応力破壊しますので、断面をみれば分かります。しかし、それは溶けたようになっているのです。

それを見て、「これはすごいことだ」と。現実に目の前で見ていますから。ジョセフソン氏は「帰って研究するから、破片をくれ」と言って、スプーンの折れたのを持って帰りました。ジョセフソン氏はジョセフソン素子を発明された方ですが、そんなことがあったのです。持って帰られた研究結果がどうなったのかレスポンスがなかったので分からないのですが、不思議なことも起こるのです。

当時、猪股博士はメタルベンディングという言い方をしていたのですが、いわば、地動説を唱えたことに相当するショッキングな話だと彼は言っています。現実に起こるわけですから、科学的に説明できないかなというのが私たちの思いです。

不思議現象を科学的に説明すると言っても、今までの科学の概念ではとても対応できません。新しい「意識科学」という科学を提唱して、その中で何とか説明できないかなと考えているわけです。

桜井　スプーン曲げじゃないけれど、意志の力というのが、もしあるとすればすごいなということになるのですが……。

前田　そのような現象の一つとして最近、物質化現象を起こしている人がいます。タイのある洞窟の中で、祈りを上げると金属の塊が出てきたり、高熱を発したりする。声を上げて祈る場合、能力がある人たちが何人か一緒に集まって行なうと起こるようなのですが。

祈りの時に、神様とのつながりがあるようです。神というか、そういう霊媒みたいな媒体みたいな存在が、現象を起こしてくれると言っています。

桜井　うらやましいですね。研究者の私たちは、「どうしてこんなことも分からないバカなんだ」とがっかりすることの方が多いですからね（笑）。

前田　フィリピンでは心霊手術ということで、治療する方が患者の体の中の悪いところを手で取り出すと傷も何もなく治った、という現象があるようです。

米田　私は心霊手術の現場にはいなかったのですが、友人が実際に見ています。心霊手術の映像を別の方に見せてもらいましたが、フィリピンには心霊治療家という方がおりまして、手を患者のお腹に押さえるだけで、外から見ていると手が中に入りこんだように見えるのです。それで体の中を探りながら真っ赤な血の塊のようなものを出すのです。それをバケツにポンと入れて、手は布のようなもので拭くのですが、傷跡も何も残っていないのです。

それは、物質化現象のようです。さきほど話に出ていた物質化ですね。ある意識の作用があり、お腹の中に手が入ったように見えるのです。実は、外から中の患部の悪い部分、血の塊のようなものを一度、気化するようです。それで手の元に吸い寄せて、物質を無くして、気化して手の中に集める。それを現実化すると、元の塊に戻る。ですから、物質を一度無くして、物質化する。一種のテレポーテーションです、体内から外への。そのように私は感じました。

当時はインチキだと盛んに言われたのですが、治療家は日本にも来たことがあるようですが、そういう治療を頼ってフィリピンに行って病気を治してもらうツアーのようなものもあるようです。それで、本当に病気が治ったというんですね。

場と気を扱うのは意識科学？

前田　ただ、そういうことができるためには、場というものが重要なようです。その現象に、強い疑問を抱くような人たちがいると起こらない。信じなければならない。それと、変性意識状態になるとそういう不思議な現象が起こるようです。先ほどの、ラズロ博士もそういうことを指摘しています。変性意識がいろいろな現象を起こしている、と。博士は、エーテルという存在は21世紀になって、はっきりとその存在が認められたと言っています。気功の「気」のようなものです。

桜井　そのエーテルというのは、私たちが言うエーテルと違うのじゃないでしょうか。エーテルはないよというマイケルソン・モーリーの実験は、19世紀の終わりごろに行なわれています。

前田　それが間違いであった、と……。

桜井　仮に間違いだったら、一般相対論はすべて死んでしまいますよ。

米田　科学者から聞いた話ですが、気というエネルギーがあります、と。現実にいろいろなところで、気は利用されていますよね。

桜井　ただ、それは残念ですけれど、物理学の研究対象ではなくなりますね。

米田　対象にならないのかもしれませんね。ただ、現実にこれだけの気功師がいたり、現象が起こったりしています。

桜井　科学の研究対象にはならない、ということです。物理学の研究対象になるのは、私たち万人、皆の共通の理解が得られるものでなければだめなのです。

いでですね。

米田　再現性があるとか客観性があるとかの枠がありますからね。そこからはみ出るものは対象になっていないですね。

桜井　そういうことになると、物理学ではありませんよとなっちゃいます。

米田　そういったことを超えていくのが、意識科学なのですが！

桜井　そういう未知の世界に対しては、物理学は手を出さないし、出せない。自分たちの手持ちの、今まで測ったことを土台にして、できることを探すのが研究です。できなかったら初めて、新しい概念とかが出てくるわけで、量子力学が誕生したのはそうですからね。全く理解できないような現象として……。

でも、そうやって進歩していくので、しかもまだ物理学によって100%出来上がったわけではないです。ですから、これからも今までは解けないと言われていたようなものにまで手が延ばせるようになってくるかもしれません。

前田　量子力学が非局在性とか、不確定性でいろいろなところに分散して存在しうるという概念です。それは、絡み現象として2つの元素、例えば電子と陽子に分かれた場合に、お互いに情報交換し合っているという解釈がされており、今までの物理学では理解できない概念ではないでしょうか。ですから、物理学も量子力学の中でかなり飛躍したのではないでしょうか。

桜井　ただ、いま言われた陽子と電子の間でも電気力は働いていますが、それがどういう風な形で（情報やエネルギーの）やりとりをしているのか、本当に細かい所作というのは分からないのです。電気的な力が働いていて、それは量子力学的にはこういう力で、陽子と電子を結びつけるメカニズムはこういう風にして説明できますよ、というのは分からない。

それを超えて、じゃあ何がそれを生み出すの？　というと、いや実験したらそういう風に力が働いているから、そういう解釈をしたのだというのだって、なぜ、そういう力が働くのかと言ったら、観測にかかる事実じゃないのです。ですから、それをきちんとした物理学を超えたようなプロセスで説明できる？　と聞いた時、それは私たちにも不思議の範囲に入るというんですね。困っちゃいます。

米田　時間の概念を変えないと成り立たない世界ですね。

前田　距離に関係なく働く力と言われていますよね、電子と陽子の間の。

桜井　（陽子と電子の間に働く力は）光子のやりとりだけですからね。距離とかかわりがあります。

前田　γ《ガンマ》線から、陽電子と電子が出来ますよね。その場合、お互いに情報交換しているんですね。

桜井　γ崩壊については、２つ電荷は反対ですけれど、同じ質量のものでないとプロセスは起こりません。電子と反電子は反発するが、電子と陽電子が反応してγ線が出る物質崩壊はあります。逆のこともあります。出たり消えたりすることは起こりますね。

その場合には、エネルギーの最小値というのがあって、電子の静止質量と、陽電子の静止質量の足し算したものより、γ線のエネルギーが大きくなればそういう反応は起こりません。それは当たり前です。エネルギー保存が壊れちゃうから。

一部がニュートリノとして出る。ニュートリノが質量を持つということは10年ぐらい前に確認されています。ニュートリノにも3種類があって、今のところはそれ以上は見つからない。見つける努力をしている人たちはいますけれど……。何年か前にノーベル賞を受けた小林、益川氏らの理論によると、３つでお終いです。

前田　ニュートリノは直接、観測できないのでは？

桜井　ニュートリノは捕まっています、３種類が全部。見つけた人は全員、ノーベル賞を受けています。ニュートリノは超新星爆発の副産物なのです（注：２０１５年のノーベル賞は梶田隆章さんが受賞）。昔だったら、ああいう発見にはノーベル賞は出ないですね。だって超新星の現象があって、それに伴って出たというだけですから。

前田　ニュートリノなどの存在が、生命のエネルギーとか意識のエネルギーにつながっていきはしないかと思うのですが……。もっと別な存在形態かもしれないけれども。

桜井　ニュートリノはどうですかね。ものすごくエネルギーが小さいですから。でも、τ《タウ》というニュートリノが、一番エネルギーが高いです。動き回っているものは、みんなエネルギーを持っているから。静止エネルギーがありますが、静止したものは捕まらないです。大体、静止することはないです。

前田　光が閉じ込められたということを聞きます。ある空間内に閉じ込められた光があるとか。よく言われていますけれど、原子の中に光を閉じ込めるということを聞いた覚えがありますが、よく分かりません。

桜井　光は電磁力の媒介者ですから、自然界にある力の元の電磁力は、光の元である光子が担っているわけですよ。原子を利用しても必ず周囲に対して、波動現象を起こしている。光ですがね。例えば、電子が加速度を持ったら、必ず光が出ます。

前田　ただ、まだ意識がどういうものか物理学的には解明できていませんね。

桜井　物理学では分かりません。宇宙物理学では、人間界のことは解けないのですから。

米田　ですから、新しい物理体系を創り出さないといけないと思うのです……。

桜井　「意識科学」のことをお奨めになっていますけれども、もし可能だということになると全く新しい学問体系になります。今の米田さんの発言には物理学研究者は対処できません。「そんなことをどんな物理学者が言い出したのか⁉」と（笑）全く新しい物理学を創り出していただかなくてはならない。

米田　そうですね。

前田　その中に、ラズロ博士がいると思います。

桜井　未知の領域ですから、パイオニア的な仮説とか新説とかを持っておられる方は推進してもらいたい。

米田　私は桜井先生が科学者として、そうした端緒を作って下さった素晴らしい方だと思っています。これから先、何十年後かに新しい分野の意識科学が研究対象になってくるはずです。本書の中で、そういう方向性を示したいと思っているのです。

桜井　関心を持っているのは、例えば、意識を生み出すもの、それは一体何なんだろう、と。それを表現するとしたら、表現できる能力を人間は持っていますよね、言葉がありますから。そういう言葉と意識とのつながりといったことがどうなっているのか。そういったことにはすごく興味があります。

新たな進化論と言葉と直観

米田　以前のシンポジウムで小川さんという方が、ダーウィンでも今西錦司博士の進化論でもない、新しい進化論のことを話されていました。私は彼の説を小川進化論として支持しているのですよ。

彼が言っているのは、生命の進化は、意識が先にあって、その意識によって進化してきたというものです。それを裏付けるいろいろな研究をなさっているのですが、そういう意識科学という一分野に研究論文を載せるのではなくて、ちゃんとした本を出して、世に問うたらどうかと提案しているところなのです。
生命の進化というのは、普通の環境の変化に応じて生き残ってきた、適応性によると言われています。しかし、その適応しようというのは、自然にではなく、やはり意志があったのだ、生き延びようとする意志があり、その環境に合うように進化してきたという説です。

桜井　日本でも何年か前に亡くなられた、木村資生《もとお》（元国立遺伝学研究所教授）という大先生が、進化についても中性なのだとおっしゃって、ダーウィンのような形での生命の進化などありえないのではないか、と。そういう本を書いていましたね。

米田　先生の著書の『宇宙には意志がある』の中で、確かに偶然性が結果的に必然性になるとおっしゃっていますね。本当にそのように、必然によって進化してきたと考える方がいいですね。

桜井　ものすごく不思議ですよね、生命現象とは。

米田　私も生命現象の研究をしているのですが、エントロピーの法則から考えてみると、ネゲントロピーという言い方をしていますけど、マイナスのエントロピーですよね。生命現象とは、秩序を創っていく方ですからね。

前田　生命現象の中に情報があるのじゃないかと思います。DNAという情報形態が入って、まぁ設計図や言葉ですね。その中に動的な意志とか推進力となるような原動力があるのかなぁ。言葉は単なる表章としては機能しないけれど、表章に意識というエネルギーがつぎ込まれる時に、力を発揮するのではないかと思います。

桜井　そういうものを生み出し、表現するものを生み出してきた人間の能力はすごいですよ。

米田　ですから、宇宙の意志を人間が創ったというところへ来るわけですね。

前田　聖書の中にヨハネの言葉があり、「言葉が全てを創る神であった」と。ただ、表現や単なる言葉の羅列では力を発現しないが、情報になるとちょっとエネルギーが入り込んでいるのかもしれません。単なる記号だけでは、エネルギーは出てこないのではないかと思います。そこに意味を持たせる何らかの作用がある。

桜井　言葉を創ったというのはすごいですね。私たちは言葉を超える時に、基本的なところでは、この言葉の意味はこうなのですというように、定義できない言葉がある。基本となる意味の表現ですよね。無定義という言葉を使って、言っているのですけれど。

そういうのがあって初めて、私たちがお互いに言葉の意味はこうなのだと理解するから、意志が疎通するのです。そういうことがあった上で初めていろいろな定義ができる言葉ができてくるわけで、それがあって初めて文明が進歩していきます。ただコミュニケーションだけの言葉だったら、そういうのはなかなか先までいかない。人間がそういうのを創り上げたというのは恐ろしいことで、すごいことだと考えています。

前田　宇宙の意志とか意識といったものは、情報というか言葉のような表章にくっついて初めて、活動し始めるのではないでしょうか。

桜井　本のタイトルだって、意識というものを理解していない人は、何の意味があるのか全く分からない。

前田　そうなんですよね。意味を持たせるということがものすごく重要な意味を持っているわけです。

桜井　それも、人によってずいぶん差がありますよね。

前田　理解力といいますか、深く理解するかどうか。

桜井　それがあるから、新しい進歩があるわけで、みんな同じだったら何にも起こらない。

米田　現代は昔と比べて、かなり意識に関する直観的なものを、皆さんが感じる時代が来ているような気がしています。

桜井　出発点は、直観に頼るほかないですよ。説明はできない。ですから、そういうものをよく人類は発明したな、と感じますね。

前田　原始的な形では、イルカとか他の動物でも言葉はかなり理解しているようですね。

桜井　アントニオ・ダマージオ（言語学者）という人が書いた本で、ジェントルタサジというボルネオかどこかに住んでいる原住民族の言語を調べて、こんな原始的な生活をしている人たちだって、ちゃんとした体系を言語に持っているということを明らかにしています。それを読んだ時には驚きました。

日本人の言葉は環境が影響か

前田　私も歴史を研究しているのですが、日本では縄文人が歴史を最初に創っていたのではないかと思うのです。すでに縄文語があったのではないかということが書かれた本もありますが、これまでは縄文人は原始人であるかのように言われてきたのですが、そうではなく、かなりすぐれた文化もあり、言葉もちゃんと在ったのではないかということのようですね。

桜井　そうですね。紀元前二、三千年くらい前の前漢の時代に、日本のことを書いた歴史書があります。卑弥呼の話もそうですけれど、きちんと中国の言葉、漢字で書かれているのですが、あれを日本語でどう読み下すか、ちゃんとやっているのです。それでカタカナも発明している。あの読み方があるということは、漢字の一つ一つの意味がすべて解っている。それはすごいことですよね。ですから、中国に日本人の言語の体系が飲み込まれることはなかった。

前田　主語述語の順序が日本語の体系と違いますからね。音の発しかたも違う。

桜井　日本の縄文人の文明の度合いというか、文化的にも相当高かったのではないかと思われますね。

米田　人間が言語を使うということが、文明なり進化の基本になっているのですが、先生のお話の中で、日本人は頭がいいと言われ、もちろん漢字、カタカナ、ひらがな、などの言葉を使いこなす人類は世界でもないから、ということで。

桜井　子どもでも使いこなしますからね。

米田　言葉の中には、いろいろな感覚とか感性が含まれています。外国人には伝えにくい感情の部分が表現されるのですね。ですから、外国の方には日本人の本当の思いや気持ちが、彼らの言語では伝わらない。それだけ頭がいいというか、元々そういった民族なのだと。いろいろな理由があると思うのですが、四季の変化も大きいと思っています。

桜井　そうです、そうです！　世界中を訪ねても日本ぐらい自然に恵まれているところはありません。草や木がいっぱいある。こんなところは、世界中どこにもないですよ。その辺に生えている木だって、調べてみると200種ぐらいはある。

米田　日本には、青という色が10種類ぐらいあります。色の分類でいうと緑なのですが、山は青いとか、空は青いとかね。青という言葉が盛んに使われていますね。

桜井　自然界に大量に水分が含まれているものですから、波長の短い青い光が効率よく散乱されています。背景の光なのですけれど、空の青さは。地球に直接、届かないものですから、背景にたまって、時間をかけて私たちの目に届くことになります。

前田　子どもの頃の体験がやはり大きいのではないでしょうか。自然の中での環境となじんだりしたことが……。

桜井　富士山へ登った時のことです。富士山頂で宇宙線の原子核反応という実験をやっていて、その実験装置を取り替えたり、仕事の手伝いにいくのが目的でした。その時は御殿場口から上がったのですが、5合目に着いた頃に、自然の外の雰囲気の明るさがずーと暗くなってきたように感じられて……。これはアメリカでもしょっちゅうあったな、と。アメリカ東部のメリーランドもそんな環境なのです。明るさが全然違いますよ。あぁ、これはアメリカの風土だなと。色調や辺りが冷たい感じ、原色の世界ですよ。ですから、日本にもほかの世界に似たところがあるのだなと嬉しかったのを覚えています。

前田　確かに山に登って行くと、神聖さのようなものを感じますね。気圧の問題もあるのかもしれませんが。

桜井　シーズンにもよりますね。水蒸気がどのくらい含まれているかもある。富士山の上の方は少ないですよ。しかも光の散乱がないですから、背景が明るくなりません。

前田　宇宙に行ったような感じですかね。

米田　日本だけではなくて、高地は非常にエネルギーの高いところで聖地と言われています。そういったエネルギーの波動みたいなものがあるのだと思います。

桜井　ヨーロッパではアルプスぐらいしか高い山はないですからね。そういう感覚はなかなかなかったのでしょうね。

前田　チベットなどでは、今でも聖地とされていますね。

桜井　日本は高い山や低い山の起伏があり、気象条件がものすごくいいので、どんどん草木が生えてきて、緑に恵まれています。ですから、帰化植物もいっぱいあるじゃないですか。

アセンションは起こるか

前田　アセンションという言葉はよく聞かれているかと思うのですが。意識が進化するというと、私たちの中ではアセンションとか次元上昇と言っていますけれども、そういうことは、物理学的にもあるのでしょうか。

桜井　例えば、研究などしている時にある種の気分の高揚のような、パッと思いつくことがありますよね。英語ではセレンディピティー（Serendipity）と呼んでいますけれど。私が最初にアメリカに行った頃はそういう言葉はありませんでした。

アメリカにいる間にいろいろなことを聞かされ、とっさに幸運に思いつくという現象があるという話をしていたのですが。帰国後、日本でアメリカの辞書を買い、そういう言葉があるかなあと引いてみたら、もう載っていました。今は当たり前のようになっていますね。

前田　セレイディップというインドの皇子さんの名前に由来しているらしいのですが、私も、シンクロニシティーの方からセレンディピティーが発生してくるということを、いろいろ調べて、発表したりしております。セレンディピティーが大発見の最も大きな要素ですね。それも、ものすごく研究を重ねて、意識が集中した時にようやく生まれてくる思いがけない幸運のようです。

桜井　研究の現状については十分な知識を持って勉強していて、そして、思いあぐねて何かできないかという時に予期せずに起こる。「何もしていないけど、いいことが起こらないか」と思っても、タナボタなんて無理です。

米田　桜井先生は宇宙の研究をなさってこられたのですが、宇宙はフラクタルで、例えば、地球は自転しながら公転して、太陽系の公道は今度は銀河系の中心を回っている。そういったフラクタル構造を持っているということから、宇宙は非常にエネルギーの高いスポットがある、と。

桜井　太陽は毎秒30㎞ぐらいの速度で銀河の中心の周りを回っていますから、それにくっついて地球も同じスピードで太陽と一緒に走っています。その速度は、回転している天の川銀河の速さをそれだけ上回っているということです。

米田　それを掛け合わせると、すごい高速で宇宙の中を移動していることになるのですね。そういう意味では、宇宙の中で、エネルギーの高い場所があると言われています。

いま、地球がそういう場所に入ってきて、例えばアクエリアスの時代だと言われますよね。星座の意味はそういうこともあるのだそうですね。みずがめ座の時代に入った、と。今まではうお座の時代だったという。意識的にいうと、それらの研究者の直感があるのでしょうけれど、分離対立という時代であった。これからのみずがめ座、アクエリアスの時代は統合の時代だと言われるのですね。

統合のエネルギーの場というのですか。エネルギーにもいろいろな質があると思うのですが、いま宇宙の運行から見たら次元上昇というのが盛んに、ちまたで精神世界の人々に言われているのですが、そういう意味なのだということのようです。ですから、物理的にも直観が働くようになる。人間も外の情報源とやりとりしているのだ、と。

私は脳の研究、大脳生理の研究をしていていますが、それと私自身がコンピューター屋なものですから、コンピューターの原理に結びつけた私なりの大脳生理学の提唱をしているのです。脳の中で考えているというのは、部分的なのですね。ほとんどが脳の外にある情報源と直観で通じている。意識できるかどうか別なのですが、直観とは意識した時に働いたとか、アイデアが浮かんだというのです。そうではなくて、無意識の状態でやりとりされていることもあるようなのですよ。ですから、ラズロ博士も「この宇宙空間は意識の場だ」というんですね。

桜井　どれを取り上げるかが問題ですね。

米田　普通の脳の生理学からいったら、意識や心というものは、死んでしまったら消滅すると言われています。しかし、どうもそうではないと。脳は一つのコンピューターみたいなもので、装置としてそういう働きをしているのであって、もともと情報源は宇宙に存在している。そういうことが、多方面から盛んに言われているのです。

前田　臨死体験をした人や死亡体験した人がいて、そのような時にも情報にアクセスしているそうです。

桜井　聞いたことはありますね。

米田　ラズロ博士の論文に出てきています。臨死体験の時に意識が残っているという。体の中以外のところに意識がある、と。

桜井　自分で経験してみると、ずいぶんと変わるでしょうけどね。恐ろしくて、まずできないので。

前田　いろいろな方からそういう話をよく聞きます。そういう人たちはいるようですね。

米田　彼（前田）がサトルエネルギー学会の学術委員長をしていまして、毎年、論文集を出しているのですが、

郵便はがき

恐縮ですが切手をお貼りください

107-0062

東京都港区南青山5-1-10
南青山第一マンションズ602

株式会社 ナチュラルスピリット

愛読者カード係 行

フリガナ		性別
お名前		男・女
年齢	歳	ご職業
ご住所	〒	
電話		
FAX		
E-mail		
お買上書店	都道府県　市区郡　書店	

ご愛読者カード

ご購読ありがとうございました。このカードは今後の参考にさせていただきたいと思いますので、アンケートにご記入のうえ、お送りくださいますようお願いいたします。

小社では、メールマガジン「ナチュラルスピリット・ニュース」(無料)を発行しています。
ご登録は、小社ホームページよりお願いします。**http://www.naturalspirit.co.jp/**
最新の情報を配信しておりますので、ぜひご利用下さい。

●お買い上げいただいた本のタイトル

●この本をどこでお知りになりましたか。

1. 書店で見て
2. 知人の紹介
3. 新聞・雑誌広告で見て
4. DM
5. その他（　　　　　　　　　　　　　　　　）

●ご購読の動機

●この本をお読みになってのご感想をお聞かせください。

●今後どのような本の出版を希望されますか？

購入申込書

本と郵便振替用紙をお送りしますので到着しだいお振込みください（送料をご負担いただきます）

書　籍　名	冊数
	冊
	冊

●弊社からのDMを送らせていただく場合がありますがよろしいでしょうか？

□はい　　□いいえ

その論文集に私たちの研究報告を載せています。

米田　私たちの出そうとしている本に対して、ラズロ博士は非常に興味を持って下さっており、博士からのメッセージを載せます。

前田　いろいろな話に富んでいるのですが、桜井先生の著書からも引用させていただきたいと思います。

桜井　本に掲載されたものは独立した存在ですから、結構ですよ。

米田　今日はありがとうございました。

第6章

意識科学の研究報告

1. 意識の働きと自己実現

朝日 舞（あさひ・まい）

魂のホスピタル「安心院」院長、ライブセラピスト®、日本ライブセラピー協会代表、「意識科学研究会」研究員。

幼児教育を専攻するが、芸術祭での入賞を機にグラフィックデザイナーとして活躍。幼い頃より天変地異等に関する夢が現実化することに疑問を持つ。出産後体調を壊し、瀕死に至るが気功と出会い、一命を得る。そのことをきっかけに人間とは何かを探求する中、意識の表現が背骨や骨盤であることに気づく。歪みを瞬時に取る能力を得て、日本スタイルの気のメソッド「ライブセラピー®」を創始。心と体のデトックスから、地球の波動を上げる活動を行なっている。日本ライブセラピー協会代表、NGO G.F.C代表。（有）創美堂代表取締役。

著書：『気の力で願望は実現する』（かんき出版）、『未来への予言』（船井メディア）など。

超能力の発現

自分の意識したことが現実化するとしたら、それは有り難いことですが、怖いことでもあります。意識の使い方次第によっては、物事が善悪どちらにも変化することになるからです。

気功法は、自己実現に向けた素晴らしい能力開発のための技術と言えますが、人間として正しい生き方をすることができる学習法であり、健康といのちを輝かせる方法とも言えます。意識の働きが時代を左右することがあるならば、私たちには正しい意識の使い方が要求されます。ここに意識について興味を持つきっかけとなった事例を記し、意識とは何かを考察したいと考えます。

意識の働きに興味を持ったのは、1985年のことでした。出産後の瀕死の状況から気功法との出会いにより復活できたことから、気功法の持つ素晴らしい力に触れ、その能力を高め、知識を深めることによりさらに健康になりたいと考え、中国の北京にある寺院での2カ月に及ぶ修行に臨むことになりました。

授業の記録のために、携帯用の小型のラジカセを使用していましたが、当時はまだカセットテープの時代でしたので、たくさんのカセットテープを持参していました。ところが、最終日が近づく頃にはカセットテープも残り一本となってしまいました。カセットテープの購入を依頼していましたが、当時の中国では買い物は一日がかりでしたので、その日の午前中には録音ができなくなります。このラジカセは録音時には赤いランプが点灯し、スイッチを切れば録音は終了し、赤いランプも消えます。アナログな時代でしたので、音感センサーがあるわけでもなく全てが手動でした。

そんな時にふと考えたことは、講師の会話の時のみ録音できないかということでした。講義と気功の動作は交互にあるため、途中でスイッチの切り替え作業をすることには無理があります。ところがその時、奇跡が起こったのです。

講義の開始と共にスイッチを入れましたが、そのあとより講師の会話に合わせ赤いランプが点灯し、講義が止まるとランプは消え、録音を停止し始めたのです。一瞬、壊れたのではないかと心配したものですが、ラジカセは忠実に講義のみを拾い続け、カセットテープの到着までの数時間、その現象は続きました。

それから数日後、日本への帰国が迫ってきました。出国前に冷蔵庫に開封した1ℓパックの牛乳があることが気になっていたのですが、不在となっていましたので、どうすることもできずに帰国日を迎えることになりました。

帰国後、自宅に戻るや否や冷蔵庫の牛乳パックに手を伸ばしましたが、開封後2カ月間も経っていたため、腐敗は免れません。手にした牛乳パックがいつもよりズシンと重たく感じます。おそるおそるパックの口を開き、流し台に空けようとした時、何と艶やかな風合いでヨーグルトの匂いのする固形物がドサッと出てきたのです。その美味しそうな匂いにつられ、思わず口に運びました。

2カ月前の牛乳は、間違いなくヨーグルトに変化していたのです。その時に思い出したのは、日本の出国時に冷蔵庫に残してきた牛乳が気になり、「ヨーグルトにでもなったらいいのに……」と考えたことでした。

気功は無病と延命長寿という生命活性の方法であると共に、超能力の開発法でもありますが、その二つの体験により意識の及ぼす物理的現象への影響の大きさを考えるきっかけを得ることになりました。健康も超能力も全ては大脳の活性化と深い関係があるからです。一見、別物に見える二つの事柄には、脳の働きというつながりがありました。2カ月に及ぶ気功の実践が健康だけでなく、潜在能力の発現に貢献したようです。

能力体得と意識

さらなる元気を得た私は、自分のいのちと健康を守り、家族や健康になりたい人たちのために健康体操として気功法の指導をしていましたが、たくさんのエネルギーを必要とする気功治療とは縁のないところにいましたので、現在のように脊柱や骨盤の調整などできるはずもありませんでした。人体の働きを知るにつれ、改めて脊柱や骨盤にゆがみの無いことの重要性を考えずにはいられませんでした。

生命活動をコントロールしているのは自律神経だと考えられますが、更年期を迎える年齢の人たちには、自律神経失調症により体調不良を感じている女性も多くみられることもあり、何らかの方法を考えていた時のこと、心にひらめいたのは、「治療ではなく指導の中で、脊柱や骨盤のゆがみが解消できるのではないか」ということでした。そしてある日のこと、30人の生徒の協力を得て、全員の背骨と骨盤状態によりゆがみを確認することになりました。ほとんどの生徒がゆがみによる不調を訴えていました。

中国の伝統気功をシンプルにし、日本風にアレンジした5分間でできる気功法を全員で行ない、アフター確認をすることになりました。一人ひとりの確認内容は、次の6つの項目でした。

（1）骨盤左右の高低差
（2）脊柱の左右S字状態
（3）背骨の凹凸
（4）肩甲骨の形状と左右高低差
（5）肩左右の高低差
（6）体幹及び筋肉のねじれ、など

確認の必要もないほどに、その効果は出ていました。肩こり、腰痛、頭痛、背中の張り、緊張などがそれぞれ改善していたことでしたが、全員共通の効果は、姿勢が良くなり、身長が伸びた感覚があることに加え、体が軽く、爽快感があることでした。その後、全員の背骨と骨盤の確認を行なったところ、30人全員のゆがみが解消し、ほとんどまっすぐに戻っていました。

それからのち、その時行なった気功法の指導により、その場を共有する全員の脊柱のゆがみを改善できる、場の医療といえる日本風の気功が誕生したのでした。その気功法はその後、「ライブセラピー®」と命名することになります。

気の力で願望は実現する

1999年3月のこと——。私は文化交流のために生徒10人と共にイタリアへの渡航となり、フィレンツェのオペラハウスでの公演に臨みました。深水流お家元の朝丘雪路さん一行ともご一緒でしたが、その時私は、「ライブセラピーあさひ舞い」を、生徒は「ライブセラピー創美功」を、イタリアとこの地フィレンツェに暮らす人たちの幸せを祈り、オペラハウスの素晴らしい舞台での表演となりました。

そして、ヨーロッパでの初舞台は無事に終了し、楽屋口を出ようとした時のこと、扉の前で何人かの人たちが私たちを待っておられました。そして口々に、「私たちはあなたたちがどういう意識で表演していたか知っています」と話し、イタリアの人たちの幸福を祈っていたことに感動した気持ちを名刺に託し、嬉しそうに見送ってくださいました。

舞いの祈りは言語を超えてエネルギーに乗り、その意識は人々の心に伝わることを知りましたが、「意識には共通の認識ができる、言語を超えた仕組みが介在すること」と、「舞いには情報を伝達する、何らかの役割があること」を学びました。そのことは、日本人宇宙飛行士の体験の中で、「宇宙では異なる言語の中でも意志が通じる」という話と関連しているように考えられます。

翌日、公演を無事に終えて、私たち一行は帰国の途につきました。成田空港からすぐに津田沼の本部スタジオに向かいましたが、事務所のドアを開けるや否や、「先生、イタリアからお電話です」との間髪を入れない素晴らしいジャストタイミングに驚いたものでした。電話の主は、イタリア在住の日本人女性でした。まだ面識の無い方でしたが、帰国前のオペラハウスでの舞いの感想を、わざわざイタリアより国際電話を掛けてくださったのでした。話の内容は次のようなものでした。

「私はイタリアのフィレンツェ在住のY・Uです。このたび、フィレンツェでの公演を拝見いたしましたが、とても不思議な体験をしました。ぜひ、先生にご報告したいとお電話させていただきました。

公演日の前日のこと。私は足を捻挫し、歩けないほどの痛みがありました。翌日の公演は前から娘との約束で見にいくことになっていましたので、あまりの足の痛さに病院に行きましたが、混雑のため夜中の12時まで待たされた挙句、湿布薬だけ渡され、返されました。その夜は痛みのため一晩中、眠れませんでした。痛みと腫れで靴も履けない状況ですので、娘には公演を誘ってくれた合気道の先生と二人で行くように勧めました。結果的には、娘と合気道の先生に支えられ、「約束ですから」と娘にせがまれ、一緒に行くことになりました。

舞台が始まりしばらく観ていましたが、涙が出るほどの痛みでしたので我慢できなくなり、途中でしたが帰ろうとしていた時のこと、皆さんの舞いが始まったのでした。帰ろうとする直前でしたが何か感じるものがあり、もしかすると、この舞いはお会いしたいと思っていた朝日舞先生ではないかという感覚が意識によぎりました。そして、もしこの方が朝日舞先生ならば、どうか私の足を痛みのない良い状態にして下さいと、舞いを見ながら祈りました。私は先生の著書『気の力で願望は実現する』を読んだことがありましたので、いつかお会いしたいと思っていたのでした。

実はそのちょうど一年前に今回と同じように足首を捻挫し、一年がかりでようやく治ったばかりなのでした。それにもかかわらず同じところを同じように痛めたわけですから、今回の捻挫も一年がかりでの完治だと諦めていたのです。

公演当日は娘と合気道の先生に付き添われ、どうにか自宅に戻ったものの、あまりの痛さに涙が出るほどでしたが、病院でもらった湿布を貼り、休みました。

翌朝のこと――。朝食の準備をしていると、「お母さん、足は痛くないの？　昨日は涙が出るほど痛かったでしょ。大丈夫なの？」との娘の言葉に、私はその時初めて、あの大変な痛みが消え、腫れも引き、まるで嘘のように治っていたことに気づいたのでした。足の痛みにはイタリア人の夫も心配していましたので、前日までの大騒ぎが嘘のようだと驚いていました。一年がかりで治すつもりでしたが、奇跡が起こったのです。

よくよく考えると公演当日には、痛みを感じることなく眠れていたことにも気づきました。そのことを伝えるためにイタリアよりお電話致しました」

そう話すフィレンツェ在住の日本人Y・Uさんの電話は衝撃的でしたが、私の知らないところでさまざまな現象が起こっていることを知ることになりました。そのことが意識の働きとどういう関連があるのかといえば、祈りという意識の伝達方法が、その思いのエネルギーの強弱と、「あさひ舞い」の発する気という生命情報との融合により、願望が実現していくという結果があることです。

そこには、人体の中心であり生命の根幹である神性の窓の開き具合が関係しています。公演での舞いが始まった時、すでに本を読んで知っていたY・Uさんは朝日舞の存在を意識の中で認識しており、そのこと自体が直感的なひらめきとして、それが会いたいと思っていた朝日舞であることを意識の中で確信しているのですが、神性の窓を意識が開くことで祈りを通した願望が実現したものだと判断できます。

「楽足エクサ®」の効果

その翌年のこと、講演を頼まれてイタリアのフィレンツェに出かけることになりました。ルネッサンスの文化の香りのする重厚な会場には、イタリア人を始めたくさんの人たちが参加されていました。Y・Uさんの招待により、日本流の気のセミナー「ライブセラピー講座」がイタリアで開催されることになりましたが、参加者の皆さんは耳を傾けてライブセラピーの実践に臨みました。

会場の一番前にアメリカ人の女性が座っていましたが、友人に付き添われた短パン姿のその女性に「今回のセミナーでは何に興味があるのか?」と質問をしましたところ、「2、3日前に自転車の回転する車輪に足をつっこみ、片足は足首が腫れて、膝から下も腫れ上がり赤くなっていますが、〝朝日舞先生が日本から来られていますので来てみませんか〟と友人に誘われたのです」とのお答えでした。私は「どういう結果が出るか分かりませんが、セミナーを楽しんでください」と伝えました。しかし、あまりの痛々しい状態に早く改善されることを意識しつつ、まずは「楽足エクサ」の指導を行ないました。

楽足エクサは、私の体験をもとに構築した毒素の排泄と筋トレを効果とするセルフケアメソッドですが、指導を開始して15分ほど経過した時、そのアメリカ人の女性が手を上げました。質問ですかと尋ねると、「先ほどまで腫れ上がっていた片足は腫れが引き、痛みも無く、信じられないことが起こりました」とのことでした。

確かに、楽足エクサのレッスン開始前には間違いなく片足は腫れて痛みがあることを確認していました。そしてさまざまな気の体験により、90分後、ライブセラピーのセミナーが終わる頃にはすっかり体調も良くなったとのことでした。足取りも軽く、その女性は感謝の言葉と共に帰って行かれました。まるで魔法のような出来事に、私もY・Uさんも驚くばかりでした。

その翌年のこと、フィレンツェでのセミナーを依頼されましたが、足が良くなったそのアメリカ人女性はお洒落な四つ星ホテルの経営者でしたので、私は彼女のホテルに招待されることになりました。

この経験を通して、祈りは意識の働きを強めますが、そこに気の作用が加わることで命や健康など人体に関係ある事象においては、強く影響することを知りました。キーワードは「意識の働き」ですが、気の力である17万ボルト（※）を超える静電界《プラズマ》の働きによる影響もありえますが、いずれにせよ祈りという意識の働きも関係していることでしょう。

（※）1992年に早稲田大学大槻義彦教授により、17万ボルトの静電界の発生が検証されています。

指が伸びる実験

意識の働きはさまざまですが、私たちは自分の意識の働きにより簡単に指の長さを変化させることができるのです。このことは私の著書である『気の力で願望は実現する』にも実験方法を紹介していますが、私たちは誰でも、一瞬で左右の手指の長さを自在にできるのです。

それは自分の手の指が伸びると信じることから始まりますが、気の流れのいい人の身体の指はよく伸び、気の流れに滞りがある人の身体の指は伸びにくいようです。人体は意識の働きと深い関係があり、自分が意識する方向に向かうものです。

頑固な状況がある場合は、指は伸びにくいか、伸びないことがあります。そのことは、性格とも関係していることになりますが、固定観念が強い場合には体の筋肉が硬くなり、思考も硬くなります。これを緩和するためには、呼吸法の実践や体を動かして筋肉を柔軟にし、意識の柔軟性も高めることが必要になります。

実験方法

(1) 椅子に軽く座る
(2) 大きく3回深呼吸をする
(3) 両手の感情線をぴったりと合わせる
(4) 両手の指の長さの差を確認する

（5）両手を開き右手の中心（労宮穴）を見る
（6）指が伸びる、と繰り返し思う
（7）指が伸びたことを信じ、（3）を行なう
（8）両手の指の長さを確認する
（9）両手でグーパー、グーパーを繰り返す
（10）両指は元の長さに戻る
（利き腕が右手の人では1cm以上伸びることがあります）

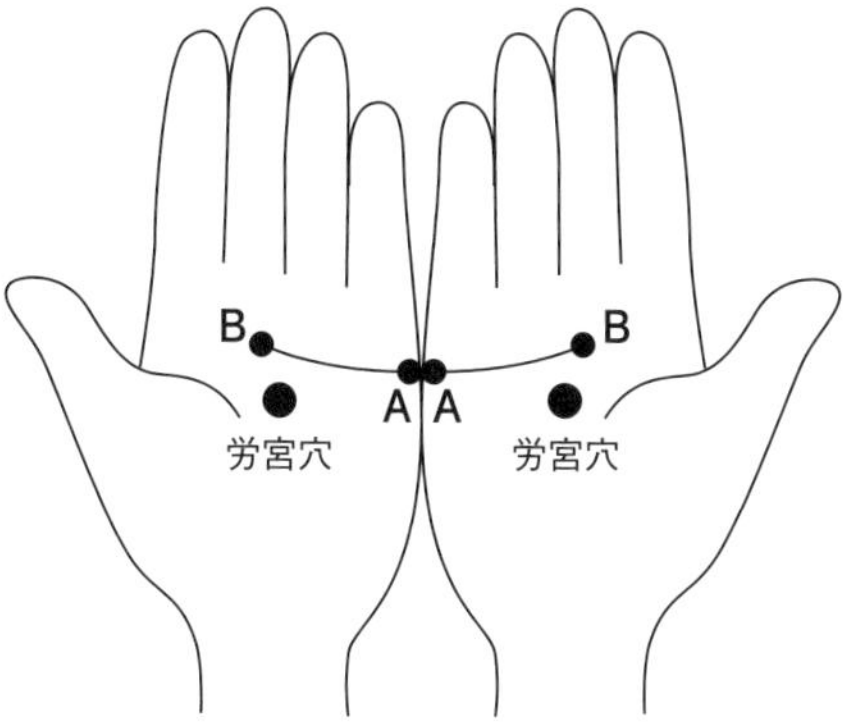

感情線AとA、BとBを合わせる

（11）左手で（2）～（8）までを繰り返す
（利き腕が左手の人では1cm以上伸びることもあります）
（12）左右の伸びやすい方の手で、瞬間での変化実験を実施する
（13）両手でグーパー、グーパーし続ける
（14）左右どちらかの手を決める
（15）手の中心（労宮穴）を見た瞬間に、指が伸びたと確信する
（16）両手を（3）のように合わせ、左右の指の長さを比べる

この実験は、意識の働きが人体にもたらす作用を検証するものですが、かつて20余年に及ぶ期間の中で、指の長さが変化しない人たちは全体の3%ほどだけで、他の97%の人は成功しています。自分

自身を信じない人や、頑固な人、心身が緊張状態にある人など意識や筋肉の緊張などに問題がある場合には、指伸ばし実験はうまくできないようです。

意識は背骨に表現される

誰でも一度は、ご自身の骨盤や背骨のゆがみを体感されたことがあると思います。背骨や骨盤がゆがむと、私たちはすぐに不快感や痛みとして身体で感じることになります。脊柱や骨盤のゆがみを視覚的に自分で気づくことは難しいことですが、五感を通し、痛みや不快感により自分で気づくことができます。

人体には不思議なプログラムがあり、思考、感情、言葉、行動、生命力が即時的に脊柱や骨盤のゆがみとして反映されるシステムが備わっているようです。ゆがみがもたらす痛みや不快感により、心体五行の要素を知ることができます。

かつて、背骨や骨盤がゆがんでいく実験を、船井総研のセミナールームをお借りして50人ほどの人に体験していただいたことがあります。すでに20年以上前のことになりますが、その当時に20代だった男性S・Mさんが被験者となり、言葉の持つ力と、意識の関係性を図るものでしたが、まず、脊柱と骨盤のゆがみを解消してからの実験となりました。

言葉の実験

（1）上半身裸になり、脊柱と骨盤の状況を確認する
（2）気の力で脊柱・骨盤のゆがみを正す
（3）被験者に気持ちを込めて、「馬鹿野郎」と言ってもらう
（この時点ですでに、ゆがみが発生する）
（4）会場の参加者にゆがみの状況を確認してもらう
（5）全員に、なぜ背骨や骨盤がゆがんだのか考えてもらう
（6）被験者に「ごめんなさい」と言ってもらう
（何度謝っても、脊柱・骨盤に大きな差は出ていない）
（7）被験者に「ありがとう」と言ってもらう
（何度ありがとうと言っても、ゆがんだ脊柱・骨盤に変化はない）
（8）被験者に「申し訳ありません。許してください」と言ってもらう
（この言葉には脊柱・骨盤は反応し始める）
（9）被験者に、心から「申し訳ありません。許してください」と言ってもらう
（10）参加者の見ている中で、脊柱・骨盤のゆがみが改善に向かう確率は90％であった

この実験では、意識と脊柱・骨盤が関連しあう状況にあり、意識の働きとは思考、感情、言葉が影響するこ

とが確認できます。しかしながら、行動や生命力も影響することがその後の実験により分かっています。（被験者の脊柱のゆがみは、気の力で改善しています）

まとめ

世の中を創っているのは人間の意識の働きといえますが、それは人間だけの意識による場合もあれば、人間の意識を介在した大いなる存在の意識の場合であるかも知れません。

私は、大病の中で人生のどん底と思える時に、気功法と出会い、新たなるいのちの始まりを得られて感謝していますが、最大のピンチが最高の選択を与えてくれたと思っています。

気功法は生命力を高めるだけでなく、運気を好転させ、人生を豊かにします。その練習を通してさまざまな体験をすることができたことには感慨深いものがあります。

しかしながら、気の探求が深まるにつれ、気を学ぶには「気は心」と言うように、「こころの成長なくして、気を学ぶにあらず」と思えるようになりました。気功法は人体を健康に導くための道具の一つだと言えますが、気は物理的な力の存在であり、ミクロからマクロまで通じている普遍的な存在であり、大いなる意識ともつながる異次元への扉といえるかも知れません。

私たちの意識が即、自分の身体活動に心の響きを通して反映され、そのことで病気にも健康にもなれるという生命の不思議と、意識の本質に触れることができます。そして、人は一つのセンサーであり、またフィルターとして、その発するエネルギーが世の中や、ひいては宇宙にも影響しているように感じます。

人は物事の正負を意識の深いところで感じることができますが、それは神性の反応と言えるもので、正しいか否かが脊柱・骨盤により判断できるようになっているものです。それぞれが本来の進むべき道を歩むために、人体がバロメーターとしての役割を担っているようです。

全ては、意識のエネルギーの働きといえますが、エネルギーは意志であり、意識であり、情報であり、生命力であり、心でもありますが、人間としての生き方が誰でも問われていると考えられます。気は心と言うように、人間成長の礎《いしずえ》として気の存在を学ぶことは人生において大切な要素だと判断しています。人間としての成長が地球や人類の未来をより良い方向に変えるためのミッションだと信じるものです。

ライブセラピー®が、人類の素晴らしい未来の創造に役立つことを信じて。

2. 前世療法がいかに覚醒を促すか

心理療法として施すワイス式退行催眠療法の臨床からの潜在意識研究

大槻麻衣子（おおつき・まいこ）

ヒプノセラピスト、大槻ホリスティック代表、「意識科学研究会」研究員。〝前世療法〟の世界的権威であるブライアン・L・ワイス精神科医に日本人として初めて師事を受け、神奈川県相模大野にて1999年より約5千人に前世療法を施し、セラピスト養成に携わる。鬱や依存、パニック障害等、心の体質改善への援助。不登校などの子ども・学生へのカウンセリング・イメージ療法も行う。英語での相談も受け、「魂の癒しと成長」を幅広く促す。上智大卒。テレビ出演「TBSザ・催眠―奇跡の癒しパワー―」、「徳光和夫の感動再会〝逢いたい〟」など。著書：『前世からの子育てアドバイス―親と子が出逢う魂の目的』（リヨン社）、『あなたはもっと幸せになれる！』（青春出版社）など。

前世療法との出逢い

「地球を助けたい」と幼い頃から望んでいた私は、「世界の平和に貢献したい。争いや偏見を減らしたい」と願い、上智大学国際教養学部（当時、比較文化学部）に学びました。その後しばらく英語を教え、翻訳や通訳のアルバイトをしながら具体的に進むべく道を模索していました。そしてあるとき、「人の心の成長を助けること」が自分の一番の喜びなのだと気づき、セラピスト（心の療法家）を目指し始めました。

「答えはすべて自分の内側にある」というカール・ロジャース（1902〜1987、米国の臨床心理学者）の言葉、「無意識の意識化が人間成長を促す」というカール・グスタフ・ユング（1875〜1961、スイスの精神科医・心理学者）の教え、「人生は信頼に値する」というヴィクトール・フランクル（1905〜1997、オーストリアの精神科医・心理学者）の思想に感銘を受け、それらを軸に、理想の心理療法を探していました。

「人の心を自由にすることで、地球の未来と平和に貢献したい」という想いが溢れ、それを可能にする〝根本的なセラピー〟を求め、渡米しました。そんな中、1997年夏、ロサンゼルスでたまたま出逢った初対面の人物から"Many Lives, Many Masters"（日本語版「前世療法」）と"Time Through Healing"（日本語版「前世療法2」）というブライアン・L・ワイス精神科医による著書を2冊と、おまけに瞑想テープ（当時はカセットテープでした）まで、「これ、差し上げます」と、突然プレゼントされました。さらに、日本に帰ると自分の机の上に『ソウルメイト〜魂の伴侶』という同じ著者によるもう1冊の本が、友人から届けられていました。こうして当時出版されていたワイス博士の全著書が、書店にも行っていない私の手元へ来た、というのが「前世療法」との出逢いでした。

そして、その内容は、まさに私が求めていた、そのものでした。そこに書かれていたのは、人の心に染みついた古い感情やしつこい偏見を、愛と叡智に変えていくプロセスを促す画期的な根本療法（対症療法に対して、問題の原因を突き止め癒していく方法という意味において）でした。私はすぐにワイス博士に手紙を送り、翌春、フロリダでプロフェッショナルトレーニングを受け、ヒプノセラピストの道を歩み始めました。

それから18年、約5千人のさまざまな方に前世療法を施術させていただいた中で、このセラピーをするほどに、問題解決や症状の改善だけでなく、霊的な目覚めや悟りが起こる、つまり、「自己治癒力と同時に、自己成長力が豊かに引き出される」ということが明らかになってきました。一言でいうと、前世療法とは体験的に「無意識の意識化」を起こすことで、人生の革命的変化・成長をもたらす霊的心理療法であり、「覚醒療法」(Awakening psychotherapy) と呼ぶこともできる、と私は考えます。

この論文では、私が18年の臨床において常に軸としてきたブライアン・L・ワイス式退行催眠療法の理論と手法の特徴を説明し、それがいかに人の霊的成長と覚醒を促すかを論じていきます。

前世療法とは

前世療法とは、退行催眠療法 (Regression Therapy) の一種で、前世・過去世の記憶まで遡るものです。退行催眠療法とは、現在の精神的問題や心の葛藤を起こしている原因となる、過去のトラウマを思い出し、癒すことで、ポジティブな変化をもたらそうとする催眠療法のことです。

催眠療法 (Hypnotherapy) とは、無意識の葛藤と隠れたトラウマに接近し軽減するため、直接、または間接的に催眠を誘導する心理療法の形です。(Roger J.Woolger, Ph.D.「魂の未完のドラマ」)。

〈前世療法についての著書抜粋〉

①『前世療法』、『前世療法2』、『魂の伴侶』、『魂の療法』、『未来世療法』(ブライアン・L・ワイス/米国の精神科医、PHP出版)

②『〝魂〟の未完のドラマ―カルマの心理学』(ロジャー・J・ウルガー/英国のユング派精神分析家・宗教学

博士、中央アート出版）

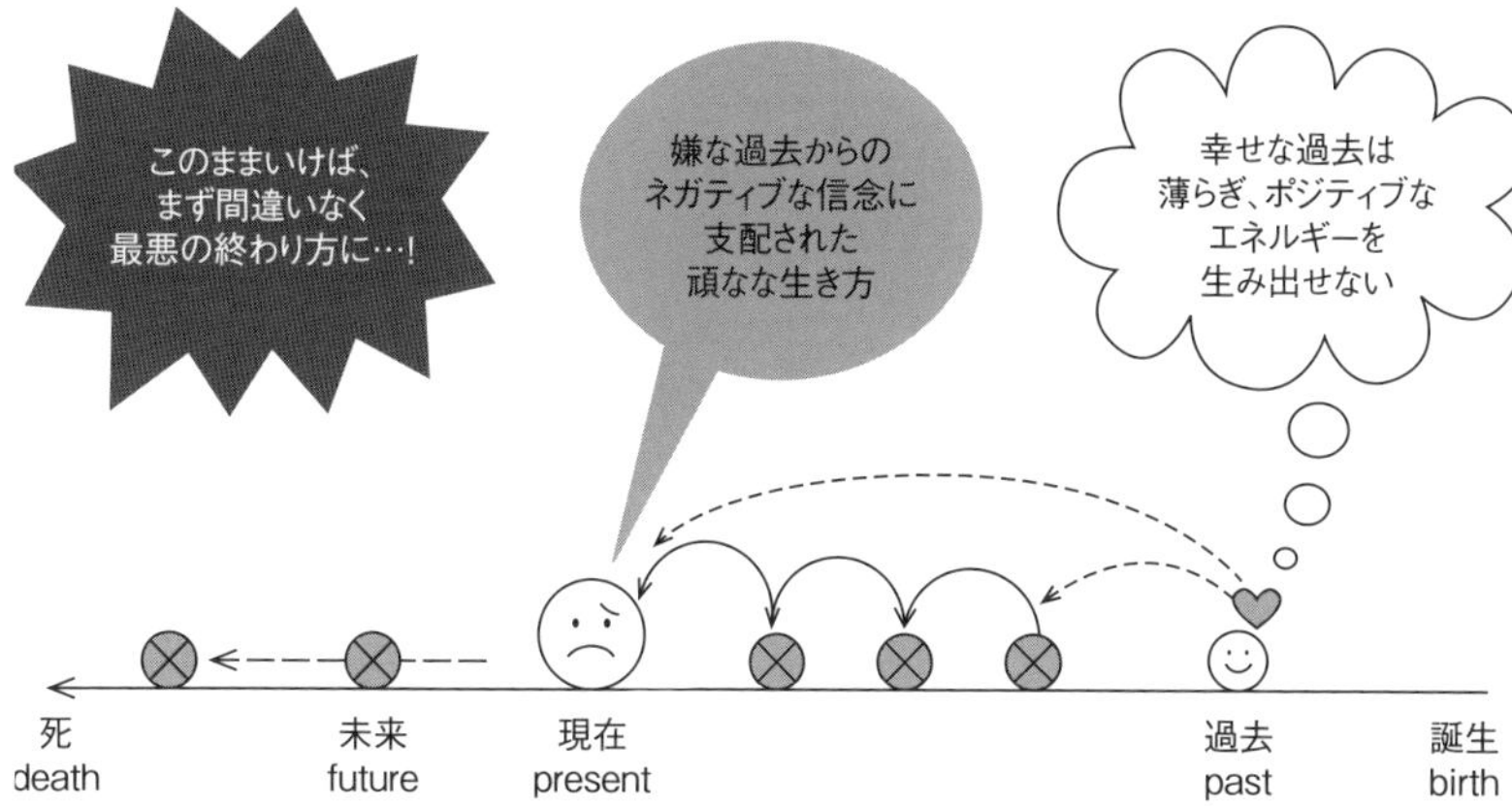

過去・現在・未来の関係図

退行催眠効果の発現する理論的背景

人の過去・現在・未来は次のような関係にあると説明できます。つまり、人はみな、大なり小なり過去を背負って生きています。そして、ありのままの受容（自己肯定）により過去を浄化すると、今が良くなり、ポジティブな未来をイメージできるようになります。（上図参照）

一方、人間の意識の存在形態は、次に示すような意識の構造図で表すことができます。つまり、表面（顕在）意識の深層に潜在意識（無意識とも呼ばれる）、さらにその奥に、集合的、普遍的無意識が存在します。潜在意識は、現世の記憶と前世（過去世）の記憶から構成されています。退行催眠によって、表面意識による検索では到達できない、過去世の記憶に到達できると考えられます。

また、潜在意識の中には、個人の現世で得た記憶が存在し、さらにその奥に、過去世の記憶が存在し、個人の魂を

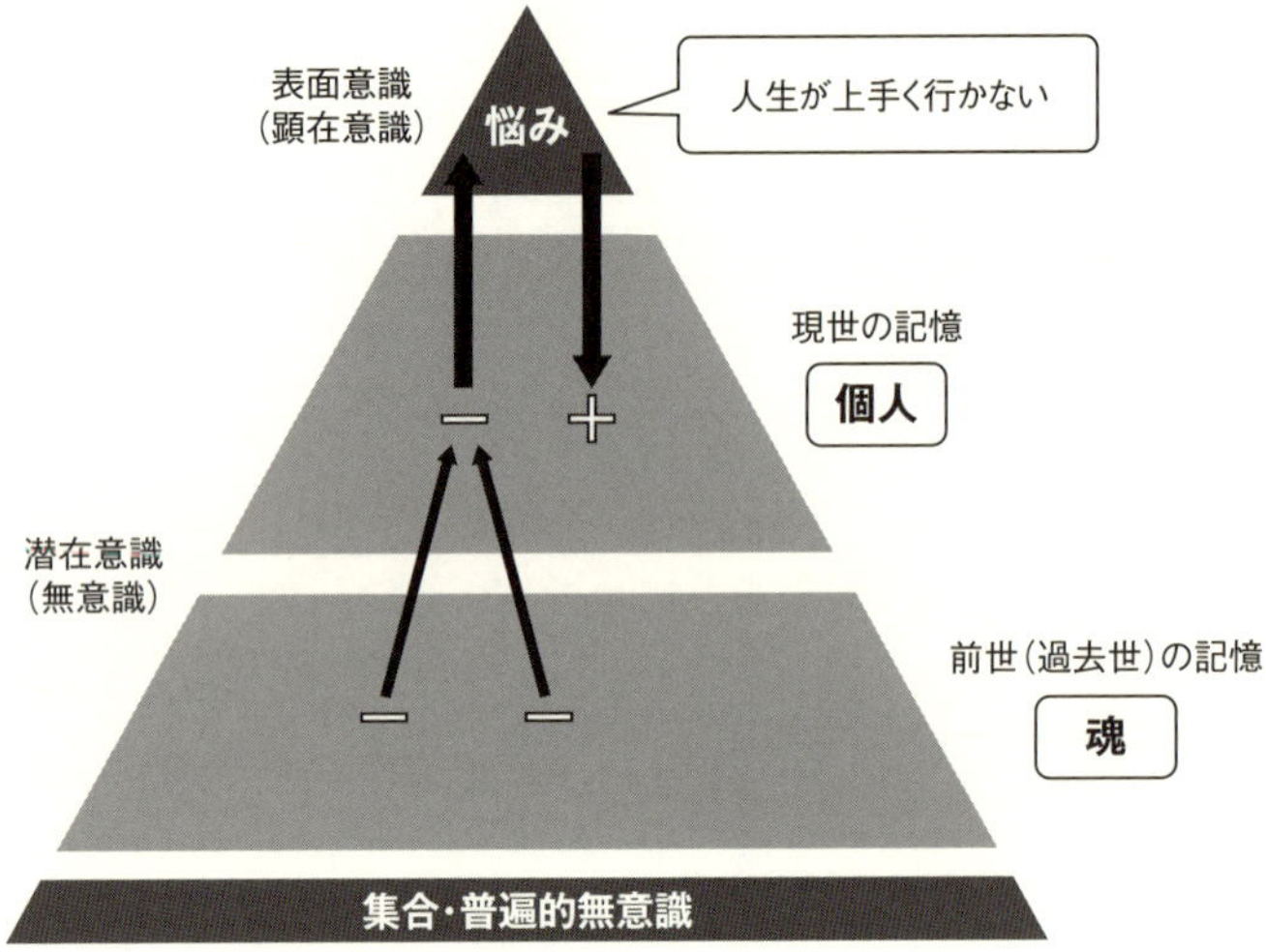

意識の図

構成していると考えられます。（上図参照）

癒しと変容の仕組み――心のパラダイム変換

マイナスの信念（Negative belief）から考察すると、例えば、「いつもひとりぼっち」、「私は幸せになってはいけない」、「お先真っ暗」などと考えている場合、カウンセリングとリラクゼーションによって、セラピストによる愛ある存在（being）、適切な治療的働きかけにより心の壁をゆるめると、無意識の意識化やイメージ化が起こり、次いでありのままに感じ切ると、カタルシス、感情の浄化（エモーショナル・クリアリング）が起こります。

そして、その出来事の真の意味を理解し、前向きに学ぶことによって、終わっていなかった過去が終わり、止まっていた時が解かれていきます。そうすることで、より成熟した人生観・世界観に基づく新しい生き方が始まるのです。

その結果、プラスの信念（Positive belief）へ転換し、「ひとりではない」、「私は幸せになっていい」、「未来への希望が持てる」という潜在意識の変化によって、癒しが起こると考えられます。このように、ありのままの受容（自己肯定）により過去を浄化すると、今が良くなり、ポジティブな未来をイメージできるようになるのです。

ワイス式退行催眠療法の特徴

誘導者とクライエントがあらかじめ決めた退行先へ指示・誘導するのではなく、クライエントの潜在意識に導いてもらうのが、私が学んだワイス式退行催眠療法の特徴です。

心理療法としてのセラピーの目的は、心の葛藤や依存を緩和・解消することであり、自己肯定、自己理解、自己成長、精神的自立を促すことです。クライエントの心の持ち方がより健全に育つことをアシストすること、クライエントの人生に癒しと成長をもたらすことが目的です。それは個人的（主観的）記憶の再編集であって、客観的事実の証明ではありません。

潜在意識についての仮説

（1）潜在意識は「記憶の宝庫」である

本人の顕在意識が認識する範囲を超えて、潜在意識はその個人の情報／魂の履歴を知っており、データバンク、または図書館のようになっています。つまり、一度体験したことはすべて潜在意識に貯蔵・記録されていると考えられます。

（2）潜在意識には「高度な検索機能」がある

潜在意識に記憶された、その膨大なデータの中から、本人にその時に必要な情報を的確に取り出すことができます。不要なものは取り出さず、必要なものだけをピックアップし、思い出させることができる、高性能な検索マシーンのような機能を持っています。

それは、あたかも問題となっている症状に合わせ、最適の処方箋を与えてくれるようなもので、そのようなセラピーで癒される体験を重ねると、クライエント本人が、まるで個人のレベルを超えた、より高次の何かに導かれている感覚になります。

例えば、チャールズ・ディケンズの『クリスマス・キャロル』には、〝超自然的体験〟から、守銭奴スクルージが人間愛に目覚める「人間改革」のことが書かれており、意識改革から、アセンション（意識の次元上昇）に至る過程が描かれています。

霊的心理療法の仕組み

私は、１９９７年にブライアン・Ｌ・ワイス精神科医に直接、師事し、上記理論に基づいた自己治癒と自己成長を促すための心理療法として前世療法（退行催眠療法）を、これまでに年間約４００回、18年間で約5千人に（大槻ホリスティックサロンとして）、施してきました。

霊的心理療法が成り立つには、潜在意識とのコラボレーションが必要です。セラピストは、クライエントの顕在意識（表面意識）と十分なラポール（信頼関係）を取りながら、クライエントの潜在意識（クライエント

の自己認識を超えた領域）を信頼し、そこに協力を求めていきます。1回1回のセラピーが、クライエントの潜在意識と、セラピストとの絶妙なコラボレーションの上に成り立っているのです。

私は数千回のセラピーを通し、潜在意識がいかに優れた誘導者であるかを実感し、一人ひとりの潜在意識の導きと叡智に対し、首を垂れる想いで施術をしてきました。例えば、強力な催眠にかければ、どんなクライエントも催眠術師の意のままになると一般的に考えられていますが、本当のところ、どんなに深い催眠を用いてしても、その指示の与え方が治療目的上最適でなければ、本人の潜在意識は施術者の指示に従わないのです。

つまり、クライエントの「個人的願望」やセラピストの「個人的判断」（どちらもエゴの次元）によってセラピーでの退行先を決めようとすると、セラピーは大概、思うように展開しません。逆に、セラピストもクライエントも、潜在意識の導きを信頼し、初めからそこに協力を求め、委ねる姿勢を持つほどに、セラピーは上手く展開し、得るものも大きくなるのです。

潜在意識は、1回1回の退行セッションにおいて、クライエントが何歳の頃、あるいはいつの時代に戻るかを決めるだけでなく、どのような事柄から先に、どのような順序で、どのような深さと臨場感を持って見ていくか、最適な退行の仕方を決めてくれるのです。

実際、クライエントが特定の情報を知りたい、あるいは特定の過去に戻りたいと願っていても、潜在意識がそれに応えてくれない場合もあります。例えば、トラウマを解くために、ある過去へ退行したいと望むクライエントの希望に従ってセラピストが誘導していくと、過去への扉の前に天使が翼を広げて立ちはだかり、「今はまだ知らなくてよい」と教えてくれることもあるのです。

やはり、クライエント本人の表面的な願望に応えようとするよりも、「本人のことをより深い次元において一番よく分かっている潜在意識」に導きを委ねて、セラピーに臨んだ方が良い結果につながる、ということなのです。

潜在意識の中には、あたかも「卓越した治療家」または「高尚な教師」が存在するように感じられます。そこには、「個人の次元を超えた慈愛と叡智」が働いている、と体験者の多くが感じます。

内なる導き手の象徴的イメージ

上記のような姿勢でセラピーを体験するほどに、クライエントは自分の内側に「自分を超えた、何か大いなる意識」が存在し、自分の成長を助け、導いてくれていると感じるようになります。

この「内なる導き手」は、言い換えれば「高次元の自己（ハイアーセルフ）」または「真我」であり、または先祖（アンセストラルスピリット）や守護霊（スピリットガイド）などと捉えることもできます。

ヒプノセラピーの中で、その「内なる導き手」をイメージ化した時の統計をとってみました。以下は、ランダムに集めたヒプノセラピー200ケースから、「内なる導き手」がどのように象徴されたかを調べたものです。

「光」や「ハイアーセルフ」と捉えるケースが33％と最も多く、次に、「神様」22％、「天使」14％、「自然」11％と続き、それらが全体の80％を占めています。

また、ハイアーセルフや神様の姿は、「白髪白髭の仙人のようなお爺さん」というイメージが最も多く、次いで「女神のような美しい女性像」が見られます。天使は名前を伴うこともあり、自然の場合は「太陽」が最も多く、次いで「大地」、「海」、「空」、「緑」、「木」、「花」「動物」など。「自然の中に大いなる意識が宿っていて、自分はそこに生かされ、身守られ、導かれている」という感覚がもたらされています。

このように、クライエントが「大いなる意識」とつながる感覚を覚えるほどに、「全てはひとつであり、つながっている」（ワンネス）という感覚に目覚めていきます。

なお、残りの20％は、「祖先」6％、「ソウルメイト」6％、「ペット」5％、その他3％となりました。「祖先」というのは亡くなった祖父母などの肉親が多く、「ソウルメイト」というのは、深い愛で結ばれ、何度も共に生まれ助け合い学び合ってきた魂の伴侶のような存在を表し、現在の夫や妻、親子、先生など、または現世でまだ出逢っていない魂のパートナーと感じられる存在を意味することも多いようです。もちろんこれらのイメージは、クライエント本人の個人的願望の投影とも考えられます。また、「ペット」というのは、クライエント本人が昔飼っていてすでに亡くなっている犬や猫などが多く、それらの存在に再会する感覚を味わうことで、クライエントの心が安らぎ、解放されるきっかけとなるものがほとんどです。

このように、「内なる導き手」はクライエントの心の中でさまざまな姿でイメージされますが、結局のところ、「源」はひとつ、つまり「内在する高次元の自己」の象徴であり、その人がその成長の段階において最も受け入れやすい姿でイメージ化される、と考えられます。

また、「内なる導き手」(Inner guidance)から、クライエントが受け取ったメッセージの内容を調べてみると、「生き方」についてのもの(そのままでいい、楽しみなさい、自分の思うように生きなさい、など)が49%。「元気・勇気づけ」(大丈夫、よく頑張った、あなたならできる、など)が18%。「見守り」(いつも見ているよ、安心しなさい、など)が14%で、これらが全体の80%以上を占めていました。

実際、「自分を変えたい」と願って来談するクライエントが、最終的に受け取る答えは、「そのままでいい」ということが多いのです。それは一見矛盾にも感じられますが、実はたいへん理に叶っています。人がひとつの成長を遂げるには、それまでの自分をありのままに受容・肯定することが必要不可欠だからです。

また、前世療法においては、前世を生き終えた過去の自分などから、今の自分へのアドバイスをもらうことがありますが、その場合の視点は個人意識の領域に留まっているのに対し、「魂の導き手」と認識される存在からのメッセージは、もっと普遍的で、大いなる人生観から発せられているのが特徴です。

潜在意識は最高の教師

前記のような「内なる導き手」から発せられるメッセージを受け取る時、人はまるで、「大らかな祖父母に見守られているような安心感」を抱きます。そこには、子どもの力を信じて待つことのできる「ほど良い親」の姿勢があり、それは、人間の霊的成長を助け導く存在とされる「天使の目線」と一致するものであります。

いずれにせよ、このような心理療法は、クライエントとセラピストが互いに「心と心で手をつなぐ」感覚で、双方が協力して関わる人間関係なのです。したがって、クライエント本人だけでなく、施術者であるセラピストもまた、「深い慈愛と叡智に満ちた人生の大先輩から支持されている」という感覚になります。

そして、そのような前世療法の施術を経験するたびに、「高次元の価値観」に基づく見守り方、援助の与え方とは何かを教えられ、自身も「魂の癒し手」として成長する機会を与えられるのです。施術者にとっても、潜在意識は「最高の教師」となるのです。

前世療法は覚醒への案内役

ワイス式前世療法は、その人の潜在意識に内在する叡智に委ねる姿勢でセラピーに臨むことによって、その時その人にとって最良の癒しと気づきをもたらそうとするものです。

そして、その人のみならず施術者の側にも霊的成長を促すきっかけとなります。これを体験することで、人は自らの内に個を超えた高次の意識が存在すると実感するのです。

それは、忘れていた本当の自分、言い換えれば「魂の本質」に立ち戻り、「自我」と「真我」を統合していくプロセスであり、「パーソナル（個）」から「ワンネス（全体性）」へと進化する覚醒のプロセスを促すものであります。そのような意味において、前世療法は「覚醒療法」と呼んでも過言ではないでしょう。

最後に

（1）コントロールドラマからの離脱

そもそも私は、「地球を良くしていくには、人の心を癒し、内面を統合していくことが不可欠」と考え、そのための最も有効なツールとして前世療法、退行催眠療法を用いてきました。

前世・過去世退行自体の効果は言うまでもなく、人間関係に染みついた憎しみや偏見、悲しみや罪悪感を「赦し」と「感謝」へ変えていくための素晴らしい手段であります。自分が別の時代、別の国で、肌の色も文化も立場も違う人物として生きたことを思い出し、お互いに協力し、学び合ってきたのだと分かると、利己的な考えや、一方的な偏見などを持つことができなくなるのです。

人間社会は長い間、「コントロールドラマ」という依存関係に陥ってきました。それは、常に「悪者↓犠牲者↓ヒーロー」という三者が互いに必要とし、成り立つ三角関係の構図です。この三角関係は、「全てが自分の投影であり、真実は自分の内側にある」ということに気づかない限り、残念ながら繰り返されてしまいます。真の覚醒への道へ進むには、そこが登竜門と言えましょう。

前世療法により、一人ひとりが個人的カルマを解消し、コントロールドラマを卒業していくことで、いずれは人間社会全体が負の依存関係から離脱できる日が来ることを、私は願って止みません。

（2）覚醒は、前世療法を超えた、その先にある

「エゴから真我へ舵取りをバトンタッチする」のを見届けるまでが、前世療法の役目と私は考えています。

前世・過去世退行あるいは臨死体験などを通し、人は「死」が終わりではなく、自分はさまざまな人生を幾度も生きてきた「魂」だと実感することができます。

それが覚醒の始まりであり、今まで自分と思ってきたこの「肉体と人格」は単に「まとってきた衣」で、「本物はその奥に光輝く美しい魂」であると気づくのです。そしてその魂は、あらゆる生命の「源」と一つであり、全てがつながっていると気づいていきます。

それが、小さな覚醒、つまり悟り（enlightenment）であり、ここまでは前世療法の中で一時的に体験することができます。しかし、本当の覚醒は、まだその先にあります。それは、私たちが前世療法や瞑想を通し、一時的に味わうことのできる愛と至福の状態が、ずっと続くという在り方です。

「100%、今ここに目覚めた意識の状態が続く」ことであり、「常に自分が〝源〟と一致している状態」なのです。つまり、個人としての自分より、「全体性」としての自分が主体になるということです。例えば、これまではハイアーセルフは時々会える対象として認識していたのが、ハイアーセルフ＝自分自身となり、もはや隔たりが無い、という状態です。

富士山への登山に例えれば、麓からひたすら登り、山頂で素晴らしい感動と至福を味わい、また下山して日常へ戻り、日常の中で時々その山頂の素晴らしさをふと思い出す、というのが従来の私たちの状態です。それ

が、覚醒を遂げると、山頂の至福が常に今ここに、自分と共にあるという状態が持続するようになる、と考えられます。

(3)「個」を卒業する時

覚醒した意識の状態（Awakened Awareness）になると、個人的な情報はもはや必要ではなくなります。実は、前世や過去世さえも、個人的なデータにすぎないのです。あまりにも過去に囚われている人が多いので、終わっていない過去を終わらせるために前世療法がまだ必要なのです。ちゃんと終わらせるために、一度しっかりと思い出し、共感し、理解した上で、手放していくために……。

その際、過去から学んだことを十分に吸収し、「経験から学ぶ」ことが最も重要です。なぜなら、1回1回の転生の結果として、魂に統合されていくのは情報（information）ではなく、叡智（wisdom）なのですから。

ひとつ、またひとつと学び、尊い叡智が納められるたびに、魂はまるでクリスタルのように美しい輝きを放っていきます。ひとつひとつの人生の終焉に、魂が肉体を脱ぎ、物質界を抜けていくように、私たちの魂が地球での転生を終える時には、人間としての「個」という衣を脱ぎ去り、愛と叡智の光となって、次なる次元へ上《のぼ》っていくのだと、潜在意識は教えてくれています。

近年の臨床セラピーにおいて、自分の魂がそもそも何のために地球に来たか、どこから来たか、魂がどう生まれたか、そしてどこへ向かっているのかなど、地球の始まりから未来のビジョンまでを見せられるケースが増えていることを考えると、地球学校の卒業もそう遠くないかもしれません。

「もののけ姫」の最後のシーンで、緑の大地が蘇っていくように、地球上の生命全てが家族のように調和して生きられる世の中の実現が、私の「魂の願い」です。いずれ、前世療法が必要でなくなる日が来ることを楽しみにしながら、日々、潜在意識から尊い教えを授かりつつ、地上での生を全うしたいと思っています。

〈参考文献〉

〝Man and His Symbols〟（Carl G. Jung, Dell Publishing）
『ユング派の心理療法』（河合隼雄、日本評論社）
『カール・ロジャース入門―自分が〝自分〟になるということ』（諸富祥彦、コスモライブラリー）
『〈生きる意味〉を求めて』（V・E・フランクル、春秋社）
〝Many Lives, Many Masters: The True Story of a Prominent Psychiatrist, His Young Patient and the Past-life Therapy That Changed Both Their Lives〟（Brian L. Weiss, Kindle）
『前世療法―米国精神科医が体験した輪廻転生の神秘』、『前世療法2』、『魂の伴侶』、『魂の療法』、『未来世療法』（ブライアン・L・ワイス、PHP研究所）
『〝魂〟の未完のドラマ―カルマの心理学』（ジャー・J／ウルガー〈英国のユング派精神分析家・宗教学博士〉、中央アート出版）
『あなたの人生を変える催眠療法〝ヒプノセラピー〟』（リンダ・ジョイ・ローズ、雷韻出版）
『あなたはもっと幸せになれる！―幸運を呼び寄せる前世からのメッセージ』（青春出版社、大槻麻衣子）
『前世からの子育てアドバイス―親と子の魂が出逢う目的』（リヨン社、大槻麻衣子）
『覚醒の道―マスターズ・メッセンジャー』（アルーナ・バイヤーズ）
『前世療法の奇跡―外科医が垣間見た魂の存在』（萩原優、ダイヤモンド社）
『なぜ人は生まれ、そして死ぬのか』（大門正幸、宝島社）
『人は生まれ変われる。』（池川明／大門正幸、ポプラ社）

3. 生命進化と意識

小川博章（おがわ・ひろあき）

小川歯科医院長、歯科医師、「意識科学研究会」研究員。

１９４８年生まれ。東京医科歯科大学歯学部卒業。同大学院生化学に進学。千葉県流山市で歯科医院を開業のかたわら、東京大学医学部解剖学教室、東京医科歯科大学付属医用器材研究所、昭和大学歯学部歯科理工学教室で研究。歯科診療に自然治癒力を生かす道を求めて、40以上の民間療法を尋ね歩く。心理学交流分析士１級、同インストラクターの資格を取得。漢方の分野では医監の資格を取得。

歯学博士、元昭和大学歯学部兼任講師。

著書：『ガンバリズムが歯を壊す』（現代書林）

はじめに

デカルト（１５９６〜１６５０）以来、科学的な思考を好む者は、体は自動機械であるという考え方に親しんできました。つまり、科学の対象となる体と、科学が扱えない心に分けてきました。その結果私たちは、「人は、生まれて、生きて、死ぬだけ」という思想を、唯一の科学的な態度として受け入れてきました。そして一方では、その考え方に疑問を持つ者を、科学的な思考をしない者と決めつけてきました。

しかし、その立場は本当に真の科学的な態度だと言えるのでしょうか。何百年も前の考え方だけで、人類は人生を幸せに終わることができるのでしょうか。私は、生物を観察してきて、全く異なる結論に辿り着きました。そこで、その道程を示して、ご批判を仰ぎたいと思います。

意識について、私たちは一般的に「認識し、思考する心の働き」とか、「今していることが分かっている状態」のことだと理解しています。しかし通常私たちは、常に意識して生きているために、意識するという現象を当然のこととして注意を払わず、改めて考えることをしません。けれど、いざ意識について考え始めると、たちまちにして大問題と衝突してしまうことになります。

例えば意識は、錯覚という現象を起こしますし、薬物によって興奮したり鎮静したりする変化が生じます。どんな変化も必ず仕組みがあって存在する現象なのですから、意識についての説明は、その仕組みを含んでいなければなりません。

このように、意識を考える時には、「なぜ」という疑問に事欠かないのですけれど、考え始めるとただちに大きな壁に突き当たってしまうため、前に進めず、考えることを止めてしまうのが常であったように思います。ところで、意識は一般的に、生物と共にあると考えられています。ですから、生物を観察すれば、生物は意識の働きを証拠として示しているはずです。ところが、実際に生物を観察しても物質以外には何も見えません。また、生物の生命活動は生物が生きている間にしか起こりません。つまり生物は、意識がある間にだけ生命活動を行なうことになります。

すると、「生物という物質を、生物たらしめている力が意識」だということができます。そこで私は生物を定義して、「生物とは、意識の働きによって生命活動を営む物質」だと考えてきました。一方、ほとんどの日本人が認めているように、生物は進化して今があります。すると、生命活動の一環の中で、生物を進化させる力があるはずです。その力としての意識を考えれば、意識をもっと詳しく明らかにできるに違いないと考えました。

そこで今回は、「意識が、生命の進化に際してどのように関与しているかを考えることを通して、意識の仕組みを考える」という手順を踏んでみたいと思います。つまり生物が進化するという現象の中で、意識という力が果たす役割について考えることで、意識を明らかにするのが今回の目標です。

その意識に関する疑問を解くために、①意識とは何か、②意識と生物はどちらが先に出現したか、③意識は生物の体のどこにあるか、④意識は生物の中で何をしているか、⑤意識の本質は何か、⑥意識と物質はどちらが先に出現したか、⑦生命進化に意識が果たす役割——という順で考えてみます。

これらの7つの疑問を解くことは、現代に生きる日本人の多くが一般的に信じている、「生物は、生まれて、生きて、死ぬだけ」という考え方は本当なのか、他の考え方は完全に間違いなのか、という大疑問を解く工夫になるはずです。

意識とは何か

生物の特徴の一つは、外部の刺激に応答することです。私たちは常に外部からさまざまな刺激を受けつつ生きています。それは網膜への光、鼓膜への空気の振動、鼻粘膜への香り物質、舌の粘膜への味物質、皮膚への物理的な接触、および心に響く言葉です。

そして、私たちは目覚めている時に、それらの外部からの接触を刺激として意識します。さらに、その刺激の直後に、刺激によって生ずる喜び、平気、恐れという3つの感情のどれかを意識します。つまり、外部からの刺激を意識し応答する中で、私たちの生活が行なわれていることになります。

　そこで、外部からの刺激によって感情が生まれる仕組みを考えます。するとまた、たちまち大きな疑問が意識されます。というのも、それぞれの感覚器への物理的な接触が感覚器に生み出すのは、単純な電気的な信号の強弱でしかありません。それなのに私たちの心の中にはその刺激によって、感情という複雑な心の変化が生まれるからです。そしてその疑問を、現代科学はいまだに説明できていません。

　その現象は当然のことながら生物の内部で起きています。そのため、生物を外部から客観的に観察しても何も分かりません。しかし、自分の体における変化を主観的に観察すれば、感情が発生する過程をただちに了解できます。例えば、誰かから悪口を言われた時に、心の中に怒りの感情が生ずる過程を考えてみましょう。

　外部からの鼓膜への言語による音刺激を脳が知覚した時、心の中に怒りの感情が生まれるのは、その過程の中に必ず思考があるからだと分かります。私たちは、自分が経験した音刺激の意味を考え、過去の記憶を呼び覚まして比較し、判断し、解釈しています。そして、その思考のプロセスの結果、怒るべきだ、との結論に導かれると、その思考の内容にふさわしい程度に感情が爆発するように感じられます。

　刺激が繰り返されると、思考の過程は短絡して、間髪を入れずに感情が爆発するように思えることがあります。しかし注意深く観察すると、どんな刺激と感情の発生の間にも、必ず思考が介在しています。では、思考が感情にスイッチを入れるのでしょうか。

　そこで、過去に自分が怒りを爆発させた時のことを思い出してみます。すると、私たちは目覚めている時にだけ、つまり一般的に意識があって考えることができる時にだけ、外部からの刺激を知覚することができるのだと分かります。そして、感覚を意識することに始まる思考の結果として、ふさわしい応答をしているのだと分かります。ところが一方で、私たちは外部からの刺激が無い状態では、思考だけで意図的に怒りを爆発させることはできません。また同じ刺激が、思考の結果として全く異なった感情を生み出すこともあります。

すると、刺激に始まる感覚・思考・感情という流れの中には、意識できるこの3つの要素以外に、思考の結果を感情に結びつける、思考以外の「意識できない力」が作用していなければならないことになります。つまり、「意識できない力」が、思考の結果に気づいてスイッチを入れています。「気づく」力を意識というなら、この力もやはり「意識」だと言わなければなりません。

以上のプロセスを観察すると、思考の結果生じた「思考の内容」に気づいてスイッチを入れているのは、思考以外の「意識できない意識」の作用だということになります。

ところで、私たち日本人は「梅干し」と聞くだけで自然に口の中に唾液が溢れ出ます。ところが、梅干しのことを知らない外国人に「梅干し」と言ってみても、何も変化は生じません。また、日本人であり、梅干しを見て言葉を知っている人でも、梅干しの体験が無ければ、やはり唾液は出ません。そのことから、意識が唾液腺に唾液分泌スイッチを入れるためには、遺伝子DNAとは全く無関係に、意識の中に現実に梅干しを食べた体験が、記憶として残っている必要があることが分かります。

つまり意識は、外部からのある種の刺激をすでに体験していて、かつその体験をした時に必要だった処理を行ない、さらにその有効な処理を情報として記憶している時にだけ、思考というプロセスを通して、「意識できない意識」が、組織にとって必要なスイッチを入れるのだと分かります。そこで以降、この「意識できない意識」も意識の一部として、意識の中に含めて述べることにします。

以上によって「意識とは、外部からの刺激を、記憶を用いて比較・評価・判断する思考のプロセスを使って、外部の刺激に応答する力である」と言えます。

意識と生物は、どちらが先か

「意識を失う」という言葉があります。ですから「人類には意識がある」という考えを誰も疑いません。では、意識は生物の歴史の中で、いつからあるのでしょうか。

かつて私の家では、犬だけが私の帰宅を喜んでくれました。尻尾を振って飛びつかんばかりに迎えてくれたので、、犬には意識があると考えました。するとその時、ふと脳裏にある考えが浮かびました。私が、『ゴキブリ事件』と名付けている出来事です。

私の家は、4人の子ども、そして妻、皆が女性です。そのため我が家では、ゴキブリを処理するのが私の役目になっています。ある日、ゴキブリが出たと言って皆が「ワーワー、キャーキャー」騒ぐので、父親らしい姿を見せたいと思い、雑誌を丸めて退治しようとしました。部屋の隅に追い詰め、どこにも逃げ場がないというところで、向こうも観念したのか、動かなくなりました。「さぁ、潰してやるぞ」と雑誌を振り上げたその瞬間、ゴキブリはヒュッと向きを変え、私の方を向きました。

「こいつは今、臨戦態勢に入った」と感じました。目と目が合った感じがしました。すると次の瞬間、ゴキブリは私の目をめがけて飛び掛かってきました。ゴキブリは生き延びる最後の手段としてその行動を選択したわけですが、背筋がゾーッとする中で、「やはりゴキブリにも意識があるんだ」と感じました。

では、魚などではどうでしょうか。実は私が意識の存在を強く感じ始めたのは、東京大学の江上信雄教授による、ハナダイの性転換に関する実験を知った時です。

ハナダイは一匹のオスが、十数匹のメスを従えて紅海を回遊しています。オスが死ぬとメスの中の一匹が、オスに性転換すると言われています。そこで江上教授は、実験室に2つのガラスの水槽を用意し、片方には数匹のオス、もう一方にやはり数匹のメスを入れて実験を開始しました。その状態では特に何も起こりませんでした。ところが、2つの水槽の間に障害物を置き、メスの視界からオスを消すと、なんとメスの中の一匹がオスに性転換してしまったのです。(1)

この実験の場合、メスの視覚からオスの姿が消えただけです。それ以外のホルモンなどによる化学的変化や、接触などによる物理的な変化は全くありません。つまり、メスには「オスがいなくなった」という気づき以外には何も起こっていません。その実験を知った時、「魚にも意識があり、意識の力で生き方を変化させた」と感じました。調べてみると、イソギンチャクと共生するクマノミは、メスがいなくなると、その群れの中の一番大きなオスが、メスに性転換します。すると魚には性を意識する力と、社会的地位の意識があることになります。そして性転換する魚は、現在500種類ほど見つかっていて、実はたくさんいることが分かっています。

その体験によって強く感じたことがあります。私たちが当然だと考えている生命観は実は、自然の世界を何も観察しないまま、自分の世界の中での、乏しい体験だけで作り上げたものにすぎないのではないか、ということです。現実に即した生命観を、自分で打ち立てる必要を強く感じました。

では、いつもじっと動かない植物ではどうでしょうか。植物には意識があるのでしょうか。つまり植物は、考えているでしょうか。東京大学総合研究博物館の大場秀章教授は、その著書(2)の中で、植物には「会話し、変身し、動物を操る」、「人間なんか目じゃない知恵」があると述べています。大場教授が言及しているハン

マーオーキッドという植物を観察します。(3)

ハンマーオーキッドは、花びらを雌のハチに擬態させ、雄バチをおびき寄せます。そしておびき寄せられた雄が、雌のハチと勘違いして交尾活動をしようとした花に抱き付いた瞬間に、オスの体ごと花を回転させ、雄の背中に花粉を擦り付け、繁殖を図ります。

もし、花が偶然にハチのメスに似ただけだとしたら、自ら動いて花粉のスタンプを押す合理的な行動が、どうしたら生まれるのでしょうか。ハンマーオーキッドは、自分の花の形が、ハチのオスにどう見えているか、また自らオスをおびき寄せているのだと、意識できているからこそできる行動だと言えるのではないでしょうか。

もっと小さな生物ではどうでしょうか。ゾウリムシはその名のごとく、草履のような形をした原生生物で、目で見ることができる最も小さな生物です。

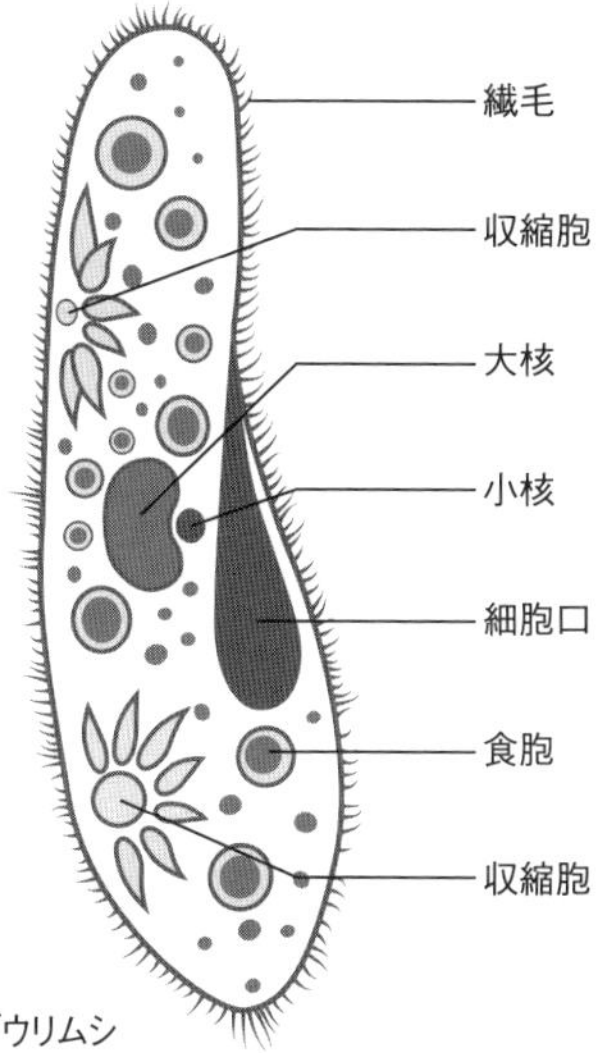

ゾウリムシ

全身が細かい繊毛で覆われた単細胞生物で、人類などと比べると非常にシンプルな仕組みと言えます。ところがそれでも、人体と同じ仕組みが備わっています。まず食べ物に向かって進み、口から食べ物を取り込んで、分解し、消化し、吸収し、エネルギーを取り出し、不要なものを排泄します。生物として外部の刺激に応答して物質を取り込み、エネルギーを得ています。ゾウリムシは、たくさんの繊毛を操って前後左右に動き、体の前後に2つある収縮胞を操ることで上下運動をして、水の中を自由に動いています。

このゾウリムシは何事も無い時は、お互いに適当な距離をとって散らばり、平和に生活しています。ところがその環境に弱い電流を流すと、ゾウリムシは常にマイナス極に向かいます。次に、ゾウリムシが普通に暮らしている環境に、酸を垂らす実験を行ないます。弱い酢酸（0．02％）を垂らすと、ゾウリムシはみな寄って来ます。ところが強い酢酸（0．2％）を垂らすと、ゾウリムシは一斉に逃げ、遠ざかります。やはり意識があって、生き残るために必死で体を動かしているのだと感じられます。

こうして生物の歴史を遡って観察すれば、全ての生物には意識があって、意識は生命活動の中で極めて大きな働きをしていると考えざるをえません。最も原初の生物であるとされる大腸菌でも、生きるためにエネルギーを得る必要があります。すると、あらゆる生物に意識があり、生物は意識の力でエネルギーを得て、生きているのだと言えます。

では、意識と生物はどちらが先に出現したのでしょうか。生物が先に生まれて、生物が自分の体を操る道具として、生物が意識を生み出したのでしょうか。だとすると、生物は活動に必要なエネルギーを、どのようにして物質から取り出すことを知ったのでしょうか。それとも、意識が先に出現して意識が生物を生み出したのでしょうか。そうだとしたら、どのようにして意識は物質を操るのでしょうか。

まず、意識と生物が出現した順序から考えたいと思います。出現の順序を、コンピューターを例にして考えてみます。人類はコンピューターを操ることができます。それは、人類がコンピューターを発明したからです。人類が発明したコンピューターだからこそ、私たちは次々に進化するコンピューターを難なく操ることができます。

では、コンピューターと人類はどちらが先に生まれたかと問われれば、誰もが間違えようがありません。それは、何かを操る「もの」と、何かに操られる「もの」が存在する時には、操る「もの」が操られる「もの」のシステムを、先に発明あるいは開発していたという事実を、人は知っているからです。

操る「もの」が、自分が操る対象となる「もの」を発明するなど工夫して、熟知しているからこそ操ることができるのは自明です。つまり、操る「もの」は、操られる「もの」より確実に先に存在していることになります。もしコンピューターが人類よりも先に存在していて、コンピューターが人類を発明したのだとしたら、人類はコンピューターを操ることができるのでしょうか。

ではここで、「意識が細胞を操ることで、生物は生きている」のだとしか思えない例を観察したいと思います。南方熊楠が観察して有名になった、キイロタマホコリカビです。キイロタマホコリカビは、高さが2~3ミリ程度の生物で、土台の上に伸びた柄の先に大きく膨らんだ胞子嚢を備えています。

最上部に位置する胞子嚢が弾けると、辺りに胞子が飛び散り、着地した胞子は割れて発芽し、中からアメーバ様の細胞が出ます。アメーバ様細胞は辺りの大腸菌などの細菌を餌として食べ、細胞分裂を行なって増えます。周囲に餌が無くなると、ある個体がアクラシンという物質を出します。

すると、周囲のアメーバ様細胞はみな一斉に、自身もアクラシンを出しながら、中心となる個体の方へ向かって集合します。数千から数万の細胞が集まると、合体して立ち上がり、再び倒れてウジ虫のようになり、餌を求めて移動を開始します。餌がある場所まで来ると、再び立ち上がって下方の細胞は上方へ向かって昇り詰め、そして元の形に戻ります。キイロタマホコリカビは、単細胞の時期と多細胞の時期を交互に繰り返すという生活環で生きています。

このように、キイロタマホコリカビは飢餓状態になると、ある個体が出すアクラシンに気づき、自らもアクラシンを出しながら集合し、協調し、共働し、次世代を生み出す行動をします。ところで、このキイロタマホコリカビの将来、胞子嚢の土台や柄になる予定の細胞は、ウジ虫様の全身を先導して進みます。そして胞子嚢が弾けると、役目の終わった土台と柄の細胞は、その場で死滅します。意識があって、意識によって体を操っていると考えなければ、できない業《わざ》ではないでしょうか。

そのように考えると、意識が細胞を自由自在に操って生命活動を行なっているということは、意識の方が先に存在していて、意識が生物を発明したと考える方が自然です。具体的な仕組みについては、このあとで詳しく考察します。

意識は生物の体のどこにあるか

意識がどのようにして生物を発明したかを考える前に、意識に関する第3の疑問、「意識はどこにあるか」を考えます。意識はどこにあるかを考えるには、意識が「体の一部にあるのか、全体にあるのか」、「体の内部にあるのか、外部にもあるのか」という2つの検討が必要です。

まず、前者。私たちは外部の変化を刺激として全身で感じると、その結果、全身を意図的に動かすことで刺激に応答しています。したがって、「意識は体全体にある」という考えに疑う余地はありません。問題は後者です。「意識は体の内部だけにあるのか、外部にもあるのか」ということになります。そこで意識の所在を、次のような擬態生物の観察と音の知覚など、3つの証拠で考えます。

まず、擬態生物を観察してみましょう。(4)

擬態動物は、外敵から身を守るために周辺の環境と見誤るほどの体で、身の安全を確保しています。ある人はこの擬態動物を、「たまたま偶然に突然変異で生まれた個体が、捕食されずに生き延びた結果だ」という見方をします。しかし、そう考えるには擬態生物の体の作りは、あまりにも見事すぎるのではないでしょうか。あの見事なまでに擬態した体が突然、偶然に出現する確率は、「決してありえない」ほど低いに違いありません。ところが、擬態生物は動物にも植物にも無数に存在します。ということは、擬態生物は何百万年もかけて意図的に遺伝子ＤＮＡを操り、自ら自分の体を環境に似せる工夫を行なったと考えたほうが、むしろ納得できるのではないでしょうか。

まず、その証拠を私は、次のように説明したいと思います。擬態動物が何も教育されないのに、「ここなら安全」ということを知るためには、環境にまぎれている自分を意識できなければなりません。また、どんなに素晴らしく枝に似せていても、もし止まる植物を間違えたら、たちどころに捕食者に捕獲されてしまいます。

このように、環境の中にまぎれている自分を知って安全を確認するためには、自分の体を環境ごと見なければならないと考えるのが普通です。というのも、自分の外部を見ている肉体の眼で普通に意識を働かせたのでは、自分の体の全体が環境にまぎれていることを認識できないはずだからです。したがって擬態が成立するためには、自分が今いる環境の中で「安全である」ことを、肉体の眼以外の他の方法で確認できなければなりません。なぜなら自分の背中が見事に枯れ葉に似ていても、肉体の眼で自分の足下を見ただけで、「ここが安全」だとの確信は持てないはずだからです。

つまり、自分の体を自分の外部から意識できなければならないことになります。擬態生物を観察した結果は、

「意識は体の外にもある」と考えなければ、説明がつかないのではないでしょうか。

「意識は体の外にもある」という考察を、確信に変える植物があります。例えば、さきほど例に出した、ハンマーオーキッドです。

ハンマーオーキッドの生態を見れば、植物は確かに脳以外の仕組みで思考し、感覚器以外の仕組みで感じていると言わざるをえません。この植物が思考し、感じている仕組みが意識のはずです。そして、意識は外部を観察し、変化に気づき、判断し、応答しています。意識が確かに体の外にも及ぶという、有力な証拠だと言えるのではないでしょうか。

意識の所在を考える第3の例を、母親が雑踏の中で我が子の声を聞き分けたり、あるいは恋人同士が騒音の中で囁き合うという、ありふれた現象で考えます。

音は、音源となる物質が衝突して空気を振動させることによって生じます。音は、その空気の振動が空気を媒介として伝わる空気の粗密波です。空気の粗密波が鼓膜に達すると、鼓膜がその粗密波によって振動し、3つの耳小骨を経て、内耳の渦巻き管に伝えられます。渦巻き管では、音が周波数ごとに電気信号に変換され、神経を伝わり脳に届いて、脳で音が知覚されます。

ところで、鼓膜には絶えず周囲からさまざまな音が達しています。その時、聴きたい音だけを聴くなら、特定の音だけを選択的に増幅して聴く仕組みが、耳のどこかに存在しなければなりません。

そこで、その仕組みを耳鳴りという現象で考えます。耳鳴りは、内耳にある渦巻き管の異常緊張が原因で起こるとされています。この耳鳴りを人は自由に止めることができません。すると、内耳以降には音を選択する機能は無いことになります。

次に、補聴器を使って新聞を読む実験を行ないます。実験を開始すると、補聴器を付けた状態では、新聞紙が動く時のバリバリという音が、とても耳触りだと気づきます。その結果、音を選択する仕組みは、外耳にも、そして鼓膜から渦巻き管の間にも無いことが分かります。したがって、音を選択する機能は内耳には無く、中耳にも外耳にも無いことになります。しかし、現実に私たちは聴きたい音だけを増幅して聴けるのですから、特定の音だけを選択して聴く仕組みは、鼓膜の外になければならないことになります。

以上の観察によって、これまでの常識では受け入れがたいことだと思われますが、意識は体の内部のみならず、外部にもあると考えなければなりません。

意識は生物の中で何をしているか

では次に、「意識は生物の中で何をしているか」という疑問に移ります。ここで私は、現代人が「意識」という言葉にあまり注意を払っていないために、私たちはさまざまな現象を全て「意識」という言葉で一括りにしていることに注目したいと思います。

実際に生物を観察すると、生物が「意識」を使って行なっている行動には、実に多種多様なものがあります。例えば、さきほど怒りの感情が爆発する仕組みを考えたところで明らかにしたように、意識には思考のように意識できる仕組みと、「意識できない意識」があります。そこで、意識の働きの一つ一つを考察する中で、意識の仕組みの全体を明らかにしてみたいと思います。

私は、意識が生物の中で行なっていることを、次の7つで考えました。

意識の第1の働きとして、私たちが一般的に使っている、〝気づく〟という機能を挙げる必要があります。「梅干し」という名前を聞いて、即座に唾液を出すには、まず気づかなければなりません。このいう働きは、「意識できない意識」の一つです。「気づく」と

しかし、気づくだけでは唾液は出てきません。「梅干し」という言葉に気づいたら、過去の記憶の中から自分の経験を呼び覚まし、唾液腺に働きかけて唾液を分泌しなければなりません。すると、意識の機能には「気づく」という機能以外にもあることが明らかになります。

そこで意識の第2の機能として、さきほど述べたように、〝外部の刺激に応答するために、体の組織を働かせるスイッチを入れる〟という機能を加える必要があります。この働きなしには、外部からの刺激に応答することはできないからです。

次に、意識の第3の働きとして〝意識は、物質を操る〟という機能を挙げたいと思います。例えば、タバコモザイクウイルスという名前のウイルスがあります。1935年にアメリカの生化学者のスタンレーが、タバコモザイクウイルスを結晶化することに成功しました。結晶を電子顕微鏡で見ると、紙で巻いたタバコのように見えるこのウイルスの名前の由来は、タバコの葉にモザイク状の傷を付けるからです。

ところで、タバコモザイクウイルスは周りの環境が悪いと結晶になります。物質が結晶になるということは、物質が純粋であることの証拠です。ところがスタンレーが、物質であるタバコの葉に、物質である結晶を擦りつけたところ、ウイルスの結晶は再び元の生物としてのウイルスになって活動を始めたのです。

互いに物質同士が接触することによって、物質が再び生物になりました。では、この現象をどう考えたら良いでしょうか。結晶化した物質であるウイルスを、物質であるタバコの葉に擦りつけたとき、再び生物として

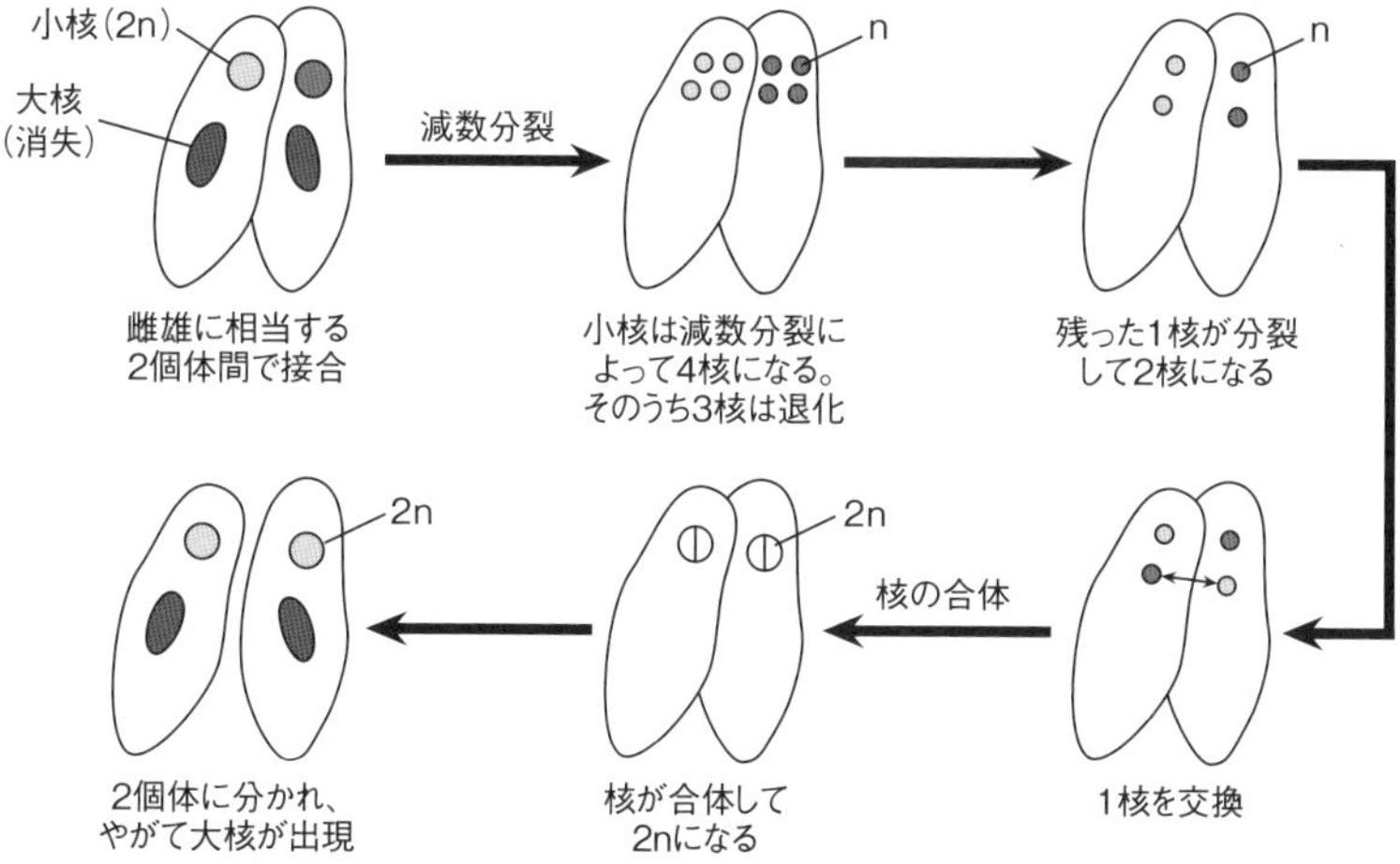

ゾウリムシの接合

環境が悪化すると2個体間で接合を行い、遺伝的に多様になる

のウイルスになるということは、タバコの葉は「自分はタバコの葉である」という主張を、物質である葉の外に出していることになります。

また、結晶化した物質としてのウイルスの意識は、物質で出来た体の外にもあることになります。ところでタバコモザイクウイルスは、核酸とタンパク質という2つの物質で出来ています。つまり、タバコモザイクウイルスが語っていることは、物質の外にある意識が物質を操って、生物と物質の間を生き来しているということになります。

第4に、〝意識は遺伝子DNAを操る〟を挙げます。その現実を再び、原生生物であるゾウリムシを観察することで得たいと思います。ゾウリムシは前述のように、草履のような形をした単細胞生物です。ゾウリムシは通常、1つの細胞が横に分裂して2つになる細胞分裂によって繁殖しています。ところが、環境が悪化すると同じ遺伝子DNAでは棲みにくくなります、するとゾウリムシは驚くべき行動に出ます。ゾウリムシは、自分とは違う遺伝子DNAを持っている個体を探し出し、お互いに体を接着させ、接着した部分の細胞膜を消して、お互いの遺伝子ＤＮＡを入れ替えます。そしてその後、離れて別々の個体となり、体を作り替えるのです。このような遺伝子ＤＮＡの交換法は、接合と呼ばれます。(5)

ところで、もしロボットが意味のある行動を自動的に行なうなら、そのロボットにはあらかじめプログラムが組み込まれているのを私たちは知っています。ロボットは外部の変化を認識し、あらかじめ組み込まれたプログラムに従って、電線に電子を走らせ、プログラム通りの行動をしたはずです。

では、接合では意識が遺伝子ＤＮＡを操っていると考えていいのでしょうか。それとも、遺伝子ＤＮＡは意識の働きとは無関係に、完全に独立した自動的な仕組みで、自らの構造を再構成しているのでしょうか。確かに、遺伝子ＤＮＡには構造的な仕組みがあって、４つの塩基が必ず決まったペアで向き合うという仕組みによって、あたかも自動修復されるかのような観があります。したがって、遺伝子ＤＮＡは自動修復を行なうと一般的に考えられています。

そこで、本当に遺伝子ＤＮＡが自らの中の物理的・化学的な構造が決定する仕組みだけで、完全に自動的に働いているのかを考える必要があります。

その問題を解くために、白髪を観察します。白髪は遺伝子ＤＮＡのミスコピーによって生ずると言われています。もし遺伝子ＤＮＡが完全に自動修復されるのなら、遺伝子ＤＮＡはミスコピーを見つけ次第、自動修復すれば良いことになります。そして、そうであるのなら白髪は生じないはずです。

また、正常細胞の遺伝子ＤＮＡが傷ついて発症するガン細胞も、遺伝子ＤＮＡの自動修復機能が働くなら、生まれないはずです。すると、ゾウリムシの接合という生態において接合を生み出しているのは、遺伝子ＤＮＡ自身の自動的な働きではなく、生物という物質に生命活動を行なわせている意識が、意図的に遺伝子ＤＮＡ

を操っているのだと考えなければなりません。

次に、意識の第5の働きとして、〝進化を意図する〟という機能を挙げたいと思います。例として、キリンとオカピを挙げます。

キリンは、サバンナに住む、とても首が長い独特の形状をした動物です。オカピは１９０１年に発見された動物で、キリンと共通の祖先を持つと言われています。オカピはシマウマほどの大きさで、後ろ脚には縞があるので、最初はシマウマの仲間ではないかと考えられていました。ところが、決定的に違うのはシマウマが馬の仲間として草を食べるのに対して、オカピはキリンのように木の葉を食べることです。また蹄の形（シマウマは奇蹄目、オカピは偶蹄目）などの他にもさまざまな調査があり、今ではキリンの仲間とされています。

キリンとオカピの共通の祖先は、元々オカピのように森の中に住んでいました。そんな中で、キリンは森から出てサバンナに行くことを選んだのです。キリンたちはその過程で、より過酷な環境でも生き延びられるように、首が伸びる方向に進化したのだと考えられます。

それは、どのように起こったのでしょうか。森から出たことで急に首が伸びたのでしょうか。そんなことはありえません。なぜなら、キリンの首が長くなるためには、前もって２つの準備が必要だったからです。

写真上／ズーラシア横浜動物園のオカピ
写真下／JR上野駅、上野公園口、駅前路上

キリンの首は太く長いので、そのまま首を下げると、急激な血液の量の変化で脳を破壊してしまいます。そこで、キリンには自由に生きるための工夫が、静脈と動脈の両方の血管に備わっています。

キリンが脳溢血にならないための第1の工夫は、首を下げると同時に血液の逆流を防ぐために閉じる静脈弁です。静脈弁が出来たのはいつでしょうか? キリンになってからでは、キリンは水を飲むたびに脳溢血になってしまいます。すると、静脈弁はキリンになる前に準備されていなければならないことになります。

キリンが脳溢血にならないための第2の工夫は、ワンダーネットです。キリンの首は心臓から3メートルも上にあります。そのため、血圧がとても高くなっています。その高い血圧のまま首を下げると、やはり脳の血管が破壊される恐れがあります。そこでその高い血圧を緩衝するため、脳の直前の動脈にワンダーネットと名付けられた血管網を持っています。(6)

首が短いオカピには全く不要なワンダーネットでも、キリンが生きるためには必需品です。ところが、ワンダーネットはオカピにもあります。そして現在、ワンダーネットを持っている動物は、キリンとオカピ以外にはいません。そしてさらに、ワンダーネットは首が伸びる進化を遂げる前の共通の祖先からも発見されています。ということは、キリンは長い年月をかけ、静脈弁やワンダーネットなどの器官を準備し、工夫した上で進化を遂げてきたと考えなければなりません。

このように、生物の進化は実に周到な準備のもとで行なわれています。ある生物が、新しい環境に出て適応するためには、ある一定の方向に向かって進化を進めなければなりません。つまり、自分がこれからどのような方向に進むかを、あらかじめ意図していなければなりません。それが私が、「意識には進化の意図が含まれている」と考える根拠です。

第6に、〝意識は体内での生命活動を営む〟を挙げなければなりません。そこでもう一度、ゾウリムシを観察します。ゾウリムシは、細胞内消化という活動をします。

まず物質を摂り込んで消化し、分解してエネルギーを取り出し、不要になったものを排泄します。その過程の全てに遺伝子DNAは全く関与していません。摂り込まれた食物は、細胞内の一定の場所に運ばれ、そこでそれぞれ処理されます。細胞内消化では、一連の動きが意図的に行なわれているのが分かります。

この能動的な輸送は、細胞が死ねば起こりません。したがって、細胞内で自動的な活動が起こっているわけでは決してありません。したがって意識が、体内で物質を処理してエネルギーを得るという生命活動を果たしている結果なのだと言えます。

第7に、〝活動最適時を判断する〟という活動を挙げます。原初の生物以来、ずっと続いていると考えられている生物は、細胞分裂によって増えています。細胞分裂を行なう時、紫外線があると遺伝子DNAが傷つく恐れがあるため、原初の生物は日光の強くない時を選んで細胞分裂を行なっています。

通常私たちは、教えられている通りに脳で判断していると思い込んでいます。その結果私たちは、判断は脳で行なっていると信じています。ところが、脳を持たない生物も皆、判断して生きていることになります。意識が細胞分裂を行なうのに「最適な時間を選ぶ」という判断のもとに活動をしているのだと言えます。

以上、意識は生物の体の中で、①外部の変化に気づく、②体の組織を働かせるスイッチを入れる、③物質を操る、④遺伝子DNAを操る、⑤進化を工夫する、⑥体内での生命活動を営む、⑦活動最適時を判断する、という少なくとも7つの活動を行なっていることになります。

意識の本質は何か

さて、意識はどのような構造を持っていれば、いま挙げたような7つの機能を発揮することができるのでしょうか。そこで、今度は意識の本質とは何かを考えてみたいと思います。

生物を生かしている力に関して、18世紀中頃以後、一部の生理学者・哲学者によって、「生命現象には、物理・化学の法則だけでは説明できない独特な生命の原理（活力）がある」として『生気論』も唱えられています。多くの人によって、生物が細胞の中で能動的に物質を輸送し、生命活動を行なう仕組みを明らかにしようとして来ました。そこに私は、「意識は、進化を工夫する不滅円環運動電子の集合である」という仮説を加えたいと思います。

というのも、意識の本質を考える中で、「アメーバはなぜ動くか」という古くからの疑問を再考したとき私は、仮説を生み出さなければ、この疑問を解けないと考えてきたからです。

ではまず、人類がどのような仕組みで動いているかを考えます。人類の体は、筋肉の働きで動いています。その筋肉は細い「筋繊維」がひとかたまりになった「筋束」がたくさん集まって出来ています。それぞれの筋繊維は、さらに細い「筋原繊維」がたくさん集まって出来ています。筋原繊維を作っている最小単位は、ミオシンとアクチンというタンパク質がつくる「フィラメント」です。つまり、私たちはミオシンとアクチンというタンパク質によって活動していることになります。

次に、原生生物である「アメーバはなぜ動いているか」を考えます。実はアメーバも人類の筋肉の構造と同じ、ミオシンとアクチンというタンパク質を操って動いています。ミオシンというタンパク質の粒子が細胞内を移動することで活動が起こっています。アメーバも生物です。そのため、アメーバも餌となる物質方へ動き、外部から物質を取り込み、その物質の中に閉じ込められているエネルギーを取り出す活動によって生きています。ところで、私たちは体（筋肉）を意識して動かすことができます。一方、アメーバも私たちと同じタンパク質の構造で動いているなら、アメーバも本質的には私たちと同じ仕組みによって動いてるはずです。そこで私は、アメーバも意図的にタンパク質粒子を操って行動しているのではないかと考えました。これが「アメーバはなぜ動くか」と考えれば、意識の仕組みを解き明かせるのではないかと考えた根拠です。

そこで、全てのホルモンもタンパク質の粒子であることを考えると、生命活動とは「細胞内で、タンパク質を意図的に移動して、目標を達成する仕組み」だと言えます。すると、細胞の中でタンパク質を移動させる仕組みの解明こそは、人類の新しい未来を拓くテーマとなるに違いありません。

さて、人類の体はおよそ水が65％、タンパク質が20％で構成されています。絶えず作り替えられている細胞も、細胞を活性化させるホルモンも生物の体のほとんどはタンパク質で出来ているので、タンパク質が何であるかを考えます。

タンパク質は多数のアミノ酸がつながった構造をしています。アミノ酸の構造を考えると、1個の炭素原子に、アミノ基、カルボキシル基、水素原子、および側鎖が結合しています。この側鎖の構造の違いによって、違ったアミノ酸になります。アミノ酸が多数つながったもののうち、生物的機能を示すものが、タンパク質と呼ばれます。

次に、タンパク質のアミノ酸のつながり方を見ます。アミノ酸が横一列につながっている構造を、一次構造と言います。そのアミノ酸の分子の紐が、クルクル巻いてコイル状になったり、平面状に並んでシート状になったりする構造を、二次構造と呼びます。

どんなタンパク質も必ずこの二次構造を持っており、二次構造のコイル状になった部分やシート状になった部分がつながって、大きな構造を作ります。その構造を三次構造と呼び、三次構造が複数集まってできる、さらに複雑な構造を、四次構造と言います。

どのタンパク質も、アミノ酸の1本の紐が折れ曲がって、立体的な構造になっています。タンパク質は1本の紐が折れ曲がった構造ですから、必ず2つの端があります。そのため、どんなタンパク質も両端をつまんで引き延ばすと、1本の紐になります。

タンパク質の2つの端は、一方がアミノ基で、他方はカルボキシル基です。ご存知の通り旧ソ連の生化学者オパーリン（1894~1980）は、「生物は海の中で誕生した」と主張していますが、水の中ではタンパク質はイオン化しています。したがって、アミノ酸にはプラスとマイナスの電荷を持つ2つの極があります。アミノ酸の一方の端のアミノ基はプラスイオン、他方の端のカルボキシル基はマイナスイオンとして存在しています。

すると、水の中のタンパク質は電気を通す導体となって、導体中を－極から＋極へ電子が流れます。その結果、－極の電子が不足し、＋極で電子が余ります。そこで、中学校の理科でやった電池の実験などを思い浮かべれば、水の中ではタンパク質の＋極から－極へ向けて、電子が流れることになります。タンパク質内の電子の移動がなければ、タンパク質は生物的機能を果たせません。この理由のために、生物の発生には水が必須なのだと言えます。

また、中学時代の理科の時間に行なったカエルの筋肉に電気を流す実験では、カエルの足に電気が流れると足が動いたことを思い出されるでしょう。あの実験から分かるように、神経は電子の流れで情報を伝えています。

さらにまた、あらゆる生物の細胞には細胞膜という膜があります。膜の内側と外側は電圧の差があり、電圧の差を起こす電子の流れによって、生命活動が行なわれています。つまり、私たちの体の中は電子の流れがあって、コンピューターと同じように電子の流れでコントロールされていることになります。結局、生命活動は電子の流れなのですから、電子の流れと意識が結びつけば、意識の構造を明らかにできることになります。

そこで、意識の機能を明らかにするために、直接的に電気を操る生物であるデンキウナギを観察します。獲物を得るために電気を使う技術を特化させて進化したデンキウナギは、南米のアマゾン川などに棲息する魚で、成長すると２ｍ以上にもなります。デンキウナギは、通常は泥水の中で生きているので目は発達していません。

デンキウナギ

そして、見通しが利かない泥水の中で獲物を獲る方法として電気を用いており、餌を獲る時には、８００ボルトもの電圧を起こします。しかし、通常はちょうどコウモリが超音波を発しながら空を飛んでいるように、デンキウナギは絶えず低い電圧の電気を放出して、獲物を探しています。

低い電圧の電気、つまり電子の流れをレーダーのように使うことで獲物を探し、獲物の存在が意識されるや、高い電圧を放出して獲物をしびれさせ、動けなくして捕食します。電気を使って獲物を捕る魚は、他にもデンキナマズやシビレエイなどがいます。

生物が電気という電子の流れを意図的に扱うことは、こうした事例からも見ることができます。つまり、デンキウナギは意識の力で意図的に電子の流れを操る能力を増大させた生物だと言えます。

ここで、目を物理学に転じます。「タンパク質にはコイル状の部分があって、電流が流れている」となれば、ひらめくものがあります。1820年に、エルステッド（1777～1851）というデンマークの物理学者が、電気を通す物質に電流を流すと、その周りに磁界が発生することを発見しました。エルステッドの発見の後、同じ年にフランスの物理学者のアンペール（1775～1836）が、電流を流すと右ネジを締める方向に磁界が生ずることを発見しました。アンペールはさらに、電流が流れる方向に右手でコイルを掴んだ時、親指の方向に磁力線の束である磁束が発生することも発見しました。

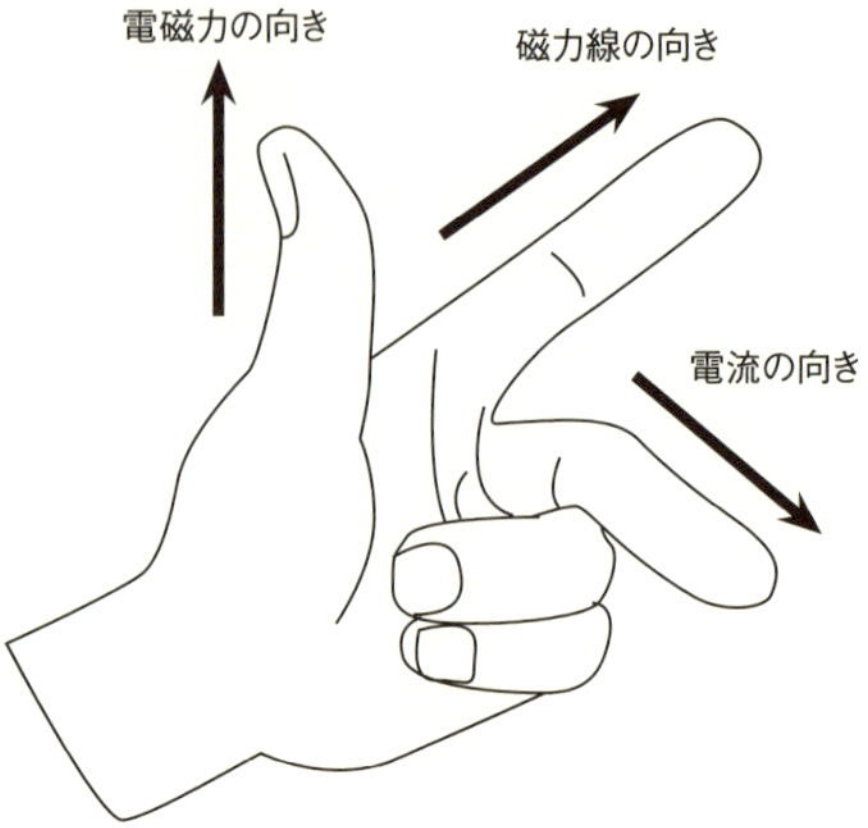

ここで、電流と磁力という言葉を見ると、中学時代の理科の時間に習った『フレミングの左手の法則』（上図）を思い出すでしょう。「磁力がある場に、磁力と直角に交わるように電流が流れると、磁力と電流の双方に直交するような力が働く」というものです。これは、モーターが動く原理です。

そこで、アメーバはミオシン粒子の移動によって動いていることを思い出してください。細胞内にあるミオシン粒子が移動すると、網状のアクチンとの相互作用が起き、足のように見える仮足が伸びてアメーバが動いています。その時、ミオシン粒子の電流が流れているコイル状のタンパク質の部分には、磁力線の束である磁束が貫いています。その磁束に電子の流れがあれば、フレミングの左手の法則によって、図の太い線の方向に力が働いて、タンパク質が細胞内を動くことになります。

このように考えると、細胞内のタンパク質が細胞内を動くためには、電子の流れは細胞を真上から貫くように流れていなければならないことになります。つまり、タンパク質を操る電子の流れは、細胞の外から中を貫いて存在していることになります。すると、その考えは、これまで観察してきたように、「意識は細胞の外にもある」という考えと符合します。

さて、「アメーバは、意図的にタンパク質粒子を操作して行動する」ことと、「タンパク質は電子の流れで動く」という2つのことは、何を意味するのでしょうか。

まず、アメーバの観察から「アメーバは、意図的にタンパク質を電子の流れで動かしている」のですから、①「意識は電子の流れ」だと言えます。

また、デンキウナギの観察から「デンキウナギは、意図的に電気を操って狩りをしている」のですから、②「意識は電子の流れを操ることができる」と考えられます。

また、意識が操る電子の流れが、バラバラに動いては統一のとれた行動にならないのは明白です。したがって、「③あらゆる生物には、電子の流れを統括して管理するための〝統理中心〟と名付けるべき中心が必要である」ということになります。（次ページ図参照）

あらゆる生物は、この〝統理中心〟で外部を観て判断しているのだと考えれば合理的だと思われました。さらに私たちの行動を考えれば、意図的に一定の方向に動き続けることができます。電子の流れる向きによって、タンパク質の動く方向は決まるわけですから、一定の方向に動くには、電子が連続してタンパク質を貫く必要

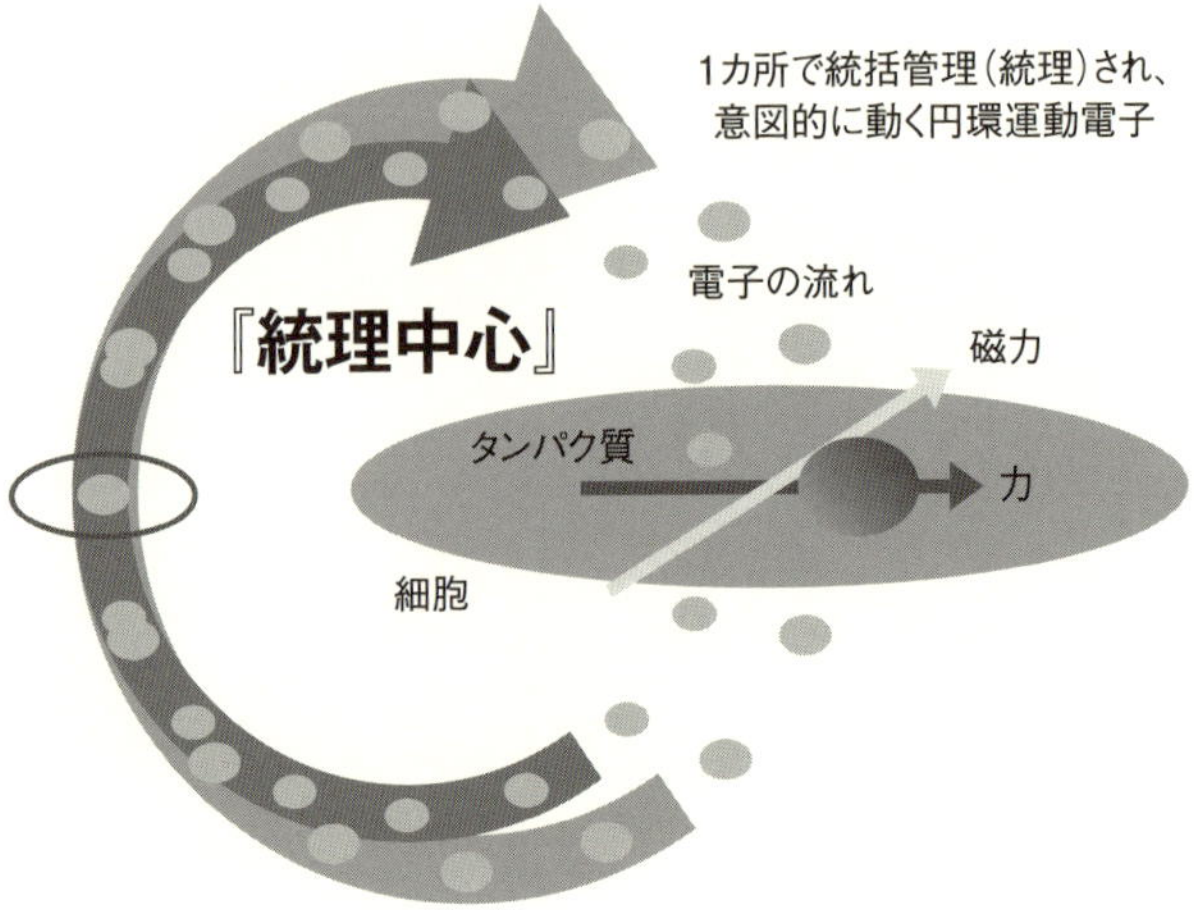

があります。タンパク質を意図的に継続的に移動させるには、電子の流れが前述の〝統理中心〟を必ず通って、④「円環運動をしている」と考えるのが自然です。

ところで、意識の本質が電子であると考えることによって、多くの人が昔から疑問に感じていた２つの問題に新しい答えを出すことができます。それは第一に、「人は、悲しいという心の働きによって、なぜ涙という物質を生み出すのか」という疑問です。これまで考えてきたように、心（意識の働き）が電子の流れだからこそ、電子の流れで機能を変化させる涙腺細胞に働きかけることができることになります。

また、第二に「渡り鳥は、どうして海を越えて長い距離を渡ることができるのか」ということです。渡り鳥の能力を解くには、地球が大きな磁石であることを思い出す必要があります。意識が電子の流れであれば、真っすぐに伸ばした首の神経の周りには、イギリスの化学者・物理学者であるファラデー（１７９１〜１８６７）が発見した電磁誘導の法則によって、磁界が生じます。渡り鳥は、その磁界と地球の磁力線を合わせることによって、間違いのない方向を決めることができるからだということになります。

また、渡り鳥が磁気に満ちている中を動くことによって、神経の中に電子が発生するに違いありません。その電子の働きで、体内にエネルギーが発生していることも考えられます。そのため、渡り鳥は疲れずに大海原を渡ることができるのだと思われます。

磁気を感じて生きているのは、渡り鳥だけではなく、海の中では、大きな海を回遊して生きているシロワニなどの魚も地磁気を感じて生きていると言われます。

渡り鳥やシロワニが地磁気を感じるという生態も、意識は電子の流れであることの傍証となります。なぜなら、地磁気の変化を感じるためには磁気の変化を力として感知しなければならないはずだからです。そのためには、自分の中に磁針が組み込まれていなければなりません。

神経を電流が流れているからこそ、体の中に磁場が生まれています。その時、地磁気の変化を意識することができるなら、意識そのものが磁針である必要があります。というのも、ファラデーが発見した電磁誘導の法則によって、意識が電子の流れであればこそ磁気の変化を感じることができるからです。

シロワニ

また、前述したように擬態生物の見事な擬態を見ていると、これが突然に偶然に生まれたとは、到底考えられません。少しずつの変化がたくさん集まった結果であろうと考える方が科学的です。すると、個体が世代を重ねるたびに、新しい工夫が次々に意図的に加わっていく必要があります。変化がバラバラに生じたのでは、あんなに見事になるはずがないからです。

すると、意識は個体の死の前後でつながっていると考えなければなりません。そして、同じ擬態をより完成度を高めるようとする同じ意図が、世代を超えて記憶され続ける必要があります。ということは、⑤「意識は不滅の記憶情報として、世代を超えてつながっている」と考えなければならないことになります。

以上の①～⑤のような私の主張に、先ほどまで見てきた、「意識は生物の体のどこにあり」、「何をして」、「いつからあるのか」という疑問に対する答えの全体をまとめ、「意識の本質とは何か」を表したのが、私が考える「意識は、進化を工夫する不滅円環運動電子の集合」という仮説です。

意識は体の外まで広がり、遺伝子ＤＮＡを操り、進化を工夫する中で、永遠不滅の記憶情報として生き続けていると考えることで、生命についての科学的な説明が可能になる、と私は考えてきました。

意識と物質は、どちらが先に出現したか

では、最後の疑問、「意識は、いつからあるか」を考えます。生物のどこを見ても、物質以外は何も観察できません。そしてこれまで考察してきたように、生物は意識によって生きています。そこで私は、生物を定義して「生物とは、意識の働きによって生命活動を営む物質である」としてきました。そのため、「意識はいつからあるか」という課題は、「生物の体を構成している物質と意識は、どちらが先に存在したか」を考えることになります。

私たちはこれまで、「人は、生まれて、生きて、死ぬだけ」だという考え方に慣れ、またそうのだと固く信じてきました。そんな中で「意識は、肉体の死と共には消えない」などと言おうものなら、これまでの経験でよく知っていますが、全く無視されるか、憐みの目で見られるのが常でした。そして、「頭がおかしい人」と

決めつけられて、以後、同じ世界に住む住人とは見られなくなります。しかし、本当のところはどうでしょうか。

私たちは本当に、「生まれて、生きて、死ぬだけ」の存在なのでしょうか。私に好意的な人は、よく考えたあとで私の考えを受け入れられない理由として、「もし、生まれ代わり、死に代わりという事実があるのなら、自分の中に過去世の記憶があるはずなのに、その存在を全く感じられない」と言います。

その反論を聞いた時に、「それは素晴らしいアイデアだ」と感じました。なぜなら、そこに意識の機能を納得する、有効な手立てがあると考えたからです。

記憶とは、過去に経験したことが意識の中に情報として残っていることです。ですから、この人生で経験したことのない記憶が意識の中にあれば、自分が生まれ代わった証拠として確かで、また信じられる体験になるでしょう。なぜなら「梅干し」という言葉を聞くと唾液が出るように、記憶があって意識が都合良く働きます。記憶とは、経験した内容が意識の中に残っていることです。ですから、もし意識の中にこの人生で経験していない記憶があれば、それは意識が不滅の記憶情報だという証拠になるからです。

ところが、誰もが経験しているように日常生活の中では、自分の意識の中にある過去世の記憶には、全く気づくことはできません。しかし、普通の生活をしている中では決して気づけない過去世の記憶でも、観察できる方法が3つあります。

第一の方法は、自我・理性を消した状態になること。つまり、深い瞑想状態になることです。古来東洋においては、この方法で悟りを開いたたくさんの人々の記録が残されています。悟るとは、「自分の中に、過去世の記憶を観るという証拠によって、絶対安心に辿り着くこと」だと私は考えてきました。過去世の記憶を確かなものとして観れば、魂の不滅を知ることになります。すると、死は単なる通過点に過ぎないことを知り、絶対安心を実現することになります。ですから、悟りを開いた多くの人々が、「観よ！　観よ！」と口を揃えて叫んでいるのだ、と考えてきました。しかしながら、この深い瞑想状態になるという方法は周知のように、多大な訓練時間を必要とします。

そこで、過去世の記憶を納得する第二の方法として、特殊な能力を持った人を観察するという方法がありま す。「白痴の天才」と呼ばれ、「サヴァン」と名付けられた人たちがいます。サヴァンとは、「重度の精神障害を持ちながら、それとは裏腹に音楽や美術、計算、記憶などに卓越した能力を示す驚くべき人々」のことです。日本人では、山下清が有名です。

サヴァンと呼ばれる人たちは、ＩＱは50程度で、一般に学習能力がないと言われています。ところが、彼らは、生まれて初めて、しかもたった一度聞いただけのチャイコフスキーのピアノ協奏曲を一音も間違えずに始めから終わりまで見事に弾いたり、素晴らしい絵を描いたりします。繰り返しになりますが、「学習能力がない」のですから、学んで習得した技術ではないということになります。[7] すると、一般的に信じられているように、人が脳によって学習するならば、学んでない情報がどうして脳の中にあるのでしょうか。そして周知のように生物は、脳を持っている生物より、持たない生物のほうがはるかに多いのです。さらに無から有は生じませんから、その情報や能力は脳の存在とは無関係に伝達されたと考えなければなりません。

では、伝達されるものとして遺伝子ＤＮＡの中に記憶がある、という考えはどうでしょうか。例えば、大腸菌は最も原始的な生物だとされています。細胞当たりのＤＮＡ含量を見ると、確かに人類は大腸菌の千倍ほどあります。

しかし、ＤＮＡの中の遺伝子の数そのものを比較すると、人類の遺伝子の数は大腸菌のたったの7倍でしかありません。そして、ＤＮＡが多いほど生物が賢いのなら、オオサンショウウオやヤマユリは人類の10倍もあります。

もし、遺伝子ＤＮＡの中に記憶が蓄積されるのなら、5千年前のミイラと現代人の遺伝子ＤＮＡを比較すると、複雑な現代を生きる現代人の方が多くなければならないのに、そんなことはありません。また、人類と最も遺伝子ＤＮＡが近いとされるチンパンジーと人類の遺伝子ＤＮＡは、たった1．5％しか違わないことが明らかにされています。

すると、脳や遺伝子ＤＮＡの中に記憶があると考えるのは、全く科学的ではないことになります。人生の経験以外の記憶は、脳や遺伝子ＤＮＡの中には確実に無いことになります。したがって記憶は、生物という物質に生命活動を営ませる、意識そのものの中にあると考えざるをえないことになります。

しかし、そうは言われても、やはりまだ「意識の中に記憶があるなんて腑に落ちない。ただちに信じることはできない」と感じるかもしれません。自分の体験として確かめることができれば、それ以上の確認方法はありません。

そこで第三の方法は、勇気を出して催眠状態を体験してみることです。米国ミシガン州立大学医学部精神科教授のブライアン・L・ワイス博士が出版した著書[9]の巻末には、「前世を観る方法」が掲載されています。あまりにも簡単であることに驚き、目を疑うことでしょう。なぜなら心と体から緊張を除いて、姿勢と呼吸を調え、自我と理性をちょっと脇に置けば、誰にでも体験できることだからです。

かつて白隠《はくいん》禅師は、悟るための技法として『隻手音声《せきしゅおんじょう》』を提唱しました。「両手を打った時にする音を、片手だけが出すのを聴いてみよ」ということです。「この方法で、たくさんの人が悟りを開いた」と手紙の中で語っています。「片手の音を聴く」ほどに「意識の状態を日常の意識から変性できた時には、過去世の記憶を簡単に観ることができる」と言っているのだ、と私は考えてきました。

白隠禅師の方法は、確かに短時間で過去世を観ることができる優れた方法だと思われます。しかしその方法を試すことは、これまでずっと自分の人生の主人公だと信じてきた理性を脇に起き、考えてもみなかった心の奥底を信頼することになります。大きな決心と、自分一人で静かに安心して座れる環境が必要になります。

また催眠とは異なりますが、東京大学の医学部大学院教授であった矢作先生は、自身の医師としての体験を通して、「人は死なない」という結論に至り、その結果を同名の書物として発表しました。(10) 実は多くの人が、現実に起きた自分の体験に口を閉ざしていますが、同じような結論に達している人が意外と多いことは、私自身の体験からも言えます。

意識が個体の死を超えて引き継がれ、記憶が意識そのものの中にあることを、別の観察を通して感じとるために、生物の進化という観点から考えてみます。

化石によって確かめられているように、爬虫類である恐竜から進化して始祖鳥が生まれ、やがて見事な鳥が誕生しました。そのことを見ると、あらゆる生物は幾千もの世代を超えて、何万年もの時間をかけて進化してきたのだと思われます。

さきほども述べたように、ある方向に向かって進化が続くためには、古い体の記憶がある上に、新しい工夫のイメージが受け継がれていく必要があります。したがって、意識の中に古い設計図が記憶として残っていて、そこに新しい工夫が組み込まれ、少しずつ進化してきたと考えなければなりません。

なぜなら、一般的に考えられているように意識が肉体の死と共に消えていたら、言い換えれば、生物が「生まれて、生きて、死ぬ」だけを何度繰り返しても、つまり偶然の変化が何度起きても、一定の方向への進化は決して積み重なりえないと思うからです。

でもここではさらに、意識が進化を起こしている、もう一つの具体例を忘れるわけにはいきません。ダーウィン（1809~1882）がガラパゴス諸島で5週間過ごし、その間に嘴《くちばし》の大きさと形が島ごとに違うフィンチという鳥の観察を通して、進化論のアイデアを思いついたことは有名です。

一般的に、進化は何万年もかかってできると言われています。ところが、ダーウィンと同じフィンチを、同じガラパゴスで観察した結果、全く別の知見が見い出されました。

米プリンストン大学のピーター・グラント教授らは、ガラパゴス諸島の中では気候の変動がとても大きな、ダフネ島で実験を行ないました。全てのフィンチに足環を付けて30年間観察を続けたところ、フィンチの嘴が前年の気候によって左右されることを見い出したのです。(11)

気候が温暖であれば植物の繁殖が良く、柔らかい木の実が食べられます。ですからこんな気候の時は、小回りの利く小さな嘴の個体が有利になります。一方で、悪天候の時は硬い木の実も食べねばならず、頑丈な大きな嘴を持つ個体が有利になります。グラント教授らの発見は、前年の天候が穏やかであれば翌年は嘴の小さな個体が増え、悪天候の翌年は嘴の大きな個体が増えるというものでした。実に、進化は毎年、起こっていたのです。この現実は、「意識の働きによって進化が工夫されている」と言うべきではないでしょうか。

一方、遺伝子DNAは物質です。その物質である遺伝子DNAを、意識が自在に操ってゾウリムシの接合が行なわれ、遺伝子DNAを作り変えています。意識はまた、ハナダイを始めとする魚類においては性転換を遂げ、ガラパゴスフィンチでは嘴の大きさを変えています。タバコモザイクウイルスは、意識の働きで外部の変化に気づいて、物質と生物の間を行き来しました。キリンは、意識の働きによって新しい環境に適応するように工夫した結果、首を伸ばすことができました。そこで、これまでの観察から「生物の進化は、意識が物質である遺伝子DNAを操って起きている」と考えるのが妥当であると思われます。

すると、さきほど「意識と生物は、どちらが先か」のところで考えたのと同じ理由によって、意識は自分が操る遺伝子DNAという物質を熟知していなければならないことになります。ということは、意識が遺伝子DNAより先に存在しなければならないことになります。

また、遺伝子DNAは物質の化合物です。つまり個体の進化に際して、意識が遺伝子DNAを自在に操るという現象は、物質である遺伝子DNAの塩基を切ったり貼ったりして、遺伝子DNAに変化をもたらしていることになります。すると、意識は物質そのものを熟知していなければなりません。ということは、意識は物質よりも先に存在し、物質を工夫し発明していなければならないことになります。

ところで現在、物理学の分野では、宇宙の最初にエネルギーから最初の物質化が生じた時に、極微細粒子である10種類ほどのクォークやニュートリノが生まれたとされています。このニュートリノの中の一つが電子でした。すると、電子ニュートリノの活動の一つとして、意識が物質よりも先に生まれたと考えられます。そうでなければ、これまで述べて来たように、自然界のたくさんの事実は、辻褄の合う合理的な説明ができない現象になってしまいます。

そして、そのように考える時、2500年前より中国で語り継がれて来ている老子の言葉の中に、「生命の本質は〝極微細粒子〟だ」とあることに驚かされます。

生命進化に意識が果たす役割

ところで、すでに述べたように「人類とコンピューターはどちらが先か」と問われて、その答えに窮する者はいません。なぜなら、私たちは操る者が操られる物より確実に先に存在していることを知っているからです。したがって、これまで観察してきたように、意識が遺伝子ＤＮＡを操るなら、意識は遺伝子ＤＮＡより先に存在していなければなりません。タバコモザイクウイルスの生態で観たように、意識が物質を操って生物に戻るということは、意識は物質よりも先に存在していなければなりません。

そしてまた、これまで行なってきた生物の観察によって私は、「意識は、進化を工夫する不滅の円環運動電子の集合である」としてきました。そのことを宇宙の起源に遡って考えてみましょう。

コンピューターは、電子の流れのオンとオフという単純な仕組みの莫大な組み合わせで、高度な計算能力を発揮します。そして、これまでの考察で「意識は、電子の集合である」としてきました。すると、意識も電子という単純な物質の、簡単な構造から始まったと考えることが合理的です。

現代物理学では、ニュートリノやクォークと名付けられた極微細な粒子が集合して原子核を作り、不安定な原子核が安定を求めて電子を呼び込んで原子が生まれたと説明されています。すると、この原子の成立過程を見ると、原初意識の構成母体である電子があればこそ、原子が生まれたと考えることができます。

現在、自然界を支配しているのは、「重力」、「電磁力」、「弱い力」、「強い力」の４つだとされています。ところで、この4つの力によっては現在、電子が円環運動を行なうことを、合理的な仕組みとして納得できるどんな理論も提出されていません。しかしながら、以上のようなたくさんの観察と考察によって、「不滅円環運動電子」が生命現象を起こしていると考えざるをえないのではないでしょうか。

一方、現代の宇宙物理学が説いているところでは、宇宙の歴史の中では、星の誕生と消滅の中で原子が離合集散を繰り返して重い原子が誕生していくとされています。そこでこのプロセスを「原子進化」と名付けておきます。水素から、重い原子核を持つ原子へと進化していく原子の性質は、最外殻の電子によって決められています。すると、その「原子進化」は、電子が原子を操って行なわれたと見ることもできます。すると、物質の主役は原子ではなく電子だということになります。

やがて、「原子進化」と同時に、酸素原子が結合して酸素が、水素原子と酸素原子が結合して水が生まれたように、原子同士が結合してさまざまな物質が生まれました。さまざまな物質が生まれるプロセスを「物質進化」と名付けます。さらに、物質同士が化学変化を起こして結合するようになり、つまり「物質進化」が進むと、化合物が生まれます。化合物が生まれるこのプロセスは、すでに生物学の世界では「生物進化」に先立つ「化学進化」と呼ばれています。

ところで、生物学会は「現在地球上に生息するあらゆる生物は、大腸菌から人類に至るまで、たった一つの生物から生じた」と考えています。なぜなら、「現在、地球上に生息するあらゆる生物は、大腸菌から人類に至るまで、たった一つの例外も無く、①ATP（アデノシン三リン酸）をエネルギー源として生きている、②遺伝子DNAによって遺伝情報を伝えている、③必須アミノ酸の合成をDNAの全く同じ塩基配列によって行なっている」からです。

ここに出て来たATPは、アデニンにリボース（＝糖）が付いたアデノシンに、3分子の燐酸が付いた構造をしています。言い換えるとATPは、2個の高エネルギーリン酸結合を持つ化合物です。このATPから燐酸が2つ取れたアデノシン一燐酸AMPは、環状になるとcAMP（サイクリック・エーエムピー）と呼ばれます。cAMPはATPから合成され、細胞膜に局在します。ホルモンの第2伝達物質として、酵素の活性を調節し、また細胞内の多くのタンパク質の活性を変化させる物質で、そこでもアデニンが重要な役割を果たします。

そのアデニンは、遺伝子DNAを作っている4つのヌクレオチドを構成する塩基の1つです。そして、アデニンはシアン化水素とアンモニアを混合して加熱することで得られる、ありふれた有機物であり、原初の海にもたくさん存在したと考えられています。すると、細胞内で重要な要素を生み出す初期の化合物は、アデニンなどの塩基だということになります。

つまり、物質を形作る基本の意識が「化学進化」が進む中で複雑化し、意識が複雑化する中で「化学進化」が進んだと考えることができます。そして、「化学進化」の中で、意識が遂に遺伝子DNAという化合物を生み出したと考えることができます。

遺伝子DNAは、アデニン、グアニン、シトシン、チミンという4つの塩基が作るヌクレオチドの連続です。その遺伝子DNAの配列の中で、1つの必須アミノ酸を指定するために、連結した3つのヌクレオチドによって決定されるという仕組みがあります。そのことから必須アミノ酸の方が、遺伝子DNAより先に発明されたと考えなければなりません。

ところで、生物が出現する仕組みを考えるために、またコンピューターの出現を考えます。コンピューターが最初に出現したとき、現在のような形が一度にできたのではありません。演算処理を行なう仕組みが発明されたとき、そこにそれまであったタイプライターが入力装置として、ブラウン管が入出力の視覚化装置として、印刷機が出力装置として、そしてテープレコーダーが記憶装置として組み合わされて、コンピューターができてきています。

同様に、原初の生物もATPや必須アミノ酸などのパーツが揃ったあとで意識が細胞膜を発明し、パーツを濃縮した細胞の中で遺伝子DNAがタンパク質の合成をうまくコントロールできるようになって生物が出現したと考えられます。この生物を発明した意識が、「生物進化」の中でさらに進化を遂げたと考えるべきではないでしょうか。

すると、意識が生物を生み出す前に、5つの重大な発明がなされなければならなかったことになります。それは、⑴生物が生命活動を営むためのエネルギー源としてのATP、⑵生物の構造となる源物質であるタンパク質、⑶ATPを使ったタンパク質の合成システム。および⑷生物の体の設計図としての遺伝情報を伝える仕組みの核酸RNAとDNA、そして最後に⑸細胞膜――です。

このように外部から必要なものを吸収し濃縮し、化学変化を独立させて維持する、細胞膜という装置が発明されて生物が誕生し、環境の中で進化したと考えられます。そしてこの5つの発明の全てに意識である電子が関与し、5つの重大発明のあとで、最初の生物が生まれたと考えられます。そして、生物が生まれたあとの「生物進化」の中で、生物が体験を積むことによって、さらに意識は進化を遂げたと考えるのが自然ではないでしょうか。

つまり意識は、生物の生命活動を進化させる中で、この宇宙の中で進化したと私は考えてきました。

しかし一方で現代においても、宇宙には初めから偉大な神とも呼ぶべき存在があって、その存在あるいは神が宇宙の全てを創造したと考える人もいます。

しかし、もし全智全能の神が初めからいるなら、なぜ生物が少しずつ、しかも確実に進化しているという現実を説明できず、大疑問が残ります。全智全能であるなら、初めから完成品を創り出せば良く、生物が進化していく必要は全くないからです。

同様に、もし全智全能の神が存在するなら、私たち人類が人と人との間で生き、生きる中で成長し、人間に育っていくことなどは、全く必要ありません。初めから人格円満で、争いを起こす考えなど頭の中に浮かびすらしない、完成された人類だけをこの世に創り出せばいいのです。つまり、完成した形の人間だけを初めから生み出せばいいはずではないでしょうか。

しかし、現実は全く違います。現実を見れば生物の進化は今なお、生物の活動のあらゆる場面で生じています。そして、人類として生まれた私たちも、人と人との間で日々成長し、より良い人間に育っていこうとする熱意を、誰もがみな心の中に強く熱く感じています。それは、必ず死んでしまうと知りつつ生きている唯一の生物である人類は、死が全くの無に帰することではないと、本当は心の奥底で知っているからこそではないでしょうか。その事実によって私は、意識が連続していて、進化し続けている証拠だと考えてきました。

また、だからこそこの世の中には不可思議な現象が起こります。例えば、4才児の4割は誕生時の記憶があるという医学的研究もあります。[12] 臨死体験も多くの例が報告されています。[13] 心臓移植によって好みが全く変わってしまい、調べたら心臓を提供した人の好みだったという事例も報告されています。また、人類の中には、偉大な思想を突然、頭の中で聴いて、釈迦やキリストなどをはじめ、偉大な思想を人類に広めようと決意したたくさんの人々が存在します。それは、私たちの魂が体を離れても永遠不滅の記憶情報として生き続けているからではないでしょうか。

現実に起きていることから目を背けず、現実を否定せずに、その仕組みを考えることが科学的な態度だと私は考え、今回のようなテーマにずっと取り組んできました。生命進化は、宇宙誕生の初期に生まれた電子が、不滅円環運動する集合となった意識によってもたらされ続けています。そして今なお、意識は生物の進化を通して、意識自身を進化させ続けているのだ、と私は考えています。

〈参考文献・資料〉

(1)『命とは何か』(志村則夫、アカデミーオブコスモス・ヒューマン・ライフ)
(2)『植物は考える―彼らの知られざる驚異の能力に迫る』(大場秀章、KAWADE夢新書)
(3)『昆虫40億年の旅』(今森光彦、クレヴィス)
(4)『擬態生物の世界』(マルコ・フェラーリ、池田清彦訳、新潮社)
(5)『ダイナミックワイド―図説生物』(久力誠、東京書籍)
(6)『図説・生物と生命―生物学入門』(ドナルド・M・シルバー/パトリシア・J・ウィン、浅見勉訳、ほるぷ社)
(7)『なぜ彼らは天才的能力を示すのか』(ダロルド・A・トレッファート、高橋健次訳、草思社)
(8)『分子生物学講義中継』(井出利憲、羊土社)
(9)『前世療法』(ブライアン・L・ワイス、山川紘矢・亜希子訳、PHP文庫)
(10)『人は死なない』(矢作直樹、バジリコ)
(11)読売新聞/2008年1月5日(ピーターグラントら)
(12)『子どもの中間生記憶』(大門正幸/池川明、女性セブン/2014年9月4日号)
(13)『臨死体験』(立花隆、文藝春秋)

4. 不思議現象の解明

前田 豊

はじめに

人間の特異潜在能力によって、不思議現象が発現することは、科学的にもその存在が証明されてきています。その原理やメカニズムとして幾通りかの説が提案されていますが、必ずしも全ての現象を説明できるものではありません。

この報告では、時空間と意識を含む新しい多次元空間を仮説化し、各種の不思議現象をほぼ矛盾なく説明しうる「意識科学的宇宙論」の提言を行ないます。特に、予言を含む超時間的な現象の説明を試みます。

つまり、不思議現象は気によって起こされるが、気は意念であり、超極微的存在のために量子論の不確定性原理によって、時空間宇宙内で普遍的存在となり、太古から未来まで、また宇宙全体に希薄な分布状態で存在する情報と考えられるのです。

人間の想念は、気となって意識空間（潜在意識層）に導通され、対象物と共鳴が生じた時、不思議現象を起こします。ユング説の集合無意識層は、意識空間に保存された情報であり、時空間と意識を加えた多次元空間の現象と考えるとよく説明できます。

さて、人間の特異潜在能力と「不思議現象」については、ある特定の人の持つ特殊能力によって起こされる不思議現象として認知されています。例えば、予知、透視、残存情報読み取り、物質通り抜け、時間遡行《そこう》、幽体離脱などが認知されているのです。

一方、普通の人も気功の鍛錬によって、ヒーリングなど「不思議現象」を起こすことができるようになることも分かってきています。人間には、通常生活で活用している能力だけではなく、不思議能力を発現する潜在能力を持っているように思われます。そのメカニズムを解釈できる仮説を含めた宇宙論を考察します。

本報告で述べる「気（意念）」とは、「意志を持った情報」のことであり、いわゆる「意識」・存在の原因要素であると考えています。意念は、質量を持たない素粒子以下の微粒子「波動＝エネルギー極微子」から成るとの仮説を前提とします。

なお、本発表者は、気功の初歩的鍛錬を行なうほか（注：刑部式気功教室による）、山頂や神社、その他のいわゆる聖地での不思議現象を現実に体験したので、これら不思議現象が起きる状況とその発現メカニズムを考察し、本論に到達したものです。

不思議現象の分類

人間の潜在能力に基づき発現する不思議現象は、佐々木茂美氏らの説、その他を参考に概略、次のように分類列挙することができます。

分類	現象	手法	効果
想念			
祈り・想念	事象発現・祝福呪詛	手かざし・意念	病気治癒
遠当て・気功	人の動作を制御	意念と無心化	交渉術
知覚			
予知	時間超えた先行知覚	夢、瞑想	予言
透視	空間知覚	眼不使用・Oリング	危険察知
千里眼	遠隔知覚	瞑想	遠隔察知
過去情報読取	遺跡情報感知	瞑想	遺跡発掘
移動			
瞬間移動	時空間の移動	瞑想	
生命賦活			
成長促進	豆の発芽	意念・手かざし	植物成長促進
物質の生成・消滅			
変質化	味変化、スプーン曲げ	意念	
物質化	物質を出現させる	意念	
社会性			
共時性	意味ある偶然一致	無意識誘導	一期一会
主体の移動	憑依、催眠	憑依・催眠	誘導

不思議現象の分類と効果

（1）気功による意念の作用効果発現

●内気功の場合

身体のゆるみと想念、（丹田への）意識集中により、体内細胞の活性化が起こります。交感神経の活動を抑え、副交感神経優位にします。脳の表層域を沈静化し、旧領域を活性化すると思われます。内気功は、個人の体内での気・意念の循環によって起こっています。

●外気功の場合

発功者が、ありたい状態を想起すると気の場ができ、気場にいる人は感応します。ただし意識の壁がある場合、ラポールが共有できず、気の導通はありません。外気功は、個人の発生させた気・意念を外部対象に移動させる行動です。

●気・意念の移動

気・意念は、従来定義による電磁波としてではなく、未知の原理に基づき、直接移動しています。気・意念は、極微で質量のない未知エネルギー波（情報）の一つと解釈されます。気・意念の移動に際して、電磁波、音波、圧力波、磁波、光を伴う場合があるとの報告があります。

(2) 各種の特異能力発現のメカニズム

各種の特異能力は、気・意念の導通によって起こるものと思われます。意念は、意識を含む、積極的な生命エネルギー（情報を持った意志）と仮設されます。気・意念の導通は、意識軸を含む第五次元世界で働くと考える例があります。[1] つまり、特異能力の発現メカニズムは、時空間を越えた五次元世界において、気・意念が働くことによって起こると説明できるとするものです。

なお、気・意念は、人間が持つだけでなく、他の生命体、聖地その他、あらゆる物質もが持つと考えられます。そして、地球も天体も意念を発している可能性があります。

(3) 気の本質に対する諸仮説

気の本質を探る研究は数多くなされていますが、注目すべき説として以下のようなものが挙げられます。

①グラヴィトン（重力波）説：関秀男
②バイオフォトン説（情報の波）：稲葉文男ほか
③五次元空間応力場説（ゼロ磁場）：佐々木茂美
④四次元ゼロ縦波説：実藤遠
⑤明在系と暗在系ホログラフィー説：デビッド・ボーム（虚数空間）
⑥意識次元を含む五次元空間（気は意念、情報を持つエネルギー波）：本試論

本試論の骨子

・「気」についての仮説

①「気」は「意念＝意識」であり、「情報の構造体（クラスター）」から成り立っている。
②意念は、質量を持たない「情報と意志＝生命エネルギー」から成る「エネルギー極微子＝波動」である。
③このエネルギー極微子は、量子論の不確定性原理にのっとって、五次元空間（意識空間）に希薄な分布状態で存在しうる。
④意念は、情報素子（Yes,No）が構造を持ったもので、対象と共鳴すると、複数のコヒアレント結合（人間の意識）によって、波動収縮して、諸現象を引き起こす。
⑤情報は、言葉などに変換でき、電磁波その他の波動や物質に乗せて記録したり、伝達することができる。さらに、奥健夫氏（滋賀県立大学教授・ATOMATERIAL-Project）の報告によれば、エネルギーや物質に変換することが可能である。
⑥したがって、気・意念は、条件が整えば現象化や物質化が可能になると考えられる。

・量子論的根拠

気＝意念は極微的存在のために、量子論の不確定性原理によって、時空間宇宙内で普遍的存在となって希薄な確率分布状態で存在する。すなわち、

（1）位置と運動量の不確定性関係式

$\triangle X \times \triangle p \geqq \triangle h$ (h = 6.6 × 10^{-34} J・S)

から、運動量が極微の時、存在位置は宇宙全体に広がり分布して存在する。また、

(2) エネルギーと時間の不確定性関係式

$\triangle E \times \triangle t \geqq \triangle h$ (h = 6.6 × 10 = 10^{-34} J・S)

から、エネルギーが極微の時、存在の時間確率分布は無限に広がりうることを示している。

・宇宙に存在する物質と波動

宇宙に存在する物質は、星雲を含む極大物質から素粒子まで、その大きさ（半径）と1回転所要時間の間にほぼ直線関係が保たれています。極微的存在については、素粒子以下の微細的存在が仮想され、窮子と呼ばれます（図1）。気・意念は精妙な窮子的存在と考えることができます。

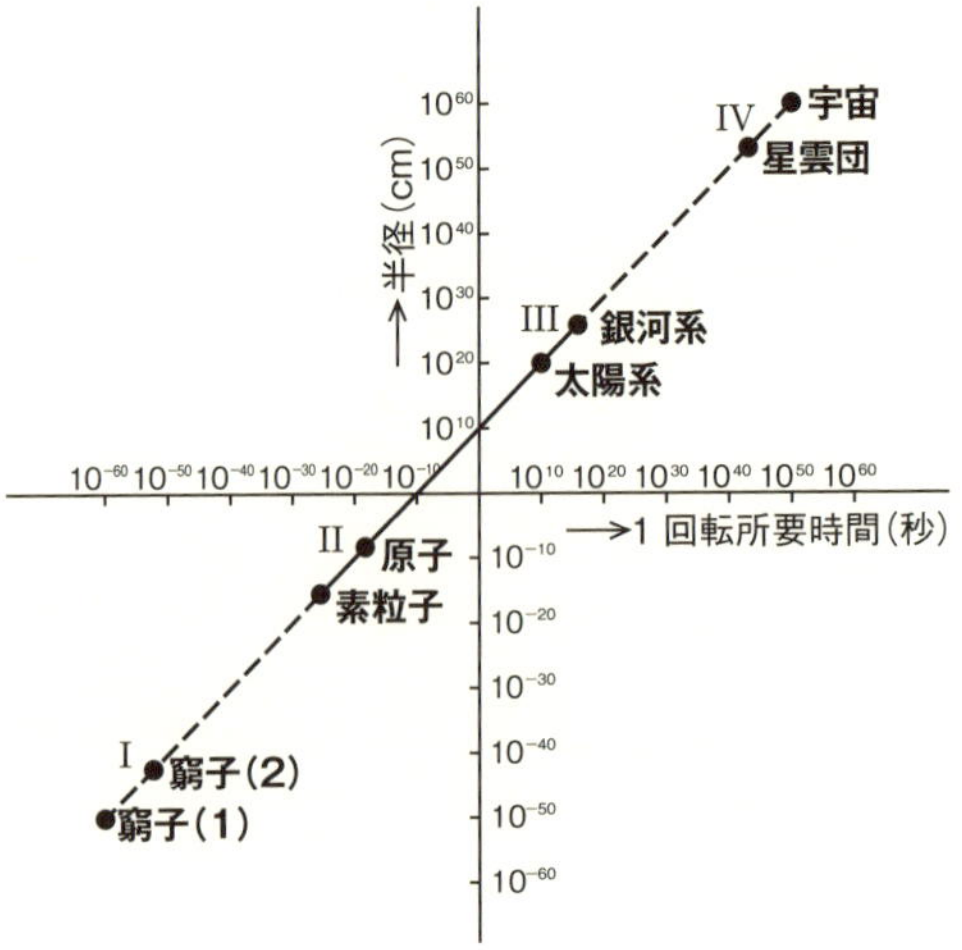

図1 宇宙の階層性構造図

●意識を含む宇宙構造のモデル化

①意識次元を含む時空間表示

時空間は四次元で構成されているため、通常二次元の画面上には図示しがたい。しかし、空間を番地化する

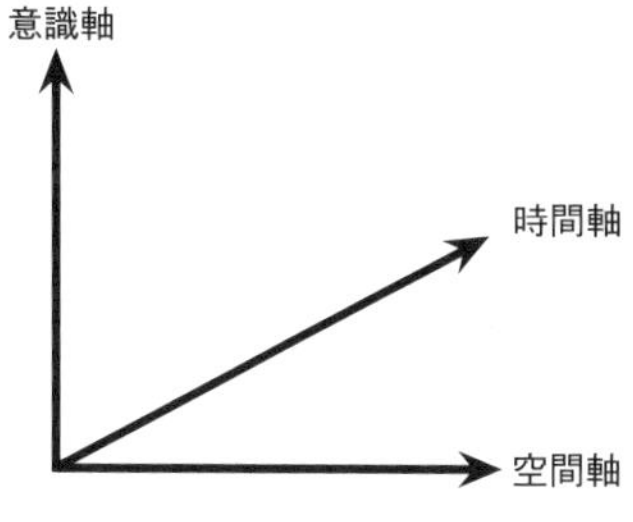

図2 意識と時空間が構成する宇宙モデル

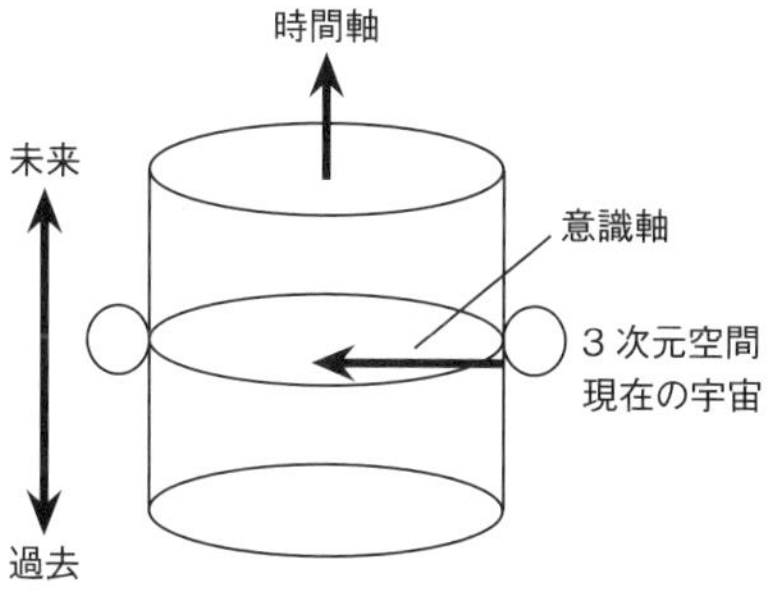

図3 意識次元を持つ5次元空間のモデル例

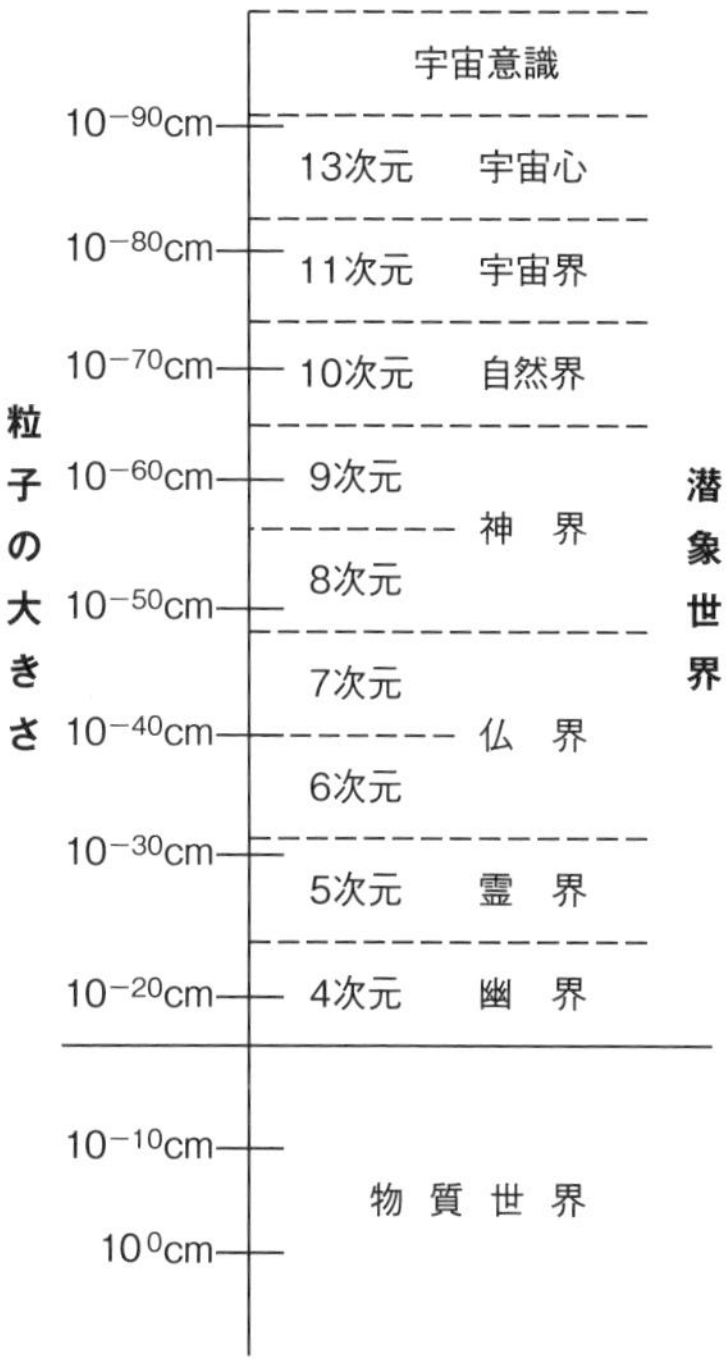

図4 意識レベルの階層構造

ことによって一次元で表すことができます。時間も一次元とは限らないが、番地化すれば一次元で表すことができます。それに対し意識も、個別現象に対する意識を低レベルから高レベルまで番地化すれば、一次元で表すことができます。ここで、それぞれの次元を座標軸で表示すると、図2のように示すことができます。

従来の宇宙は、時間軸と空間軸が構成する平面で表され、意識軸方向に多数のパラレルワールドが存在可能となっています。

③意識空間の円筒モデル化

また、空間を三次元球体として見立て、時間軸と意識軸を組み合わせると、円筒形の五次元宇宙モデル（図3）を考えることができます。

④意識次元の階層構造

意識次元は高次階層構造を持ち、現象を引き起こすパワーと関係するが、その階層に達する存在形態は、粒子の大きさや波動周波数と関連づけできると考えられます。（前ページ図4）

物質界は、10^{20}cm以上の大きさの粒子の存在形態から成り、それ以下の微細粒子が潜象界を形成し、小宇宙＝意識空間を満たすものと考えられます。

不思議現象発現メカニズムの考察

不思議現象の発現メカニズム

不思議現象は、主体の意念が、意識次元（潜在意識）に伝わり、潜在意識の意図が現象として発現すると考えられます。潜在意識に作用するものは、主体の意念の認知しえない環境（憑依など）の影響も受ける可能性があります。そのメカニズムは、次ページの図5のように示すことができます。

図5は、ある事柄の原因系である対象（テーマ、環境、人）に関して、主体の人が意念を持った場合、どのような出力（不思議現象、結果）が現れるかを示したものです。

そのポイントは、潜在意識（仏教語では阿頼耶識、魂）はブラックボックスですが、時空間と意識場に作用する意識次元（五次元空間）への入り口となるとの仮説です。それは、ユングの集合無意識と同一のものと考えられます。すなわち、大宇宙と小宇宙（人体）は、時空間に意識を一次元として加えた五次元空間と潜在意識層を通じてつながり、気・意念の場が形成されて、物質の活動をコントロールすると考えられます。意念は、直感として直接伝えられる場合もありますが、電磁波その他の搬送波に乗って、人間の脳や体細胞に伝えられる場合も多いと考えられます。

例えば、折りたたまれた紙に書かれた記号は、記号自体の持つ意念を発し、高次の意念（人間意識）と共鳴して読み取られます。それが透視であり、0《オー》リングパワーであると考えられます。(4)

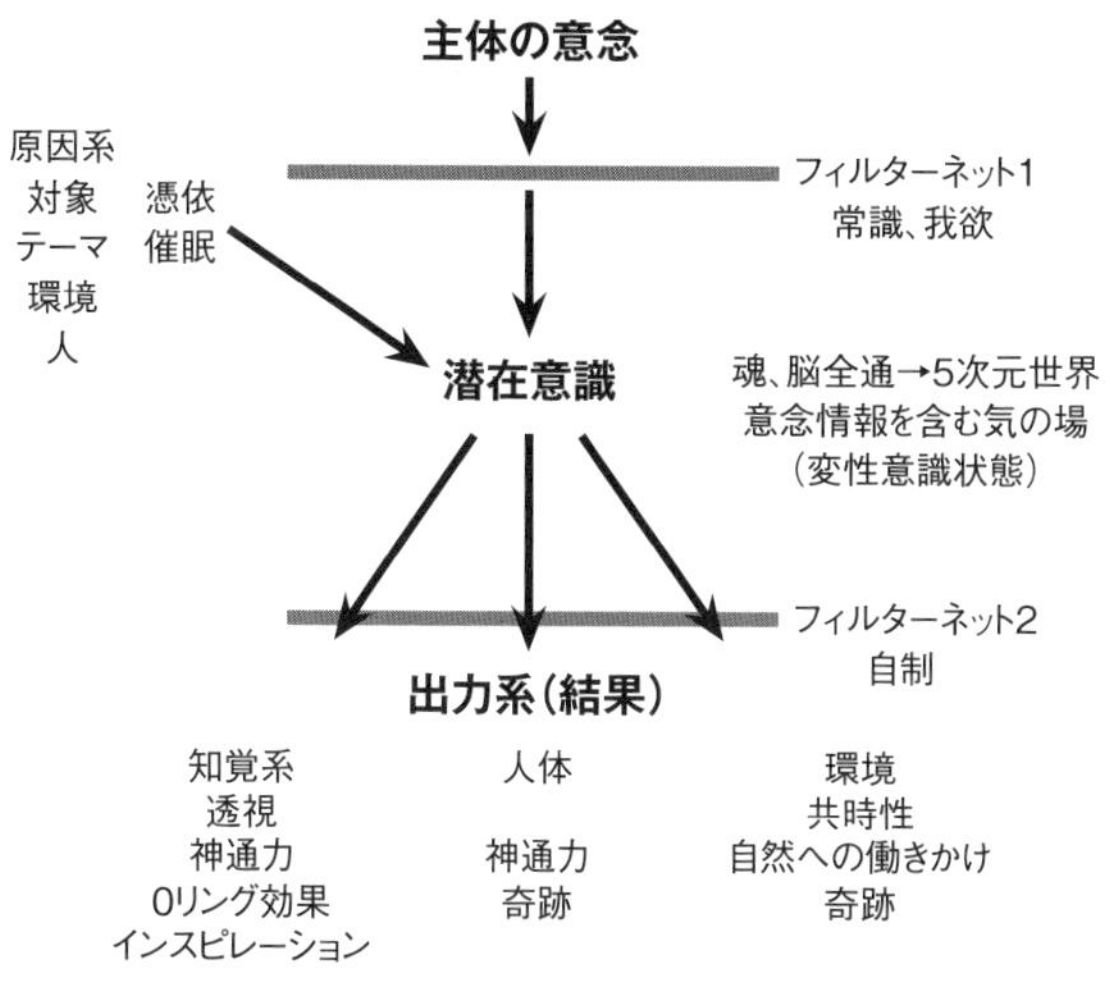

図5 不思議現象の発現メカニズム

主体の意念は、身体的運動のように、直接出力として現れるのではなく、潜在意識層を経由して、知覚系、人体、環境に作用して、発現します。意念が、潜在意識を通して高次元意識空間に取り込まれる時、フィルターがかかります。つまり、主体の自由意志では、直接出力系に働きかけることができないようです。そして、個別のさまざまな不思議現象は、次のようなメカニズムで発現すると思われます。

①脳で発生した意念は、意識を含む時空間に分布存在し始めます。そして、目的とする対象と共鳴した時、意念を伝達することができます。それがテレパシー効果として現れます。

②意念が分布存在する意識空間では、過去や未来の情報も同時に現在に希薄であっても確率分布の状態で存在

しうるのです。すなわち、時間軸に対して可逆性を持ち、情報と共鳴する能力がある人間は、過去や未来の情報を入手することが可能となります。つまり、未来予知や過去情報の入手が可能となります。

③意識空間を通して、意識体が未来や過去に移動したり、空間の別場所に移動できれば、時間移動やテレポーテーションが起こると考えられます。

④意識空間を通して、身体の患部を健全状態に戻すと、病気治癒可能となります。

⑤意識（イメージ）が対象と共鳴し、コヒアレントな波動収縮を起こせば、物質の生成や消滅が可能となるでしょう。

⑦意識空間を通して、共鳴した意識体が同一場所に集まることが共時性を引き起こします。

⑧意識空間への入り口が、人間の変性意識状態の潜在意識層にあり、そこに誘導するためのバリアー低下手法が、気功、瞑想、薬物利用、マントラ、音楽、ダンス、その他各種セラピー法であると考えられます。

結論

（1）気は意念と同等で、情報から成り立っていると考えられる。

（2）そして、素粒子よりはるかに極微的存在のために量子論の不確定性原理によって、時空間宇宙内で普遍的存在となって確率分布状態で存在する。

（3）人間の起こす予言を含む「不思議現象」は、気・意念の意識空間（潜在意識層）への導通により対象と共鳴を起こすことによって発現すると考えられる。

（4）潜在意識層への導通は、意識軸を加えた五次元空間の現象と考えるとよく説明できる。
（5）意念が高次元意識に導通し共鳴が起これば、想像以上の規模の不思議現象発現の可能性もあると考えられる。

《参考情報》

●「情報波」からスピリットが生まれる

本研究の進展結果「情報波」なる概念を提言するに至ったので、参考のため追記します。

気・意念などは、ビット情報から構成された超微細な情報構造体で、物質を構成する量子的存在よりはるかに極微的な存在と考えます。そのため、電子やフォトンと同様、確率波的挙動を示すと考えられ、極微情報構造体は「情報波」となって存在すると考えることができます。情報波の特徴を明確にするため、フォトンなどの電磁波と対比して、その特性を考察してみましょう。

「情報波」と電磁波を対比した場合、「情報波」の特性を挙げると、

①情報波は、形状、パターン、形態、生体適性（可食性、毒性）などの情報を有して、発信源の形成する情報場＝気場において、波動関数で表わされる情報素子を常時発信しているものと考えられる（定常波）。
②情報波は、光、電磁波、物質波などに乗って伝播することもありえる。
③情報波は、通常の三次元空間の出来事として捉えられるが、五次元空間を仮想して説明されるベクトルポテンシャル（スカラー波）、重力波なども情報媒体になることが考えられる。
④言葉（言霊）は、情報波を伝える重要な手段の一つである。

言葉は情報構造体の本流の存在です。「初めに言《ことば》があった。言は神であった。言の内に命があった。命は光であった」と聖書のヨハネ福音書に記載されています。

言葉は情報構造体であり、物質に機能を持たせる設計図です。コンピューターに比定すれば、ソフトウェア、プログラムのようなものです。言葉は全ての現象界を発現する元になる存在であり、ホログラムの原理によって物質界を構成するものと思われます。

意識体の意念（思い）は、言葉を通じて情報構造体となります。生命体の設計図であるＤＮＡに相当する「霊遺伝子」が存在するとの説がありますが、それはまさに情報構造体でしょう。

気・意念という情報波は、（Yes, No）、（1，0）、（有、無）などのビット情報が、時空間に配列して、パターン化した構造体を形成していると考えられます。ビット素子が構造体を形成する結合剤は、志向性を持った法理で、最終的には物質・素粒子、エネルギー体・波動として存在するでしょう。

配列に意味を持たせる存在は、愛（法や理）と考えることができます。その例として、陰陽五行や易経の両義、八卦、神聖幾何学などで表現される物語性が考えられます。

元素に反映すれば、原子番号や周期律になります。情報配列を電子に反映させれば、量子コンピューター言語のようなものができます。化学物質の内、特にアミノ酸の重合体に反映させれば、生命の構成要素ソマチッドやＤＮＡに、また音声や文字に反映させれば言葉・言霊になります。

情報構造体が、ある一定の運動量（10^{-61}J＊S/m）やエネルギー（10^{-51}J）以下の存在形態にとどまれば、宇宙大、太古から未来まで広がる確率的存在となりますが、情報構造体が、光や素粒子などのエネルギー体と結合すると局在化します。さらに結合しあって分子を形成し、特定の機能を持つ分子がＤＮＡを構成するようになります。

ＤＮＡ情報は、逆に波動に変換され、人間という存在全体の情報を光や情報波に載せることも可能と考えられます。そのような情報波を担うエネルギー体は、意味や意図を持つ生命を生じる場合、スピリット・魂と考えることができます。

情報波として高次な非局在的存在から、エネルギー体と結合した比較的低次な局在的存在まであると考えられます。それらの情報波は、人間などの意識と共鳴してデコヒーレンス化すれば、情報伝達現象すなわち、憑依やチャネリング現象を起こすと考えられます。逆に、意識（イメージング）が現象を創ります。未来に対する良いイメージを持ち、みんなが思うことによって、未来は素晴らしいものに変わっていくと思われます。

〈参考文献・資料〉

（1）『見えないものを科学する』（佐々木茂美、サンマーク出版）
（2）『仏と霊の人類学・仏教の深層構造』（佐々木宏幹、春秋社）
（3）『21世紀のニューパラダイム』（佐古曜一郎、国際生命情報学会会報）
（4）『特異効能の生理分析―透視と薬ビン抜け分析』（町好雄／劉超／王強／王文武、国際生命情報学会会報）
（5）“Solid Evidence of Psychic Power: Materiality of Consciousness„ (Jinchuan Shen and Chulin Sun, 国際生命情報学会会報、Journal of International Society of Life Information Science)
（6）『物理乱数発生器出力の変則性』（世一秀雄／小久保秀之／原口鈴恵／山本幹男、Journal of International Society of Life Information Science）
（7）『意識科学研究会発表資料』（米田晃、2007.8.18）

第**7**章

新科学宇宙論―唯在《ゆいざい》論の科学

猪狩文郎（いかり・ふみお）
物理哲学総合研究所所長。
国立大学工学部計算機科学科卒。生命保険会社電算機部門退職後、本山生命物理学研究所研究室長、㈱アミメディカ常務取締役開発部長、ミサワホーム総合研究所非常勤研究員兼務。それぞれを退職後、物理哲学総合研究所設立。現在に至る。ＮＰＯ法人生涯健康ネットワーク理事、日本全身咬合学会編集委員、（社）日本工業技術振興協会「気エネルギー応用実用化研究委員会」運営委員、次元感覚研究会理事。

はじめに

我々が生きているこの時代は、特別な時なのでしょうか。仏教では何度も末法と呼ばれる時代がありました。現代でもノストラダムスの大予言や、アセンションの予言や、第３次世界大戦の滅亡予言や、巨大大地震や重篤な感染症の蔓延の危機の予言など、特別な時代であるという決めつけが可能な要素はいろいろと存在します。

しかし考えてみれば、どの時代も、そこに生きる人間にとって特別な時なのかもしれません。

また、宇宙は本質的に漆黒で静寂の世界です。我々が見ている色とりどりの自然や、動物の鳴き声や風の音などの全ては、我々の脳の中で創られています。それらは、可視光の範囲にある電磁波と空気の振動をトリガーとして、脳が描く一種の芸術作品です。だからと言って、物質なるものが存在しないということではありません。

五感を生じさせる元は何かと問われれば、物質であるというのが、一般的な考え方でしょうが、物質自身は量子論によって明らかにされてきたように、その存在はそう簡単なものではありません。物質を構成する素粒子が、人間が観測するまでは波動関数という非実在的な状態であることが発見されました。その時点で物質は在るとも言えるし、無いとも言えるような、矛盾を自身の中に含む存在と言えるものになったのです。物理学がどんなに発達しても、不思議なことに宇宙の謎は深まるばかりなのです。

人類の宇宙に対する見方は、時代と共に変化しています。コペルニクスの地動説が一般的になる前は、プトレマイオスの天動説を多くの人が信じていました。しかし、相対性理論登場以降は、実際にどちらが動いているかを本質的に決定することができなくなりました。

宇宙はあらゆる点で相対的な存在と理解されているのです。さらに、量子論以降は我々の感覚を離れた客観的な宇宙という存在も疑わしくなりつつあります。その方向は、唯物論から観念論の方向へ進んでいると、言えるかもしれません。そしてそれは、西洋的見方から東洋的な見方に向かい、最終的に仏教哲学や神道的な汎神論の方向に向かっている、と言い換えられるかもしれません。

本山生命物理学研究所での経験

私は12年間、宗教法人玉光神社付属の本山生命物理学研究所で働いていました。そこは、神社の宮司で霊能者でもある本山博所長と十数人の所員で構成される、主に超能力や気などを科学的に研究する研究施設でした。私自身は生命保険会社の計算機部門を辞め、ヨガを習いに研究所を訪れ、そのまま研究所に入所してしまったのです。そこでの12年間で、他では経験できないようないろいろなことを経験することになりました。

例えば、研究のためにフィリピンから呼んだ心霊治療家（トニー氏）の施術を本当に至近距離で見られたことなどです。そこでは不正やごまかしがないように、明るい実験室のベッドで至近距離に録画用のビデオカメラをセットして、こちらが用意した被験者に心霊治療を施してもらいました。

それは、被験者のお腹に皮膚を破って直接手を入れ、そこから臓器らしき塊を取り出すというものでした。実際に、皮膚が破れると、血液のような赤い液体がお腹を伝わって周りに流れ出し、それをビーカーに集め、東京歯科大に送り、血液検査をしてもらったりしました。

その検査結果は、人間の血液ではないという意外なものでした。私にとって、この心霊治療で最も不思議であったのは、心霊治療家が手をお腹から引き抜いた瞬間、お腹の皮膚が元通りに閉じることでした。そこには、不思議なことに全く傷跡が存在しなかったのです。

また、この玉光神社は小豆島に御本宮があり、一年に一度、そこで神社の主要な祭りである大祭が執り行なわれていました。その大祭の期間には、空に不思議な瑞雲が現われ、参加者にも不思議なことが起こったりもしました。

私の場合、ある年の一度きりではありますが、その期間、人の霊体が見えるようになりました。少しばかり意識を集中すると、肉体が視界から消えて、丸く輝く霊体が見えてくるのです。そして、不思議なことに目の前にいなくても、ある人を思うと見えてくるのでした。しかし、いくら集中しても相手の霊体が見えないこともありました。

最初、その理由が分かりませんでしたが、そのことを反芻するうちに一つの結論に至りました。それは、対象になった人が自我が非常に強い人であることでした。その能力は本宮のある島に滞在している間だけのもので、家に帰ってきてからは能力が発現することはありませんでした。

唯在論

ここからは私自身の経験を基にした哲学的視点です。それを唯在論《ゆいざいろん》と名付けました。要するに「唯《ただ》在ること」の教えです。唯在ること以外に為すべきことはないということです。この教えは過去の聖人が繰り返し訴えてきたものでもあります。日本での例を挙げれば、道元禅師の只管打坐《しかんたざ》です。只管打坐によって心身脱落を経験させるのです。そして、心身脱落した心身で、さらに只管打坐の日常を送るのです。只管打坐とは唯坐ることです。

外国での例を挙げれば、老子の無為自然の教えです。「道は常に無為にして、而《しか》も為さざる無し」は老子の道徳経第37章のフレーズです。現代的に言えば「道はいつでも何事も為さないでいて、しかも全てのことを為している」です。つまり、唯在ることによって成就しないものは何もないと言っているのです。それは、唯在ること意外に為すべきことはないということです。

また、最近のチャネリングの情報を加えると、「私が認めるのは〝在るということ〟だけです。そこには、自己、つまりは神が進化していくのを抑えてしまう法律や理想は、全く存在しないのです。〝在るということ〟の叡智では、自分のしたいこと以外、人生でしなければならないことは何もありません」（『ラムサ』角川春樹事務所、初版1995年10月10日、193ページ）というものです。

それらの内容が唯在論の基礎となるものですが、ただ在るためには、いろいろな前提条件が必要となることも確かです。その一つの例として、時間のない今を知ることなどが挙げられるかもしれません。時間のない今を体験するためには、自分の想念を一時的にでも停止する必要があります。

それは、瞑想にちょっと熟練している人ならば可能であるかもしれませんが、実は日常生活の中で時間のない今を体験することが重要なのです。時間のない今を継続的に体験するためには、未来を無視できるほどに欲望や感情が一段落し、多くの関係性からも離脱を果たしている必要があるかもしれません。

実際問題として、肉体を持つ我々は唯在ることは大変難しいことのように思われます。しかし、唯在ることは、何もしないことではありません。全てのことを、こなしながら、唯在るのです。一見、矛盾するような表現ですが、こなしているという意識もなく、こなすのです。それこそ無為自然の生き方なのです。

それは、再掲すると「道はいつでも何事も為さないでいて、しかも全てのことを為している」なのです。この表現は、臨済禅の公案のような感が否めませんが、真実とはいつもそのようなものなのです。

実は唯在論とは神や仏の在りようなのです。只管打坐や無為自然や唯在論は、神や仏を目指す修行過程と、目的地である神仏としての自己実現が一体化されたものなのです。それによって、修行過程自身が高貴なものになるのです。

時間論

我々が普通に知っていると思い込んでいる時間は、時計が作る物理的時間です。現在ではクォーツ時計やセシューム原子時計が使われていますが、それらは、原子や分子のスペクトル線の周波数標準を使用して、正確な時間を刻む時計たちです。そして、それをアナログの針やデジタル表示に変換して、時刻を表示しています。

要するに、時計の時間はある一定の刻みの運動を時間に対応させたものです。それは古代ギリシャの哲学者であるアリストテレスが定義した、運動の数としての時間に対応するものです。それが、物質を基本とした時間の定義です。

もう一つの時間は、各個人ごとに変化する生理的な時間です。我々は時間を直接、認識するための感覚器官を持ち合わせていないために、思考や想像や記憶によって生理的時間を作り出しています。

物理的時間は、物理学の発展と共に何回かの変更を経験しています。その物理的時間を最初に体系化したのがニュートンの絶対時間です。絶対時間とは過去から未来まで、どの場所でも常に等しく進むという時間のことです。

次に時間を体系化したのが、アインシュタインの相対論的時間でした。その一つである特殊相対論的時間は、どの座標（慣性系）でも光速が一定であるという法則（光速度不変の原理）をアインシュタインが公理としたために、各慣性系での時間の進み方が違ったものになりました。さらに一般相対性理論によって、周りの環境

（物質やエネルギーの有無）によって、時間の進み方が左右されることになりました。つまり、空間の各点で時間の進み方が変化するという時間体系が相対論的時間ということになります。

また哲学者が考える時間論には、プラトンの永遠の影としての時間、アリストテレスの運動の数としての時間、ゼノンのパラドックスとしての時間、カントの主観的アプリオリな直感形式としての時間（注1）、アウグスティヌスの心（魂）の働き（延長）としての時間、ベルグソンの純粋持続である時間（注2）、マクタガードの実在しない時間、バシュラールの瞬間の連続としての時間などが知られています。

また、刹那は仏教で言われる時間の最少単位のことですが、現代物理学的に解釈すると、プランク時間がそれに当たるかもしれません。プランク時間は量子力学的に測定することができる最少の時間を表しているからです。それは実際、大雑把には10のマイナス44乗秒のオーダーです。この時間より小さい瞬間では量子力学の法則も成り立たないのです。

また、同じように空間の限界の大きさもあります。それがプランク長です。実際の大きさは、10のマイナス33乗㎝のオーダーです。これ以下の長さでは、量子力学の法則は成り立ちません。物理法則が成り立たないということは、そこでは何が起きても不思議ではないのです。

つまり刹那論とは、我々が認識する宇宙は物理学的な限界時間や限界距離の彼岸に、それらを展開する何ものかが存在することを推測させる考え方なのです。上座部仏教の一宗派では、人間の意識は一刹那の間に生成消滅を繰り返すと考えています。一刹那とは、現実を展開し、そして消滅させるのに十分な時間ということでしょうか。そのような、点滅宇宙を数学的な方程式で表現することは可能なのでしょうか。それらは、今後の問題です。

我々が持つ時間という概念は、客観的と呼ばれる物理的宇宙に単独で存在するものではありません。時間とは、我々の意識と時間子によって、現実という幻想を、我々が認識するための順序付け用の一つの道具（それ自身も一つの幻想）にほかなりません。

（注1）ドイツ観念論哲学の祖とされるイマヌエル・カント（1724～1804）は、主著『実践理性批判』の中で時間を先天的で主観的な直観形式であると表現しました。それは経験によって獲得したものではなく、客観的なものでもなく、論理的なものでもなく、我々を離れては存在しえない感覚的な形式といった意味と解釈されます。つまり意識が現実世界に押し付ける、認識するための感覚的形式が時間であると定義しているのです。

（注2）また、フランスの哲学者であるアンリ・ベルグソン（1859～1941）は、時間を「物理学でも使用する空間化された時間」と「内的な純粋持続」とに分けて考えています。そして、前者はいわゆる時計の時間を意味しますが、本当の時間ではないと批判しています。ベルグソンが本当の時間であると主張する、純粋持続と呼ばれる時間は、計量不可能性、不可逆性、連続性などの性質を持つ意識の流れを伴う時間の定義です。

物理的世界の様相——般相対性理論、量子論、CPT対称性、光子について

（1）一般相対性理論

一般相対性理論は、二つの方程式で成り立っています。一つはアインシュタイン方程式、もう一つは測地線の方程式です。一般相対性理論はニュートンの万有引力の法則のアインシュタイン版であると共に、本質的に

物理的内容が変化しています。

物質同士の引力という概念を完全に否定し、空間の歪みが全ての（自然落下的）運動の原因だとするものです。その空間を歪める原因となるものが、エネルギーや運動量などとするものです。空間の歪みとは加速度空間のことです。

一般相対性理論の難しさは、理論の内容ではなく、その数学上の表現方法です。その難しい表現方法とはリーマン幾何学のことです。リーマン幾何学は、ユークリッド幾何学的な平坦な空間ではなく、曲がった空間を扱わなければならないからです。そこで私たちが最初に理解しなければならないのが、曲がった空間上の座標についてです。

私たちは、高校でデカルトの直交座標系しか学んできませんでした。その結果、直交座標系に代わる斜交座標系の勉強を新たにしなくてはならなくなります。斜交座標系では、直交座標系で無視できた計量という概念に直面します。計量によって、座標がどのような角度を示しても、ベクトル等の大きさを表現することが可能になるのです。計量とはつまり、座標による空間の歪み具合の基準となる数学的概念なのです。

そして、その計量は座標の基底ベクトルの変換として表現することができます。その表現形式が、テンソルなのです。スカラーは0次のテンソル、ベクトルは1次のテンソル、2次以上が本来のテンソルなのですが、次数とは単なる添え字の数を意味します。テンソルを大雑把に言えば、線形空間上の関係を満たす意味のある（数の）行列を意味するのです。一般相対性理論はテンソルで表現されます。

また斜交座標系においては、直交座標系では全く顔を出さなかった二つの異なったベクトルが現れます。それは、共変ベクトルと反変ベクトルです。直交座標系では、この二つのベクトルは完全に一致していたのですが、斜交座標系では意味を持つことになりました。しかし、これらのベクトルは互いに計量テンソルを通じて変換可能でもあります。

また、一般相対性理論では共変微分が重要な役割を持ちますが、この共変微分の概念での共変は、単に共変形式を保つという意味の共変なのであって、とまどいやすいところです。

さらに、斜交座標以上に複雑な曲線座標を学ばなければなりません。さらに、曲線座標から曲線座標への座標変換を考えなければなりません。そして、曲線座標系でも、共変ベクトルと反編ベクトルを考えます。また、曲線座標上のベクトルの平行移動から共変微分と接続係数を表すクリストッフェル記号が定義されます。これらの座標系の基礎を理解した上で、今度はそれらを使用した関係式であるアインシュタイン方程式に進んでいくことになります。

アインシュタイン方程式の右辺は、空間を歪ませる原因となるエネルギー・運動量テンソルと呼ばれる物質（場）の分布を表す方程式です。それらが、重力を生じさせる原因の全てです。そして左辺は、アインシュタイン・テンソルと呼ばれる空間の歪み具合を表す方程式です。それは、リーマン計量（空間の歪みを表すパラメータ）が複雑に絡み合った連立方程式です。このアインシュタイン方程式の両辺に該当する数値を代入して、リーマン計量を計算します。

左辺のアインシュタイン・テンソルは、リッチ・テンソルとリッチ・スカラーで構成されています。リッチ・テンソルやリッチ・スカラーはリーマン計量が与える幾何学がユークリッド空間とどれほど違っているかの度合いを与えるものです。

そして、一般相対性理論を構成する、もう一つの方程式である「測地線の方程式」にリーマン計量を代入して、物体が移動する進路を決定します。測地線の方程式は見かけは2階の常微分方程式ですが、クリストッフェル記号（ベクトルの平行移動に関係する接続係数を表す記号）で表される接続係数を計算しなければなりません。測地線の方程式は膨大な連立方程式のかたまりです。

クリストッフェル記号は、ベクトルがリーマン幾何学上を平行移動した時にユークリッド幾何学との差を与える式です。実際には、リーマン幾何学上の共変微分を定義する時に現われます。接続係数（クリストッフェル記号）が0《ゼロ》の時は、一様なユークリッド空間を表すので、測地線の方程式は直線の方程式を与えることになります。

一般相対性理論の難しさは、リーマン幾何学とテンソル解析にあります。基本的にはアインシュタイン方程式によって、物質の分布による空間の歪み（リーマン計量）を計算し、そのリーマン計量を測地線の方程式に代入して、物質の運動を知るという一連の手続きが、一般相対性理論の全てです。リーマン幾何学の難しさは、曲線座標上の座標変換や接続係数の計算や共変微分の計算などです。

ニュートン力学や相対性理論は、地球上及び太陽系の物理的な存在や運動を十分、正確に説明することが可能です。しかし、宇宙全体となるとその限りではありません。宇宙全体においては、96％もの質量（23％）・エネルギー（73％）が行方不明状態にあります。それらを解消するための候補として、ニュートリノやブラックホールなどが挙げられていますが、現時点（2015年9月）でもそれらの矛盾は未解決のままです。

(2) 量子論

量子論の始まりは、1900年にドイツのマックス・プランクが導いたエネルギー量子仮説です。量子仮説とは、黒体から放射される光（電磁波）のエネルギーがプランク定数に電磁波の振動数を掛けたものの整数倍になっているというものです。それまでは、連続的に推移していると思われていた現象が、量子という単位を基本に構成されていたという発見なのです。つまり、マクロの理論（古典物理学）では分からなかった構造が、ミクロの世界を支配していることが分かったのです。

前期量子論と呼ばれる時期に、エネルギー量子仮説、プランク定数の導入、光量子仮説、物質波（ド・ブロイ波）の提案と発見、ボーアの原子模型などの提案と発見などがなされました。１９２５年にはハイゼンベルグの行列力学による量子の運動が記述できる基礎方程式が与えられ、翌１９２６年にはシュレディンガーにより波動力学という形式で量子の運動方程式が与えられました。そして、シュレディンガー自身により波動力学と行列力学が数学的に等価であることが証明されました。また、１９２７年には、ハイゼンベルグが不確定性原理を導き、同時期にコペンハーゲン解釈が提唱されました。

コペンハーゲン解釈というのは、量子の状態が観測されるまでは、いくつかの異なる状態の重ね合わせで表現され、どちらの状態とも言及できず、観測と同時に波束が収縮し、観測値に対応する状態に変化するというものです。

そして、１９５０年代に量子力学に電磁相互作用を組み込んだ量子電磁力学がファインマン、朝永振一郎らによって構築されました。また、量子力学と特殊相対性理論を統合したのが場の量子論です。それによって、量子力学は場の量子論の低エネルギー状態の近似として得られることになりました。しかし、量子力学と一般相対性理論を統合した量子重力理論は現在でも完成されていません。

量子論や相対性理論は、ある対称性を持っています。物理学で言われる対称性とは、特定の変換に対して、物理法則が不変性を持つという意味です。量子論は、一般相対性理論と電磁相互作用を統一しようとしていた時に出てきたゲージ変換に対して、対称性を持つことが明らかになっています。ゲージ変換の式はA=A+gradXです。

素粒子物理学の標準模型では3つの対称性が言われています。それは、CPT対称性と呼ばれているものです。その最初のCはチャージの略で、物質と反物質の対称性。Pはパリティーの略で鏡像による空間の対称性。Tはタイムの略で時間の向きに対する対称性のことです。

また量子論、もっと一般には物理学では統一理論を目指しています。現状では、電磁相互作用と弱い相互作用は電弱統一理論（ワインバーグ＝サラム理論）として統一は完成し、さらに、強い相互作用を含めた大統一理論が提案されていますが、まだ未完成の状態です。さらに、重力相互作用を含めた統一場理論として超弦理論が提案されています。しかし、超弦理論は実験により確かめるには困難なオーダーに達し、実験的予言も出ていません。

（3）CPT対称性について

CPT対称性とは、宇宙はC（電荷）P（左右）T（時間）に対して対称性を持つということの主張です。CとはCharge（荷量）で、物理学では、質量とスピンが同じで電荷が逆である物質と反物質の対称性を考えます。基本的に物質と反物質は同量存在すると考えられていますが、私たちの宇宙には反物質はほとんど見つかりません。

その理由は、（以下、ウィキペディア「反物質の消滅」より）——

反物質がどうして私たちの住む宇宙ではほとんど存在していないのかは、長い間、物理学の大きな疑問の一つであったが、最近その疑問への回答が部分的ではあるが得られつつある。初期宇宙においての超高温のカオス状態の中で、クォークから陽子や中性子ができ、中間子が生まれ、それぞれの反粒子との衝突で光子（電磁波・ガンマ線）に変換され、再び対生成されていた頃に全ては起こったと考えられている。

従来、物質と反物質は鏡のように性質が逆なだけでその寿命を全く同じだと考えられてきた（CP対称性）。だが近年、粒子群の中で「物質と反物質の寿命がほんの少しだけ違う」というものが出てきた。最初はK中間子と反K中間子である。そして、B中間子もはっきりと反B中間子とでは寿命が違うことが確認された。日本の高エネルギー加速器研究機構のBelle検出器による発見である。「反物質の寿命がわずかに短かった」（CP対称性の破れ）。

これにより、初期宇宙の混沌の一瞬の間の「物質と反物質の対生成と対消滅」において、ほんのわずかな可能性だが反物質だけが消滅し物質だけが取り残されるケースがあり、無限に近いほどの回数の生成・消滅の果てに、「やがて宇宙は物質だけで構成されるようになった」と説明できる。もちろん、多種さまざまな粒子群の中のわずか2つの事例であるが、他の粒子での同様の現象の発見やそもそもの寿命のずれの発生機序が解明されれば、この謎は遠からず全てが解明されると期待されている。

――というものです。

それらの事実によって、CP対称性が破れていることが明らかになりました。そこで、Tを加えてCPT対応にすることによって対称性を回復させたものが、CPT対称性です。元々、「全ての物理現象でCPT対称性が保存される」というＣＰＴ定理と呼ばれる定理が存在しています。この定理は量子力学の法則とローレンツ不変性の正しさが前提となっています。

ここからは独自の考えですが、反物質がもし時間が逆行する世界に存在しているとすると、光が1秒間に約30万キロメートルで順行する時間上を進むので、私たちは反物質を見ることができません。同じように、反物質の世界に住む人類にとって、私たちの世界の物質は見ることはできません。つまり現在、物理学で考えられている反物質が対消滅で消えたのではなく、観測できないだけであると考えるのです。そう考えると、行方不明と言われている96％の質量とエネルギーの或る部分が解明されることになります。そして、消えてしまった反物質の行方も明らかになります。

（4）光子について——光子の特殊性と重要性

光子は素粒子の中では、特別な存在です。素粒子とは、それ以上分割できない粒子のことです。素粒子には、クォーク、電子、ニュートリノ、ウィークボソン、グルーオン、グラビトン、ヒッグス粒子、ミュー粒子、タウ粒子があります。光子は単独で宇宙に安定的に存在する素粒子の中で、質量が0《ゼロ》で反粒子を持たない唯一の存在です。

粒子と反粒子が対消滅を起こすと光子に変化します。１７５ギガエレクトロンボルト以上のエネルギーを持った光子が出会うと、対生成を起こし、トップクォークと反トップクォークが生成されます。また、電子も陽電子と対消滅を起こし、光子に変化します。これらのことによって原子核で構成されている物質は、光子で出来ていると考えることが可能です。

また、光子の二つのスリットを通ってスクリーンに干渉縞を作る実験は、非常に不思議な結果を我々にもたらします。光子を一つ一つ打ち込んでも、それを複数回繰り返すことによって、干渉縞が作られるのです。それに対して、二つのスリットの片方ずつを空けて、光子を打ち込んで、それらを足し合わせても干渉縞は作られないのです。つまり、光子は両方のスリットが開いていることを意識しながら、あるいは両方を同時に通過して、干渉縞を作っているとしか考えられないという結果なのです。

これらの実験結果の意味は、光子は波動性と粒子性の二重性を持ち、光子はスクリーンに達するまでは空間を波動として伝わり、それぞれの光子の位置を確定することはできず、それらがスクリーンに達した瞬間に波動性が消え、粒子としての性質のみとなり、位置が確定するということです。そして、その存在確率は2点から発する波の干渉として求めることができるということです。

以上のことを言い換えれば、個々の光子は一見勝手な方向に飛んでいきますが、全体としては干渉で強め合う位置に多くの光子が集まるということです。そのような見方は量子の確立解釈と呼ばれ、シュレディンガー方程式を満たす波動関数によって光子の存在する位置の確率分布が計算されます。

光子は意識子・空間子と時間子の直後に生成されるので、このように観測（意識子）や波動性（空間子）や粒子性（空間子と時間子）の影響を強烈に受けることになるのです。また、光子はその下位階層の全ての粒子に直接、間接に影響を与えることになります。我々の現実は光（子）で出来ていると言うことが可能なのです。

また、光子から電子が生まれるので、電子も光子と同じような波動性と粒子性を持つことになります。しかし、電子以降の粒子は電子のC（電荷）対称性の性質を受け継ぐことになるので、自分自身の反粒子を持つことになります。我々の物理的現実では、このように光子はあらゆる粒子の中で最も重要で貴重な存在なのです。

我々の肉体も光から生まれ、最終的に光に帰ってゆくサイクルの中に存在するのです。

宇宙

我々が見ている宇宙は、本当はどのようなものなのでしょうか。科学的に見た宇宙は物質や場を中心とした、客観的宇宙と呼ばれるものです。しかし量子論においては、我々が観測するまでは、現象自身が確定していない、量子状態という波動関数で表される状態が存在します。この量子状態の宇宙は、客観的宇宙と呼ぶにはふさわしくないと言えます。我々の誰も観測しない状況を考えると、宇宙は量子状態が継続することになります。また、我々の物理学での時間、空間に対する見方は、ニュートン力学からアインシュタインの相対性理論成立までに大きく変化しました。それらの変化は、我々の宇宙自身に対する見方さえも変化させました。ニュートン力学では、絶対時間・絶対空間という一様性を持ちながら無限に続く時空を仮定しました。その時の時空は観測者に全く影響されません。それに対して、相対性理論では観測者自身の運動によって時空が変化していきます。

我々の経験を超えたものを、カントは「物自体」と名付けました。

「物自体」は、(ウィキペディアより)――

大陸の合理論とイギリスの経験論の哲学を綜合したといわれるカントが、その著書『純粋理性批判』の中で、経験そのものを吟味した際、経験の背後にあり、経験を成立させるために必要な条件として要請したものが物自体である。「感覚によって経験されたもの以外は何も知ることはできない」というヒュームの主張を受けて、カントは「経験を生み出す何か」、「物自体」は前提されなければならないが、そうした「物自体」は経験することができない、と考えた。物自体は認識できず、存在するにあたって、我々の主観に依存しない。因果律に従うこともない。カントによれば、物自体の世界が存在するといういかなる証拠もない。「物自体」のような知的な秩序があるかどうか分からないが、その後の経験によって正当化されるであろう。

——という内容の概念です。

カントが言うように、「物自体」の世界が存在するといういかなる証拠も存在しません。それは逆に言えば、仏教哲学における唯識論の八つの識によって現実、ひいては宇宙が創られているということが可能だということです。それこそ正に、唯識論の真意なのです。物質によって我々の宇宙は出来ていると考えることによって、科学、特に物理学は発達してきました。科学は徹底した唯物論を基本とした学問体系なのです。

しかし、物質はただの粒子ではなく、波動性をも合わせ持つ存在であることが量子力学によって明らかになりました。そして、その粒子性と波動性を合わせ持つ、物質の元となる素粒子は、観測されるまでは波動関数で表される量子状態にあることが明らかにされたのです。量子状態とは要するに何ものでもない状態ですが、しかし、それはある情報を持った場と言えるかもしれません。

波動関数が実在するかどうかは確定しておりませんが、波動関数の収縮時に光速を超えて伝わるので、物理学者は波動関数を実在する波動とは考えておりません。つまり、波動関数は物理的世界の外に在ると考えられます。その世界とは光速に制限されない世界でなければなりません。

重力子統一場理論

根源意識→重力子→意識子・空間子→時間子→光子→電子→クォーク

根源意識

全てのものはありてあるものの意識によって創られたものです。この根源なる意識無くして、なにものも存在しえないのです。

重力子

さらに存在する全てのものは、重力子の影響を受けるのです。思いとは重いという意味をも含むのです。意識も時空も重力で歪みます。

意識子・空間子

全てのものは、意識（＝魂）を通して存在していきます。意識しないものは存在しないことと同じなのです。空間の全ての場所に意識は入り込むことが可能です。

時間子

重力子以外の物理的存在は時空の中に存在します。

光子

時間、空間の中に存在する全ての物理的存在は光子が変化したものです。

電子

重力子、光子以外の物理的存在は電荷を持つ。中性であるものは内部で＋と－が打ち消し合う場合です。

クォーク

強い相互作用で結びついた複合粒子はクォークから構成されています。

中性子・陽子→核子→原子→分子→物質→DNA→細胞→人体

この階層構造は上位へ行くほど高貴な存在で、上位は下位に影響しますが、下位は上位に影響を与えません。

重力子（波）は空間子や時間子より上位にあるので、時空を瞬間的に伝わることができます。意識子と空間子は同位にあるので、空間の全ての点に意識は存在可能なのです。空間子は時間子よりも上位にあるので、空間自身は時間の影響を受けません。時間が空間の影響を受けるという意味は、空間の各点で時間を定義する必要があるということです。これは特殊相対性理論の要請でもあります。

重力子統一場理論による静止宇宙論

（1）ありてあるものが統一を解いて、最初に自身と対極するものを創造しました。それが『不安』という概念でした。ありてあるものとは『愛』であり、『愛』の対極が『不安』です。

（2）『不安』は、物理的に『重力』と呼ばれるものから形成されることになります。

（3）ここに重力（重力子＝重力場＝重力エネルギー）と反重力（ありてあるもの）と無重力（創造場＝重力と反重力が釣り合った場＝空間子＝意識子）の存在が確定します。
（4）意識子（＝魂＝空間子）は、空間や時間や物質の青写真を形成する鋳型になる場です。
（5）意識子から時間子が生まれます。時間子は意識子と空間子の情報を反映することとなります。
（6）次に、時間子から光子が生まれることになります。
（7）意識子と時空と光子によって、電子が生成されます。意識が働かない時、電子は波として行動します。その時、電子はシュレディンガー方程式に従います。意識子が働き、意識されると、粒子として認識されます。
（8）電子の次に、クォーク、中性子、陽子、原子核、原子、分子、ＤＮＡ、細胞が生成されます。
（9）これらのことは、過去１３７億年前に起こったことではなく、今現在、起こっていることなのです。時間は時間子が物質化したものであり、それによって我々は、過去という現実を創り出しているのです。
（10）ビックバンという現象は起こってはいません。ブラックホールは存在していません。赤方偏移の原因はビックバンに拠るものではありません。同様に宇宙背景放射もビックバンに拠るものではありません。
（11）全ての現実は、今現在にしか存在していません。全ては一瞬の出来事であり、全ては同時に起こり、そして、同時に進行しているのです。それを我々は、時間子や空間子によってフォーカスしながら体験しているのです。

おわりに

私たちという存在は階層構造を持っています。肉体も一つの階層ですが、分かりにくいのは精神的な階層構造です。精神的な階層構造の一つは、想念です。この想念という階層構造は、自我の感情・欲望に支配された階層です。また、この階層は時間と空間にも強く影響される精神的階層です。それに対して、意識は自我に影響されない精神的階層なのです。さらに、この階層は時間・空間の影響を受けていないのです。それは驚くべき事実なのです。意識自身は時空の外に存在するのです。

想念とは自我が展開する精神作用なのです。「只管打坐」（道元禅師）や「無為にして為せ」（老子）や「唯在論」（私の持論）などの教えは、想念を出さないことの教えなのです。また、瞑想や座禅も同様に想念を停止するための技術です。

想念は別名、業想念と呼ばれます。それでは業想念ではなく、神的想念と呼べるような想念は存在するのでしょうか。想念の多くは潜在意識からもたらされます。顕在意識からもたらされる想念は、氷山の一角です。顕在意識で営む、いわゆる考えるなどの行為は想念と区別するために、ここでは思考と呼びます。

それでは、あらためて神的想念は存在するのかどうかを考えてみましょう。潜在意識に存在するストレスやトラウマ、不満、執着、否定的な感情、貪欲、固定観念などが有る限り、想念は当然、自我意識の強いものとなります。しかし、それらが一掃され、潜在意識がクリアーなものになれば当然、想念も自我的なものから真我的なものになり、神的想念と呼べるものになる可能性があります。それでは、潜在意識をクリアーにするためにはどのようにしたらいいのでしょうか。自我によって作られたものを、自我によって取り除くことは可能なのでしょうか。

我々の地球の混迷は、自我である想念に従って行動していることによるものです。その想念を神的想念に変える方法を考えます。1つ目は、その想念の影響を抑える方法。2つ目は、その元である潜在意識をクリアーする方法です。

1つ目の方法は、想念を四六時中、内観することです。そして、想念に従って行動するのではなく、内観している意識の方に従って行動するのです。2つ目の方法は、修行や修養によって徹底的に潜在意識を浄化することです。この方法で短期間にそれを成就するためには、命を捨てる覚悟が必要です。

我々の意識は永遠のものです。それに対して、想念は有限のものです。我々の肉体は当然、有限のものです。そして、肉体に付随する五感も有限のものですが、我々が今後、移行する幽界や霊界でも、その世界に対応した五感が存在します。

私たちは神界を目指して経験を積んでいます。元々、私たちは神の世界から天下ってきましたが、肉体界の輪廻転生に巻き込まれてしまいました。その結果、仏教で言われる六道（天道、人間道、修羅道、畜生道、餓鬼道、地獄道）をめぐることになってしまったのです。

現在、私たちが存在する意識レベルは第三密度と呼ばれるところだそうです。そして、その密度が初めて自己を振り返ることができる密度だそうです。

第一密度は点の世界です。第二密度は線の世界です。そして、第三密度が体積のある世界です。また、私たちが向かっている第四密度とは、自己の中まで見通し、その下にある原因まで見る能力が出てくる意識レベルで、さらに第五密度では自分自身を次元そのものとして体験する意識レベルだそうです。そして、第六密度、第七密度と続き、ここで1オクターブの密度が終了し、次の一オクターブに進むのだそうです。

私たちの意識の成長は限りないものです。私たちは「ありてあるもの」に戻るまでの、気の遠くなるような長旅の最中なのです。しかし、線形の時間は幻想であるという観点からは、長い人生もほんの一瞬の出来事とも言えるかもしれません。

私たちは多くのことの真実を知らないままに生きています。さらに、問題になるのは、知らないということを知らないままに生きているという事実です。まさに、「無知の知」の逆なのです。知らないことを知っているのではなく、知らないことを知らないのです。「無知の無知」なのです（笑）。

人類の致命的な無知は、人が何の為に生きているのかを知らないことです。私たちは、神の分霊であって、神によって生かされ、神を再認識するための人生を送っているのです。私たちが本当の自由を得るためには、その事実を知ることがぜひとも必要なことかもしれません。そして、他のことは何も知らなくても、それさえ知れば十分なのかもしれません。

第8章

意識が現象、物質を創り出す

前田 豊

はじめに

私たちは、サトルエネルギー学会において『意識科学研究会』を運営しています。サトルエネルギーとは、見えない世界のエネルギーのことで、「気」とか「プラーナ」とも呼ばれるものと考えています。

一方、今までの科学を物質科学と呼んでいますが、物質を細かく分析していき、素粒子まで見つけたことで量子力学まで到達したのです。この先端科学は波動の世界とか見えない世界につながっているようです。

そういうことを研究している中で、人間が考える意識が存在しているということは、当然、宇宙に意識があるということです。人間も意識を持っているし、意識が現象を創り出し、物質化するテーマの研究をこの10年間やってきたところです。

ところが、2001年に『宇宙には意志がある』という書籍が、徳間書店から発行されました。著者は最先端の宇宙線物理学者・桜井邦朋先生です。そのような本を書かれたことに一種の感動を覚えたものでした。

意識を科学体系に取り込む、「意識科学」の実態は不思議現象の解明につながっています。先端科学者の間でも、宇宙意識が人間原理の宇宙を創ったことが述べられています。生命はその中で生まれ進化してきています。

本稿では、先端科学者である桜井邦朋先生と、生命誕生実験を行ない成功されたという書籍を発行された川田薫先生との対談内容から、意識が宇宙創造を含む現象や物質を生み出す工程を取りまとめて紹介してみたいと思います。

また、現代の日本において、物質化現象を実体験させるイベントを行なっているグループがあり、一躍ブームを起こす勢いです。意識科学研究会では、その推進者である、仮称「スワミ」氏の発表をお聞きしたことがあるので、その裏付け理論のご紹介を行なっておきたいのです。(1)〜(5)

桜井邦朋先生の〈先端科学の宇宙創成説〉

人間原理の宇宙論は、プリンストン大にいたロバート・ディッキーという人が1961年に提唱しました。同氏がNASAのコロキウム講演に来られた時、桜井先生がその話を聞いたのがきっかけで、『宇宙に意志がある』という本が生まれたのです。

この本は、現代の物理学や科学を超えた「意識科学」という科学をさらに詳しく伝えていきたいという時、非常に参考になります。今の科学は、物質科学として広がっています。もちろん文明の進歩にはだいぶ貢献していますが、物質が全てだといった意識になってしまっています。物質とは元々何からできるのか、現象は何故起きるのかといった、元の元があるはずであり、意識が現象を創り出すという研究もありえるのではないか。

最近、物質を造りだすという現象を起こす人たちが結構現れてきており、インドにサイババという人がいましたし、祈りと同時に物ができるという現象を起こすという人もいます。日本人でも、タイに行って、そういうことしている人たちがいます。

ところで、今の科学でも宇宙の始まりの時、すなわち創造の理論では元々、物質はない世界でした。当初の宇宙は、10のマイナス数10乗の小さな空間で、曲率は無限大で、莫大なエネルギーがありました。それが膨張して、そのエネルギーから物質が生まれ、いろいろな素粒子が生まれ、1秒とか2秒とか短い時間に宇宙が誕生していきます。

私たちが知っている物質世界が進化し、その中で星が生まれ、いろいろな原子核の合成反応が生命現象を生む。つまり、最初は何も無かったところに、小さな特異点が生まれて、そこから物質の全てが生まれてきたという見方です。

素粒子が無ければこのような物質の世界はできない。最初に解明したのはノーベル賞を受けたヒッグスという人で、予言した学者は別にいます。

ところが、今でも物質の世界は生まれてきているのではないかという説もあります。佐藤勝彦氏はそのような考え方をされており、いろいろな宇宙、本宇宙、子宇宙、孫宇宙などが出来ている、と。(6)

宇宙の進化論の中に、ガモフたちが作ったビッグバン宇宙論というのがあります。ケンブリッジ大学のホイルたちが作った定常宇宙論が１９５０年代までは国際的に信用がありました。ところが１９６０年代の初めになって、衛星通信を効率よくするために、どの方向からどういう風に電波を発信すればいいかという研究をした人たちがいます。その人たちがいろいろな観測をしても、不思議なことにあらゆる方向から消えない電波が来る。これはガモフたちが予言したビッグバン宇宙のなれの果てだというので、ガモフたちのビッグバン宇宙論というのが本当ではないかということになったわけです。

ガモフは、宇宙は膨張しているという説で、最初の3分ぐらいで物質が創られ、私たちの全ては膨張する時に創り出されたのではないかといいます。

アメリカは二つの人工衛星を上げて、一つは1989年、もう一つは2001年で、すごく精度がいい宇宙地図ができました。そこで、宇宙はあらゆる方向で、同じように等方性があります。普通のビッグバンになると、異方性を持ってしまうので、インフレーション理論が出てきました。膨張速度を測ってみると、どこも同じ速さで膨張しています。

ところが、1997~1998年頃、アメリカで電波観測してみると超新星が観測され、遠い方がドップラー効果が大きいことが判明したのです。星が逃げる方に速い。これは宇宙が加速しながら膨張していることを示しています。加速しながら膨張している宇宙のエネルギー源はまだ全然分かっていない。この宇宙というのは変なのです。

〈人間原理の宇宙の考え方〉

桜井先生の本のサブタイトルはなんと、『人類の進化はビッグバン以前に決まっていた』です。それはプリンストン大にいたロバート・ディッキーという人が、人間原理の宇宙論を話したのです。彼が言いたかったのは、宇宙に生命が生まれるのは必然である。必然なのだけれど、そういう宇宙をちゃんと成り立たせる生命、そういう宇宙自身が要請をしたのではないか、と。

なぜなら、自分の姿を見せたいから。それをちゃんと解き明かす生命を創造した。マニフェストです。それに乗って、今の時代に人類が初めて誕生して、やっと自分自身を見る生命になったということです。

例えば、神が存在するとして、神自身が自分のことが分からないというのです。人間そのものは、神の別け御魂といい、自分のことは自分で分からないというように出来ています。姿も鏡を見なければ分かりません。他人を見て、自分を知る。自分のことは分からないので、他人が教えてくれます。

〈宇宙進化に人間が関与できる？〉

アーヴィン・ラズロ博士は、宇宙の進化について「人間が宇宙の進化を進める大きな働きを持っている」、「人間の意識が宇宙を進化させるのだ」ということを提唱しています。

確かに宇宙が、将来を含めて決まっていて、そこで人間を進化させてきたという一つの見方もありますが、人間を創って、自分を知るという意味から言えば、人間の意識が宇宙を進化させるということと、つながってくると思われます。

考えようによっては、物理学の出来上がった世界というのは、人間の想像力の結果みたいなものです。それが、実際観測される事柄と矛盾しない。整合性ができています。そういう風にして、学問というのは進歩していき、これで終わりというのはない。宇宙にある世界の中で、人間の分かっている範囲は少ないのです。科学は追求すればするほど、疑問が湧いてきます。研究テーマがつながっていくというわけで終わりではないのです。

以上、宇宙の創造から生命の進化まで、宇宙意識が関与しており、それに人間意識が共鳴することで、宇宙が成り立っているとも考えられます。ベースには、意識が創造を行なっているとも言えましょう。

川田薫先生の〝物ができる5段階プロセス〟説

物ができる過程を考えれば、5段階あります。それを皆さんは知りません。5段階がどういうものかといえば、人間がいろいろな生活をする上で体験することです。

（1）こんなものができるといいなという思いが、まず出る。どんなものかよく分からないが、漠とした概念ができる。これを何度も繰り返し思っているうちに、イメージができるようになる。
（2）イメージ（考えではない）ができる。それが2段階目である。次に、
（3）形で表現できるようになる。そして、
（4）言葉で表現できるようになる。今度は、
（5）物を集めることができるようになる。どんなもの（製品）を集めればよいかということになる。部品が集まってくる。そして、
（6）思ったものが現実化する。

物ができるというのは、この5段階を踏みます。物ができる5段階が分かれば、物は全て、思いからできるということがすぐに分かります。それを、空海の言葉でいえば、六大といいます。

普通、五大とも言います。五大というのは、地、水、火、風、空、全ての存在が五大からなります。その五大の中にすでに、意識が入っているのを知っています。当時の人は分からないので、改めて六番目に「識」を、意識を持ってくるわけです。五大と六大目の「意識」が全てのものに入ることによって、六大ということになります。

意識が全てである、ということを結論にするとそうなります。直感では、材料としては五大だけれども、意識でもって成立し、出来上がるということで、物質は意識が作っていることになります。最初から意識が関与していたことになるので、最初に意識があったことになる。非常に分かりやすい。最初は六大と言って、あとは五大で表現していく。同じことをいろいろな物質で証明していこうとしているのです。

物・製品に、意識（の重さ）が入っていることは、部品の総量と製品の重さを比較すれば分かります。昔の時計は分解して、組み立てたりできましたが、今は精密すぎてできない。合理化されて、部品点数はすごく少ないから、部品合計と製品の重さの差を測るのは非常に難しい。しかし、工夫して測ると出来ます。それは、少ないもので大体1万分の1、多いものは千分の1くらいです。

〈意識が物質化を進める5段階工程〉

私たちは、意識が物質化するのだということをテーマに研究してきています。しかし多分、意識の中で、思いだけでそういう論理を構築しようとしても、非常に難しい。証明のしようがない。証明のしようがないが、道理として間違いないという展開の仕方はできます。

川田薫先生はそれをやっている最中だということです。まだ完結していないが、見えているこの世界というのは、完全に〇《ゼロ》次元と三次元の世界で、見える世界です。宇宙を含めて、見える世界というのは、たかだか1％未満で、99％は見えない世界です。

見えない世界が一体どうなっているのかというと、「物質形成の場」が5段階あります。その先に、「精神形成の場」という4段階があり、三次元を入れると全部で10段階ある。見える世界と見えない世界を全部入れると、全体で10段階あって、見える世界が1つ。物質形成の見えない世界が5段階あり、その先に見えない世界が4段階あります。

最初は「意識」が出て、それを「認識する場」がある。それから「意志」が出てくる。3代目です。その次に、「感情」と「意欲」が出てくる。そういう見えない精神の場が4段階重なって、完成して初めて「物質化」が始まる。それが最終段階です。

命もそこで生まれるし、物質前の物・超微粒子、「素粒子よりもっと小さな物質」ができる。それが最初の段階です。

ですから、「物」とか「命」には、精神の「思いの段階のエネルギー」が全部入っている。包含されています。最初に物が発生した時には、もう精神・意識が入っています。

超微粒子ができてから、さらに成長していって、微粒子になる。微粒子になって、それが合体して、さらに成長して今度は元素ができる。元素ができたら今度は、いろいろな物質ができるわけです。それは、こちら側の意識が全部包含されている。そうなって、最後はいろいろな形になり、三次元を構成します。

こちらの方は非常に精妙なエネルギー状態なので、思っただけで全部できる。でも、それが終わって三次元に来る時、エネルギーが粗すぎるので、ものすごくエネルギー密度を上げないと物質化しない。そういう問題があります。それを我々は知らなかった。

〈フリーエネルギーの創出〉

フリーエネルギーは、物質以前の世界のものです。研究者の皆さんは「出来る、出来る」と言うけれど、現実化できない。玩具は出来るけれども……。なぜかというと、それはエネルギー密度とか、質量とかが圧倒的に足りない。それを皆さんは知らないのです。

エネルギー密度が低すぎる。そういうことを皆さんが分かっていれば、別にどうってことはない。問題なのはそういう段階の場があるということです。三次元の見える場だけでエネルギーで分割すると60段階ある。エネルギーレベルが60段階あるという意味は、私たちはいろいろな生活をしながら、エネルギーをどんどん上げていくわけです。

30段階を超えた者から、神々が出てくる。60段階で創造主や根源神が出てくる。そういうレベルなのです。イエスとかお釈迦さんが30段階です。空海がそれを超えて、やっと34段階です。エネルギーレベルでのことで、私たちははるかその手前なのです。目に見えているものは、皆そういうレベルです。

では、空間が出来たり物質が出来るのは、どの段階かというと、それはまた全て違います。国によって全て違うのですけれども、そこに生きる生命体、人間のエネルギーがマイナスになってしまいます。

見えない世界が5段階あると言ったところで、エネルギー場はどのくらいあるかというと、それは100段階あります。そのブロックがある。100段階の中で、どこに何があるか、全て決まっているのです。

現代の物理学を「物質科学」と言っていますが、今の科学は見える世界だけを扱っている。今あるものを操作したり、探査している。でもこれからの科学は、意識して創っていく。今までと全然違います。こういう物質にするとか、こういう形にすると、社会はこうなるから、そういう形にするとか。今はそういう時代です。

フリーエネルギーの研究をしている人たちを何人か知っていますが、なかなか現実化できない。モデルは出来るが、実用的なものは出来ていない。川田先生は実用化する研究をされていますが、それは超伝導物質です。実現には、意識の場のレベルを上げる必要があるということです。

体験できる物質化イベント

以下、サトルエネルギー学会誌や月刊誌「ムー」に掲載されている物質化現象を、了解を得て要点を紹介させていただきます。

仮称「スワミ」氏の物質化現象

エネルギー保存則は現在の物理学で普遍的真理のように扱われていますが、その法則による演繹法的理論予測を行なうならば、宇宙を発生させたと考えられているビッグバン現象の発生メカニズムを推論することは不可能です。(7)

ビッグバン現象は、その発生直後からのメカニズムについては詳細に研究され、その内容は現在、物理学を学ぶ者からの支持を集めていますが、発生そのもののメカニズムについては不明です。

過去の物理学においては、現象を観察し、帰納的にその法則を見つけ出していたのですが、極端なるマクロ・ミクロの世界を扱う現在では、現象の直接的観察に限度があり、法則から現象を見つけ出す演繹法が主流を占めます。

それ故、法則を優先させ現象を否定するという、非論理的思考を持つ学者を生みやすいのです。そのことは、エネルギー保存則を凌駕する物質化現象について、物理学者が本格的に調査研究を行なってこなかったことの主原因とも考察できます。

以下において紹介する現象は、その場に参加することで誰でも当該現象を観察することが可能で、なおかつプジャ（儀式）の司祭や参加者から離れたところで発生する現象であるため、作為的詐欺トリックが全く入り込むことのできない、客観的現象で、条件が整えばほぼ100％の確率を持って再現可能と言われています。よって、学問領域で取り扱うに十分耐えうる事象と考えられています。それ故、本現象を体験観察し、研究される人々が多く輩出されることが期待されます。

そういうわけで、さまざまな分野の学問や思想文化の発展に寄与できると考え、本現象を紹介します。

〈発生する現象〉

タイの南部、カルサイト（石灰岩）により形成された鍾乳洞において、特殊なプジャ（儀式）を執り行なうことにより、ほぼ100％の再現性を以て、この現象は発生すると言われています。

発生する現象は主に、爆発音と火花を伴った小規模の爆発、および金属状物質・鉱物状物質・ガラス状物質の物質化による出現、さらに数mから数10m程度の長さの金属質の棒状物が洞窟の天井より出現し、蛇のようにクネクネと動き回る現象です。

一度のプジャにおいて、数度の爆発現象が見られる場合もあり、物質化出現物は数個から数百個に及ぶ場合もあります。蛇状運動を行なう金属質の棒状物は、出現確率は低いが数本同時出現の場合もあります。

また当該地域には多数の洞窟が点在し、その多くで本現象を発生させることが可能です。当該地域とは、タイ王国南部、クラビおよびスラタニ地域です。なお、タイにおいて他地域の洞窟においても本現象発生可能であるかについては現在調査中ですが、高い確率を持ち、多くの洞窟において可能であることが判明しています。

なお、本現象は洞窟内のみならず、山頂においても発生させることが可能であり、すでに幾度か成功させていますが、一般に洞窟の方が地理的にも多くの人々が参加し、体験目撃しやすいうえ、すでに２０１５年5月現在、20回以上当該プジャを行ない、参加者もタイ人と日本人を合わせ、合計１００名を越える実績があるため、本文は洞窟における現象について論じます。

〈**小規模ビッグバン現象**〉

「天の扉開き」プジャを始めて、15分程度の後、この現象が発生する場合が多い。洞窟の天井において、爆発音、また物が急激に燃焼する音が発生し、同時に、激しく物が燃焼したかのように思える火の塊が発生します。

火の塊は天井より落下してくるが、その間、2秒程度は燃えている場合も見られる。神聖出現物を受け止める布の天幕の上に落下することも多々見られ、瞬間的に布の表面で燃えるような光が発生し、消滅します。

〈**神聖物物質化現象**〉

ビックバン現象が発生した直後から、さまざまな物質が物質化して出現します。洞窟の天井から落下したかのように感じるが、実際には上部で物質化して落下する現象は1％以下であり、多くは、準備された布製の天幕の表面、または下面にて物質化して出現しています。表面で出現した物は天幕に貯まっていくが、下面で出現した物は天幕直下の地面に落ちています。

また、物質化の瞬間には衝撃音が鳴り響き、天幕が波打つ。これは天幕上で物質化した物が、空間に出現する瞬間の速度が音速を超えているためと推測され、そのことにより、周りの空気が音速を超える速度で移動させられることで発生した衝撃波によるものであると考察できます。出現物の個数は多様で、数個から数百個の場合があります。また、種類は大きく分けると6種類ですが、各種類の中でまた細かく分類できます。

〈神聖出現物に存在するジッ融合体〉

「ジッ」および「ジッ融合体」は、脳に存在している非物理的存在と考えられています。日本および西洋諸国にはこのことがほとんど伝わっていないのですが、アジア諸国、特にタイの僧侶の間では当然のこととして取り扱われています。

タイの練達の僧侶の瞑想は、ジッを静かな状態に制御することから始まり、最終的には肉体を離れ、いかなる所へでも瞬時に行くことができます。この状態を獲得するのは、僧侶でなくとも訓練を積むことで可能です。ジッ融合体については、人間を構成する要素は「肉体」、「魂」、「ジッ」です。この三要素があることを公理として規定されています。

ジッと魂が融合し、この世界に留まっている存在を「ジッ融合体」と名付けました。そして、このジッ融合体が存在している洞窟が少なからず存在する。そのような洞窟において、このプジャは行なわれるのです。

神聖出現物の中にはジッ融合体が存在しています。それを入手した者は、出現物中のジッ融合体と自分のジッとを協調させることで、さまざまな超常的能力を発揮する人物と周囲が誤解するような現象を発生させることができます。正確には、その人物が能力を獲得したのではなく、神聖物のジッ融合体が現象を発生させています。持ち主はただ、神聖物のジッ融合体に頼むだけです。

また、ジッ融合体は持ち主の意識・行動によって、立ち去ってしまう場合も少なくないのです。特に、神聖出現物を金銭目的で物のように売買するならば、ジッ融合体はすでに存在していない。ただの「物」になってしまいます。

魂は心臓の心室内に存在し、脳と連動しています。魂は寿命を終えるまで、そこに存在し続けるため、心臓移植をした場合、移植された相手の脳にドナーの魂が影響を及ぼし、記憶や習慣の伝達を起こしたりする場合があります。ドナーは寿命が終わっていない場合が多々見られるためです。

魂が「肉体を離れる」ことは肉体の死以外では発生しない。それ故、一般的に言われる幽体離脱や千里眼現象は、魂の作用ではなく、このジッが肉体を離れ、起こす現象と考えられています。一般人のジッは肉体の死と共に消滅します。魂は肉体を離れ、再び転生への道を辿りますが、脳の50％以上の力を引き出した者のジッは大きく成長し、死後消滅せず、魂と融合し、この世界に留まることができるそうです。これは仏教でいう「解脱」で、輪廻の輪からの脱却を意味します。ただし、この場合の「解脱」は「悟り」とは異なります。

〈神聖出現物物質化の原理〉

ここでいう「神」とは、ジッ融合体がより成長し、この世界に留まることを終わり、別の領域へと移り変わった存在のことです。その「神」の世界の一部分と我々の物理世界とを結合させる場所のことを、「扉」と言います。

神の世界の扉が開くと、その世界のエネルギーが物理世界に流れ込んできます。流れ込んだエネルギーと、ジッ融合体が接触することで、超小型のビッグバン現象が発生し、爆発音を伴い、火花が発生します。

プジャの司祭は自身のジッを自在に操り、ジッ融合体たちとすでに関係性を築いています。そして、司祭はいかなる種類の出現物、いかなる形の出現物が必要であるかをジッ融合体に申し出ます。それが了承されるならば、ジッ融合体は神の世界から流れ込んだエネルギーを利用し、物質を出現させます。司祭の希望に合わせ、仏像の形やガネーシャ神の形で出現する神聖出現物も少なからず発生します。ハートの形や、ペンギンの形など、参加者の希望に添った形状の物もあります。

ジッ融合体が、設計図を書き、エネルギーという材料を使い、作品を完成させます。その依頼者は司祭である、と例えられます。

「スワミ」氏の物質化現象のイベントは、現代科学では真偽は確認されていませんが、現象の存在が事実であれば、その裏に、人間の脳に留まる非物質的存在（意識、神）が関与していると考えることができる意味で、非常に興味深いことです。

「意識が現象と物質を創る」という仮説が一歩、真実に近づいたと考えられ、これを、現代科学の発展につなげていくために意識科学の確立が一層望まれます。

〈参考文献・資料〉

（1）『宇宙には意志がある』（桜井邦朋、徳間書店）

（2）『なぜ宇宙は人類をつくったのか』（同、祥伝社）
（3）『命は宇宙意志から生まれた』（同、致知出版社）
（4）『生命の正体は何か』（川田薫、河出書房新社）
（5）『生命誕生の真実』（同、新日本文芸協会）
（6）『宇宙は我々の宇宙だけではなかった』（佐藤勝彦、ＰＨＰ研究所）
（7）『物質化現象―無から有は生じる』（サトルエネルギー学会誌、2015.Vol.20、p105）、『精霊が宿る賢者の石』（月刊ムー、２０１５年７月号）、『精霊スピリッツの超常現象』（月刊ムー、２０１５年９月号）

第9章

人間の本質と意識の構造

米田 晃

はじめに

通常、私たちは意識して生きています。意識（心）は何処にあるのか！　昔から、心は心臓にあると思われていて、心をハートマーク（心臓の形）で表現していました。今でもハートマークを愛のシンボルとしています。

現在は脳科学が進歩し、脳科学者が意識（心）は脳が創り出しているとして、脳の研究が進められています。したがって、人が死んだら肉体の機能である脳が働かなくなるので意識（心）は消滅して無くなるとしています。果たしてそうでしょうか？

「意識とは何か！」　人間が意識できるのは大脳新皮質の働きのごく一部です。人の思いや行動はほとんどが潜在意識、無意識、超意識によって動かされているのです。私たちは自分の意志（意識）で生きていると思っていますが、それは錯覚で、無意識に大いなる宇宙の意志（宇宙意識）によって生かされているのです。

自分は、自分の体（目に見える物質である肉体）を心（広い意味で意識という見えない存在）で認識、意識することによって自分の肉体を自分だと思っています。そのように、私たちはこれまで人間を体と心の二面で捉えてきたのですが、昔から「健全な精神は健全な肉体に宿る」と言われてきました。

そこで言う精神とは、心と魂の総称であって、本来、人間は「肉体と心と魂」で成り立っていて、肉体は物質（三次元の存在）ですが、心や魂（霊魂）は四次元以上の高次元の存在です。

身辺に起こるいろいろの問題に対して、通常、「どうするか」といろいろ考えて対応しますが、思うように解決されず、場合によってはますます泥沼に落ち込みます。考えることや意識することは、自分が意識できる顕在意識の働きですが、意識には自分で意識できる顕在意識（脳の表面意識とも言い、私は表面意識のことを心と言っています）、自分では意識できない潜在意識、無意識、深奥にある魂の意識、霊や神霊の超意識（宇宙意識）があります。

したがって、人間の行動は潜在意識や無意識、深奥の魂の意識などが関与しているので、一人ひとり異なる不可解な行動が生じます。潜在意識や無意識によって動かされているのです。

人間の脳の構造と働き

フランス人の数学者、物理学者で哲学者でもあったパスカルが「人間は考える葦である」と言いましたが、人間が他の動物と違うところは、考える能力が備わっていることです。この地球上で、人間だけが考える働きによって、いろいろの物や事を創造し、文化、文明を持ち得ています。このことは非常に重大なことであり、人間が人間たる根源です。

したがって、人間の考える働き、創造行為を可能にする脳の構造、働きについて追求し、人間の本質を明らかにする必要があります。私は以前、人工知能、電子頭脳といわれたコンピューターの開発に携わったことから、コンピューターの原理、動作など情報処理技術と創造性開発の研究として、人間の脳の働き、意識や直観について研究したことが結びついて、私なりの大脳生理学の研究、人間とは何かの研究を深めることができました。

人間は、脳の新しい皮質（大脳新皮質）が発達していて、考える働きが備わっています。人間の脳の構造は、脳幹（視床下部、下垂体、松果体など、いのちを維持し、生命の働きを司る脳の中枢部分の総称で、いのちの座とも言っている）を中心に、脳幹を包み込むように古い皮質（大脳辺縁系）があります。

動物の脳はこの二つで構成されていて、動物脳とも言われます。人間も肉体は動物であり、脳幹、大脳辺縁系は動物の脳と同様で、その働きも共通しています。

人間は、さらに大脳辺縁系を包む形で新しい皮質（大脳新皮質）が発達しています。時実利彦氏（医学博士、東大医学部脳研究所長、東大名誉教授、京大霊長類研究所教授を歴任。大脳生理学の世界的権威）が、人間の脳を三つの脳として分かりやすく説明しています。

脳幹を「生きている脳」と言い、ただ生命を維持する（肉体を生かす）働きをしています。それは人為的なことが全く及ばない、大宇宙の意志（神）によって生かされている神性ということができます。脳幹は、母の胎内で胎児が育つのと同時に成長、完成して生まれてきます。したがって、生まれた時、すぐに呼吸をし、乳を飲むことができるのは生命を維持するための根本的な脳幹の働きです。

交通事故などで脳が損傷しても、脳幹に損傷が及ばなければ、全く意識のない状態で生き続けることができます。卵子が受胎して細胞分裂が始まり、母親の胎内で胎児が成長する過程で進化の過程を辿って十月十日で赤ちゃんとして生まれてきます。

細胞の遺伝子に生命進化のプロセスがプログラムされていて、胎児の初期は魚でも亀でも鳥でも人間もみな、〝いのち〟（生命）を象徴する勾玉《まがたま》のような形をしていて、魚は魚として、亀は亀として、鳥は鳥として、人間は人間として生まれてきます。生命の中枢である脳幹は妊娠のかなり早い時期にでき、脳は胎生30日から50日くらいでできます。

人間は「肉体と心と魂」の三位一体の存在であり、胎児の成長過程で胎児に魂が宿ります。産婦人科医の池川明先生は、お産後2～3歳に成長した幼児が母親の胎内記憶を話すことから、胎内記憶について調査、研究され、母親の胎内（胎児）に宿る前の魂の中間世記憶の証言からも魂の存在を明らかにして、多数の著書を出版しています。

また、トマス・バーニー博士の著書『胎児は知っている母親のこころ』（日本教文社）を紹介します。バーニー博士は、赤ちゃんが胎内にいる間から生まれた直後、そして2～3歳までの環境が赤ちゃんのこころの成長にどんな影響を与えるのかを研究してきた「周産期心理学」の世界的権威です。その著書には、ベストセラーになった第1作『胎児は見ている』（祥伝社）以降の博士の20年来の研究成果が集大成されています。

人間は、他の動物と違って脳が未熟で生まれてきます。よく「生みの親か、育ての親か」と言われることがありますが、生まれてからの脳の発達過程で個性や性格、人格が形成されるので、一人ひとり違った人生が展開されることになります。

大脳辺縁系を「逞しく生きる脳」と言い、生きるための本能、習性として、例えば、空腹になれば食べ物を探して食べるとか、寒くなると穴などに入り寒さから身を守るなど、状況に対応して生きていこうと働く脳です。この大脳辺縁系は0歳から3歳頃までに発達し、言葉や意識が発達する大脳新皮質が未発達の段階で、無意識での習い性によって発達します。

昔から「三つ子の魂百までも」と言われるように、親や、兄弟、家庭環境、社会状況など3歳までの、選ぶことができない無意識の体験が刷り込まれて（プリントされたように）、性格や行動パターンの基盤が形成され、その後の人生に大きく関係します。3歳までは母親との接触が多く、母親の影響を大きく受けるので母親の行動、生き方が子どもの行動パターンを方向づけることになります。

大脳新皮質のことを「うまく生きて行く脳」、特に前頭連合野（前頭葉、理性の脳とも言う）を「より良く生きていく脳」と言っています。これは、人間の向上心を起こさせる脳と言うことができます。物や他人との間でうまく都合よく、苦しい、困難な状況から楽しい、楽な方へ。今日よりも明日、今年よりも来年と、より良くなどと働く脳です。

大脳新皮質は、３歳から9歳頃までに発育し、いろいろな体験や言葉によって１４０億個あると言われている脳細胞の回路が配線され、自我が形成されてきます。理性の脳とも言われる前頭連合野は、成人と言われる20歳まで成長します。人間が時間を認識できるのは、前頭連合野の働きにあります。

私たちは、うまく、より良くと、大脳新皮質の考える能力によって人間としてより良く生きていくことができます。ところが、この考える能力が有ることによって、いろいろな問題を自ら造り出し、悩み苦しむことになります。宇宙の原理（真理）、いのちの本質を照見（見通す）したお釈迦さんは、悩みや苦しみは無明にあると説かれています。問題がすぐ解ければ悩み苦しむことはない。もともと、人間にはいろいろな問題を解決し、より良く生きていくための創造力が備わっているのです。

脳の働きと意識構造

大脳新皮質は右脳と左脳に分かれていて、脳梁と言われている神経の束でつながれています。脳幹（いのちの座）は全身に張り巡らされた神経が集まった脊髄の頭の中心部分、延髄が脳幹につながっていて、感覚器官（五官）の刺激によってキャッチした信号（インパルス）が、神経系を通して脳幹へ送られます。脳幹はその信号を辺縁系に送り、命を守る動物的本能に対応（肉体的対応）すべき情報は、辺縁系（刷り込まれた生命維持のプログラム）から対応する運動系を司る小脳に伝え、必要な行動を起こす小脳からの指令を脳幹を通して運動神経によって行動器官へ伝えます。

それは、動物的な無意識の行動です。刺激の状況、内容によって脳幹を通して大脳辺縁系から大脳新皮質の右脳（イメージの脳）に送られ、通常、記憶されているイメージに対応した左脳（言語脳）に記憶されている言葉を探し出し、イメージと言葉をつなぎ合わせて、その信号を前頭連合野に送り、分析、計算、判断し、その結果、対応する指令を左脳に送り、左脳の言語記憶から対応する右脳のイメージ記憶を探し出し、大脳辺縁系から対応した指令を脳幹を通して行動器官へ送り、行動を起こす仕組みになっています。

私たちは、呼吸をして、食べ物を食べ、いろいろなことを考え、意識的に行動して、自分の意志（意識）で生きていると思っています。ところが、それは錯覚で、大いなる宇宙の意志（宇宙意識）によって生かされているのです。

人間の本質! 脳の働きと意識構造

肉体（脳）は三次元の物質、意識、魂は高次元の存在

人間の行動は意識できない潜在意識・無意識・魂（霊的）高次元の意識によって動かされている

▼

無意識、魂の浄化が必要

「宇宙」は多次元　意識は波動のエネルギー

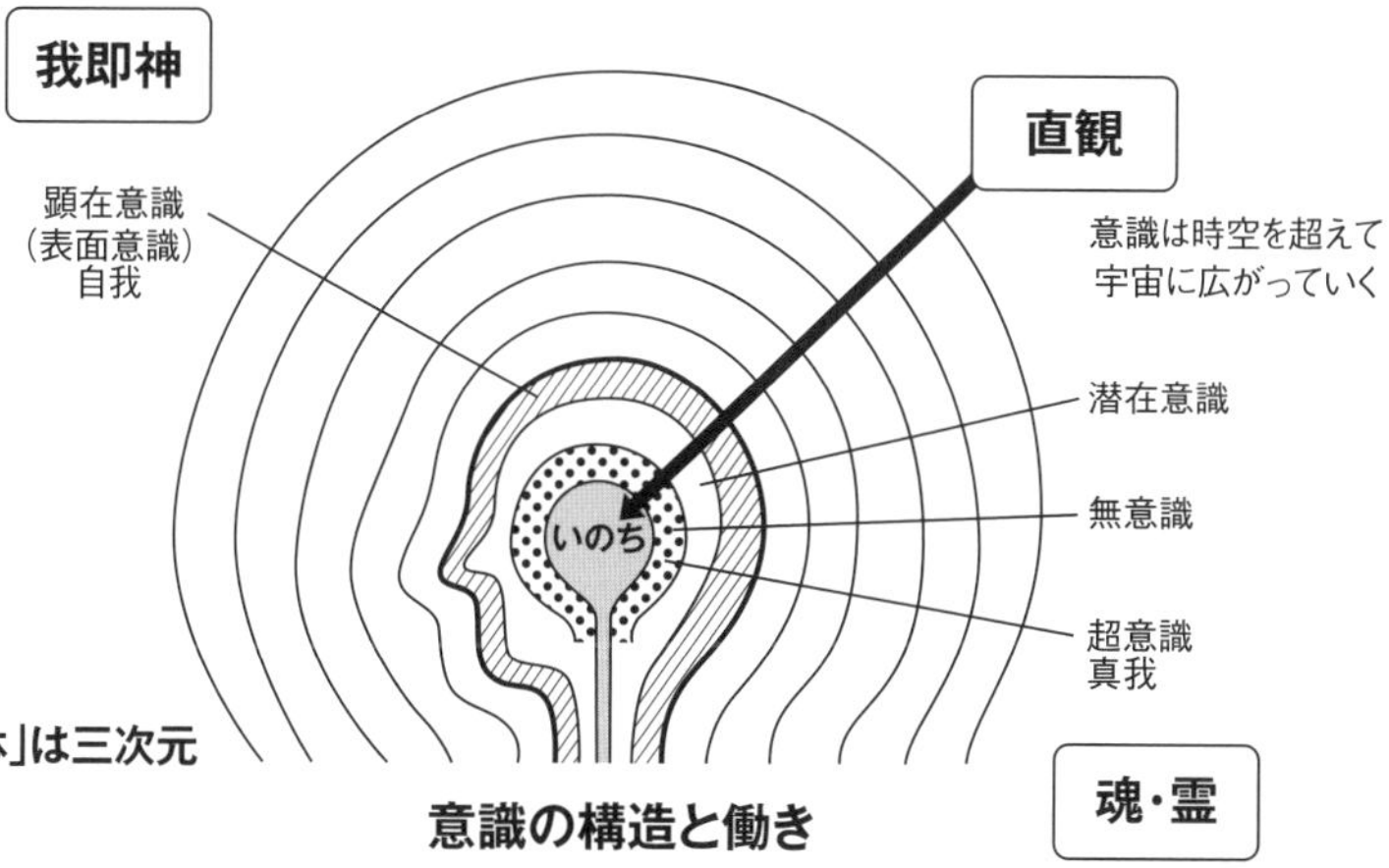

意識の構造と働き

記憶と直感の働き

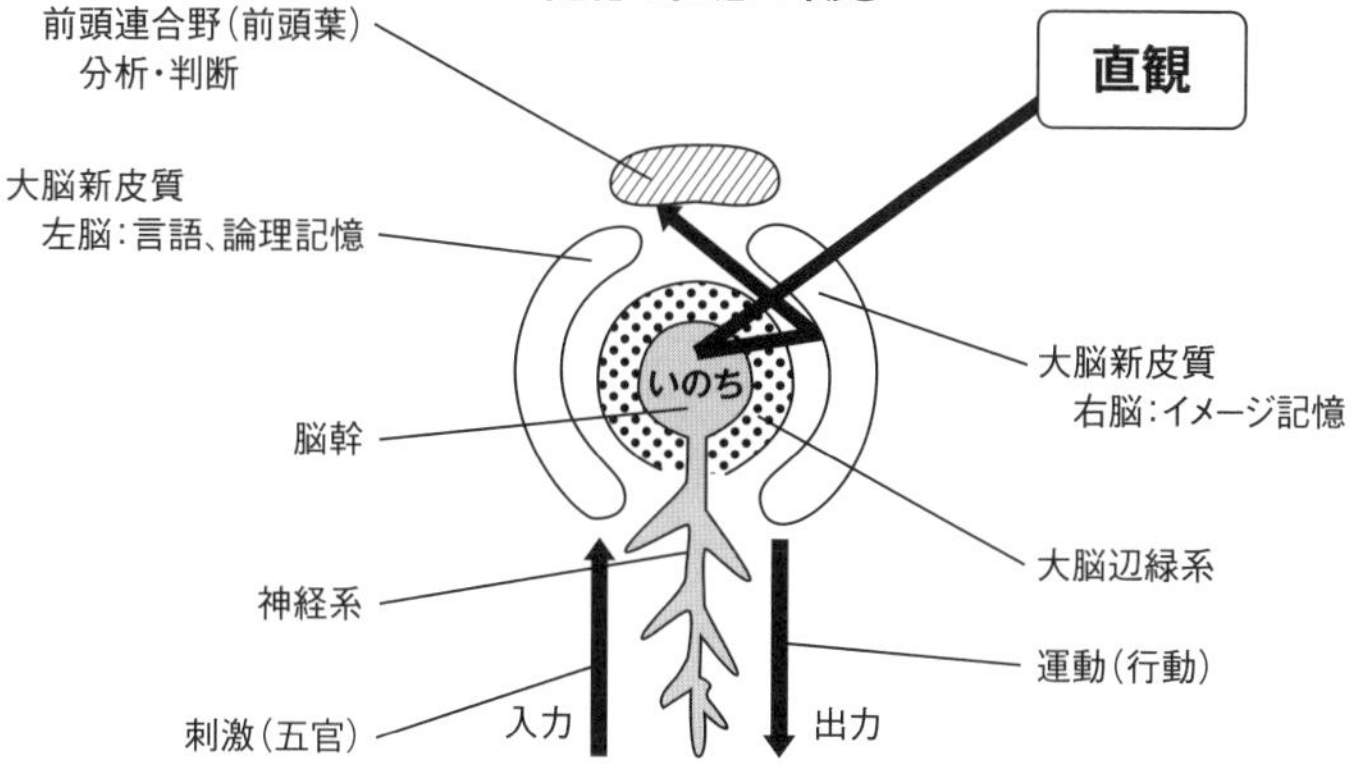

人間の構造と働き

人間はミクロコスモス意識は宇宙に広がり"自分は宇宙・宇宙は自分"

「人間の本質」肉体・脳・意識・魂（霊）

それが証拠に、寝ていて、意識が働いていなくても無意識に息をしているし、心臓もちゃんと働いています。食べた物を胃が無意識に働いて消化します。食べ物が胃につかえて苦しい時、「胃さん、早く消化してくれ！」と思っても、思えば思うほどムカムカしてきて苦しみます。意識することでかえって胃の働きを阻害することになります。肉体を維持するために呼吸して、食べ物を食べることは必要条件ですが、他にいのちを生かしている見えない力の働きがあります。

肉体の無意識の働きに対して、意識（心）は大脳新皮質の働きにあります。右脳は、イメージを記憶、処理する働きをしていて、生まれてから体験したことが、全て自動的（自在）に記憶されます。左脳は、言葉や論理を記憶処理する知性の働きをします。言葉や論理は、体系化された情報であり、この記憶は意識的に行なわれるのです。

したがって、知識として着実に記憶をするために学習を必要とします。創造性は、脳幹（命の働き）と、右脳、左脳が総合した働きであり、広く、豊かな右脳のイメージ記憶と、テーマ（問題、課題）に関連する左脳の記憶（知識）があることが望まれるのです。

昔から「よく遊び、よく学べ」と言われたように、特に右脳のイメージ記憶情報は、幼い時から自然の中でいろいろな遊びを通して体験したことが自在に記憶されるので、創造性を育てるには子どもの時の遊びが大切です。五官の刺激によって入力された情報が脳の機能によって処理され、その命令が運動器官によって行動に移されます。

前記した如く、意識（思い）を行動に結びつけるのは右脳のイメージ記憶の働きであるので、遊びの体験が少なく、幼い時から知識ばかりを詰め込む子育てや教育では、創造性の発揮や、いろいろの問題に対して臨機応変に対応した行動ができません。

人間が生きて行く上で、いろいろなこと、いろいろな人に出会うことで、この脳の仕組み、働きから生ずるいろいろな問題を感じ、悩みや苦しみが生じてきます。それは意識のなせる業で、人間は寝ている間を除いて良くも悪くも常に意識が働き、その意識に振り回されています。人間が創造した文化や文明、社会構造や価値観は人間の脳が創り出したもので、人間の意識、潜在意識が現実（現象世界）を創り出しているのです。

心・意識・魂について

脳は体を動かし、制御する人体の中枢機能ですが、コンピューターでいうとハードウエア（機械装置）であり、肉体（ボディー）の一部です。コンピューターを動かすのはソフトウエアであり、プログラムという実体の無い情報です。

人間も同じように、体を動かしているのは実体の無い心（意識）です。科学万能の近代文明は、人間を心と体の二面で捉えてきました。現代の科学（大脳生理学）では、心（意識）は脳が創り出しているとして、精神医学や心理学の研究が進められています。したがって、人間（肉体）が死ねば、心（意識）は無くなり消滅するので、「死んだらお終《しま》い」という「唯物史観」による西洋物質文明の価値観、社会規範、社会構造が構築されてきました。

昔から「健全な精神は健全な肉体に宿る」と言われます。そこでいう精神は、心と魂の総称で、人間は体と心と魂で成り立っているので、その相互の働きによって内面と外面を有する複雑、不可解な存在です。しかし、本質的には魂が人間の行動を起こさせる基になっていると考えられます。

人間をコンピューターに例えれば、前述したように体はハードウエア（機器そのもの）、心はソフトウエア（機器を制御するオペレーティング・システム、マイクロソフトのWindowsのようなOS）に相当し、魂はアプリケーションウエア（仕事をさせるユーザプログラム）のような働きをしています。

心はコンピューターを動かすプログラムと同様、実体がない情報であって、いろいろな媒体によって記憶、伝達されます。心というと抽象的で捉えがたいが、私は人間の表面意識（顕在意識ともいう）を心と言っています。脳で記憶、処理される意識には、表面意識のほか自分では意識できない潜在意識、無意識、超意識の働きがあります。

通常、私たちは頭で考え、自分の意志によって行動していると思っていますが、実際には潜在意識、魂につながる無意識、超意識によって動かされています。そのことを別の言い方をすると、あたかも人間がコンピューターを使うように、脳という道具を魂が動かせていると言っても過言ではないのです。

肉体は個として存在していますが、魂は宇宙意識（物質、現象を創造している宇宙の根源的な意識、意志）につながっていて、無意識に人間が創造的に生きるよう必要なメッセージを肉体（脳はもちろん体の各部）へ送っているのです。

心はコンピューターでいうOSのようなものであると前述しましたが、つまり心は肉体（個）を守り、より良く生きていくために肉体の感覚器官である五官から外界の状況を取り入れ、大脳新皮質で処理して（五感）、それに対応した運動系（言語や動作）に伝え、行動を起こすように働いています。

コンピューターのOSは一定の論理がプログラムされていて、それに従った一定の結果が得られますが、心

顕在意識と潜在意識・無意識・超意識

意識は海に浮いている氷山に例えられる

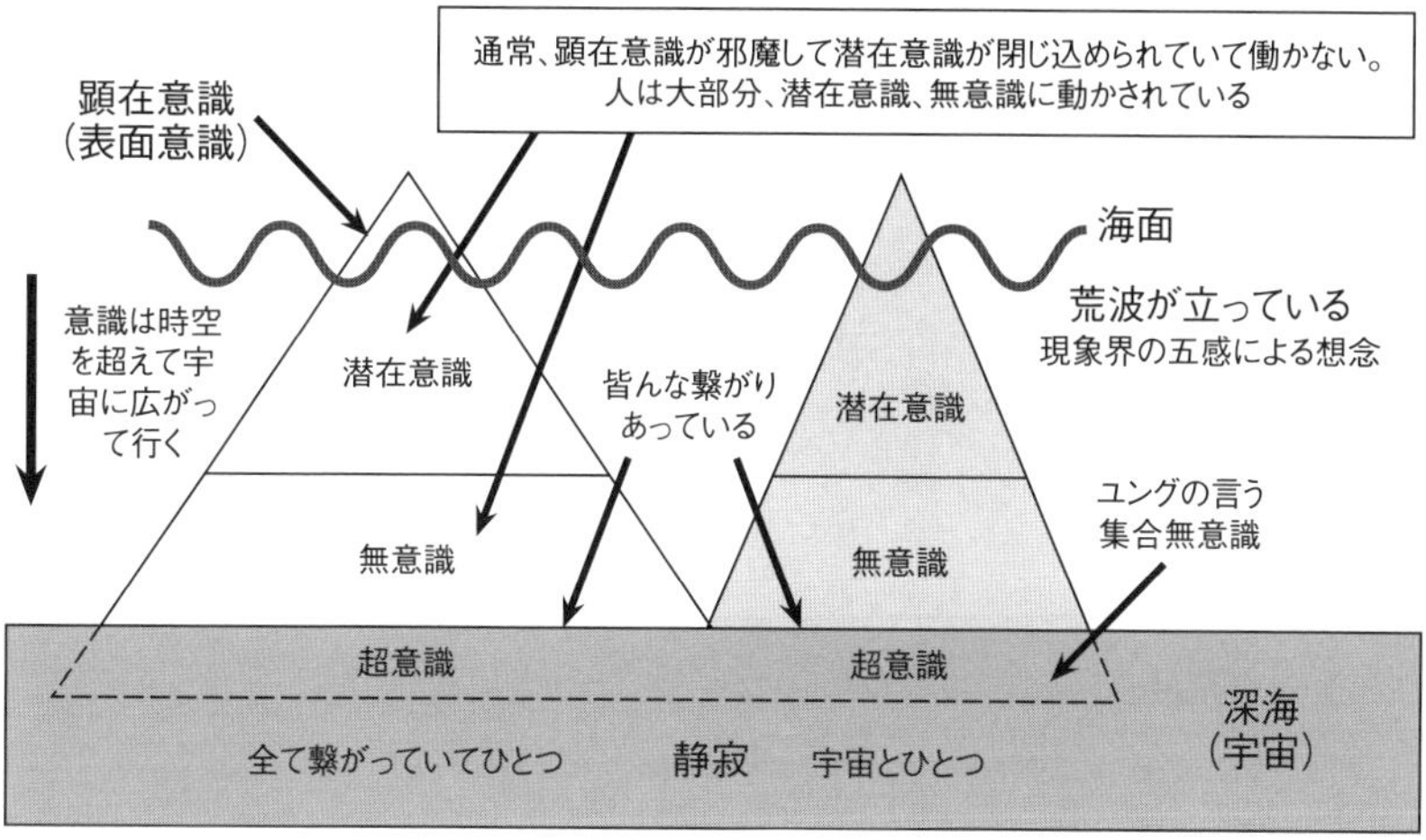

は外界の刺激でころころ変わり、その時々で結果として起こす行動が変わります。

脳の記憶や情報処理については前述した通りですが、大脳新皮質の働きによって、外界のいろいろな、物や出来事を意識する心のことを自我意識とも言いますが、この自我意識は、成長の過程における生まれた時の条件、環境、例えば生まれた時代性（時代状況や社会の規範、価値観）、生まれた土地、風習、気候、地形などの生活環境、親や家族や関係する人の状況、境遇による体験や思考、行動のパターンなど諸々の要因が自我意識を形成することになります。

そして、それらが無意識的に潜在意識にも記憶されるので、人間は一人ひとり異なった意識を持っています。自我意識が形成される生まれてからの成長過程（脳の発達過程）は、「人間の脳の構造と働き」に記した通りです。

直観を阻害する顕在意識・自我意識

自分は、自分の体（目に見える物質である肉体）を心（広い意味で意識という見えない存在）で認識、意識することによって自分の肉体を自分だと思っています。肉体は物質（三次元の存在）ですが、心や意識は四次元以上の高次元の存在です。

前述したように意識は、自分で意識できる顕在意識（表面意識）、自分では意識できない潜在意識、無意識、深奥にある魂の意識、霊や神霊の超意識（宇宙意識）があります。意識は高次元の波動エネルギーであり、宇宙に広がり、「自分は宇宙＝宇宙は自分」ということになります。存在の全てが自分なのです。

身辺に起こるいろいろの問題に対して、通常、「どうするか？」といろいろ考えて対応しますが、思うように解決されず、場合によってはますます泥沼に落ち込みます。考えることや意識することは、自分が意識できる顕在意識（脳の表面意識）の働きであり、それは自己の内側と外側（外界）を分離し、相対して自分という個体を守り、維持する自我の意識です。

悩みや苦しみは、自我意識が自分に都合が良いことを望み、都合が悪いことを避けようとすることから生じてきます。都合の悪いことを避けようとすればするほど、都合が悪いことが次々と起こってきて、悩み、苦しみから抜け出られなくなります。それは、自分の考え、思いによって、こうありたいと答えを想定して、答え通りにならないと嘆き苦しむ、自我に囚われた心（自我意識）が創り出しているのです。

寝ている間を除き、常に顕在意識が働くので、肉体のセンサーである五感で身の周りの状況を検知して自我意識が反応するので、意識して自我意識の囚われから脱することはできません。

しかし、瞑想することで顕在意識を鎮め、無我（自他一体、宇宙と一体）になることによって、自我意識の囚われから解放されて、宇宙意識（神、仏）の大我から直観（智慧）が得られ、意識の深奥にある本来の自己（真我）が発動して創造力、生命力が高まり、いきいきと歓びに満ちた生き方ができるようになります。

細胞にも意識（意志）がある

全ての生命体に意識があり、意識（意志）によって命を守り生き延びていくよう対応します。微生物から植物、動物も細胞が集まって生体が形成されると生命（宇宙の生命エネルギー）が宿り、生命体として機能します。

動物も同様ですが、意識を持った細胞が集合して組織が形成され組織として働く意識（意志）を持ちます。組織が集まって器官ができて、肉体全体を生かすための機能の一部を分担する。それぞれの器官には意識（意志）があり、その意識が連携、統合して肉体の意識が存在する。身体はこのホロン構造によって形成されていて、肉体（身体）が生かされています。

思考（意識、意志）が如何に細胞とかかわりがあるかについて研究した、細胞生物学者のブルース・リプトン博士は細胞膜に関する画期的な研究において、エピジェネティクス（epigenetics）という新しい分野の端緒を開き、科学と魂との橋渡しをする新しい生物学のリーダーとして活躍しています。ウィスコンシン大学医学部やスタンフォード大学医学部で教鞭をとっているリプトン博士の著書『思考のすごい力』（ＰＨＰ研究所）は、細胞生物学者が科学的に人間のポジティブな思考の大切さを説いた画期的な本です。

リプトン博士の研究は、人生に対する私たちの理解を根本的に変革させます。遺伝子やDNAが私たちの生体機能をコントロールしているのではなく、細胞の外側からやってくるシグナル（意識、想念波動エネルギーのこと）がDNAをコントロールしているのです。

さらに、私たちが抱く思考は肯定的なものも否定的なものも強力なメッセージを発していて、それらも細胞をコントロールしています。細胞生物学や量子力学における最新の優れた研究成果を統合して得られた、その深遠かつ希望に満ちた視点は画期的です。考え方を訓練しさえすれば、私たちの体は「変えられる」と言うことを示しているのです。

命が生きる力（生命力）は宇宙の生命エネルギーであり、意識波動エネルギーなので、リプトン博士が言っているように、意識は強力なメッセージ（意識波動エネルギー）を発していて、意識が細胞をコントロールするので、細胞の働き（生命力）を左右します。

意識（顕在意識・自我意識）やストレスが、〝いのち〟が生きようとしている働きを阻害することになります。瞑想することによって、自我意識の働きが抑えられ、潜在意識や無意識の働きが活発になり、本来持っている力（潜在能力、超能力）が発現してきます。宇宙に生かされている生命原理「〝いのち〟が生きる力」に委ねる生き方が〝いのちをいきいき〟させるのです。

意識が現象、物質化する

相対性原理を提示した物理学者のアインシュタインは、物質とエネルギーの等価関係を $E=MC^2$ として数式

高次元の意識がゼロ点から物質を生み出す

量子が蔓延している宇宙（量子真空場）から意識によってエネルギーが物質化する

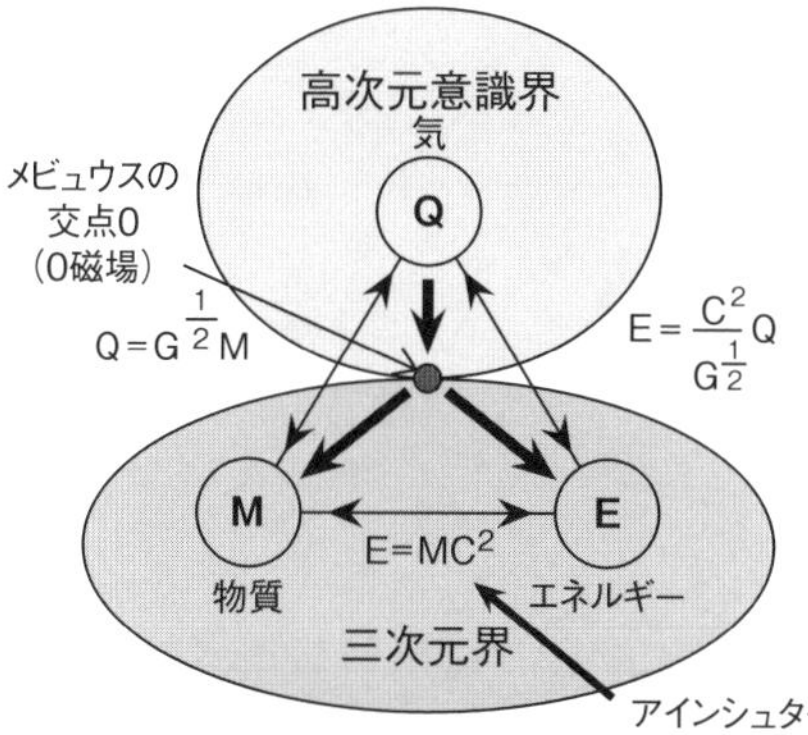

C：光速
G：引力定数
Q：影の電荷、影の磁気単極
M：重力質量と慣性質量
E：エネルギー

猪股修二氏の複素電磁場理論

猪股修二氏は、宇宙に「意識エネルギー」が満ちていることを直観して、複素電磁場理論の「虚の抵抗」複素インピーダンスの考え方をヒントにして、重力Mの含有する汎心論的意識Qの量と考え、意識、物質、エネルギー間の変換公式「猪股の三角理論」を導き出した

アインシュタインの物質とエネルギーの等価式

意識、物質、エネルギーの変換公式

三次元の物質、現象世界は、高次元の意識が創り出している

化しました。Mは物質の質量で、光の速度C（アインシュタインは光速度は一定であるとして）の2乗を掛けた値がエネルギーEであることを提示しました。この数式の原理によって放射能を有する原子爆弾が開発され、また原子力発電が可能になったのです。

ところが、この式はあくまでも三次元の物質、現象世界で成り立つ原理であり、すでに物質世界（地球）に存在する物質を前提にした物質とエネルギーの変換式です。

それに対し、宇宙空間から直接電気を取り出すフリーエネルギー発電装置を研究していた猪股脩二氏が、宇宙に影のエネルギーすなわち「意識」が満ちていて、意識が物質とエネルギーを生じさせるとして、意識Qと物質Mとエネルギ一Eの変換公式、複素電磁場理論（猪股の三角理論）を提示しています。

猪股氏の三角理論は本書36、47ページに記載しています。高次元の意識界（意識エネルギー場）から三次元の物質界に物質や現象が現れたり、消えたりするのはゼロ点（ゼロ磁場）が変換点になっていると考えられます。宇宙（物質

宇宙は量子真空場かつ意識の場

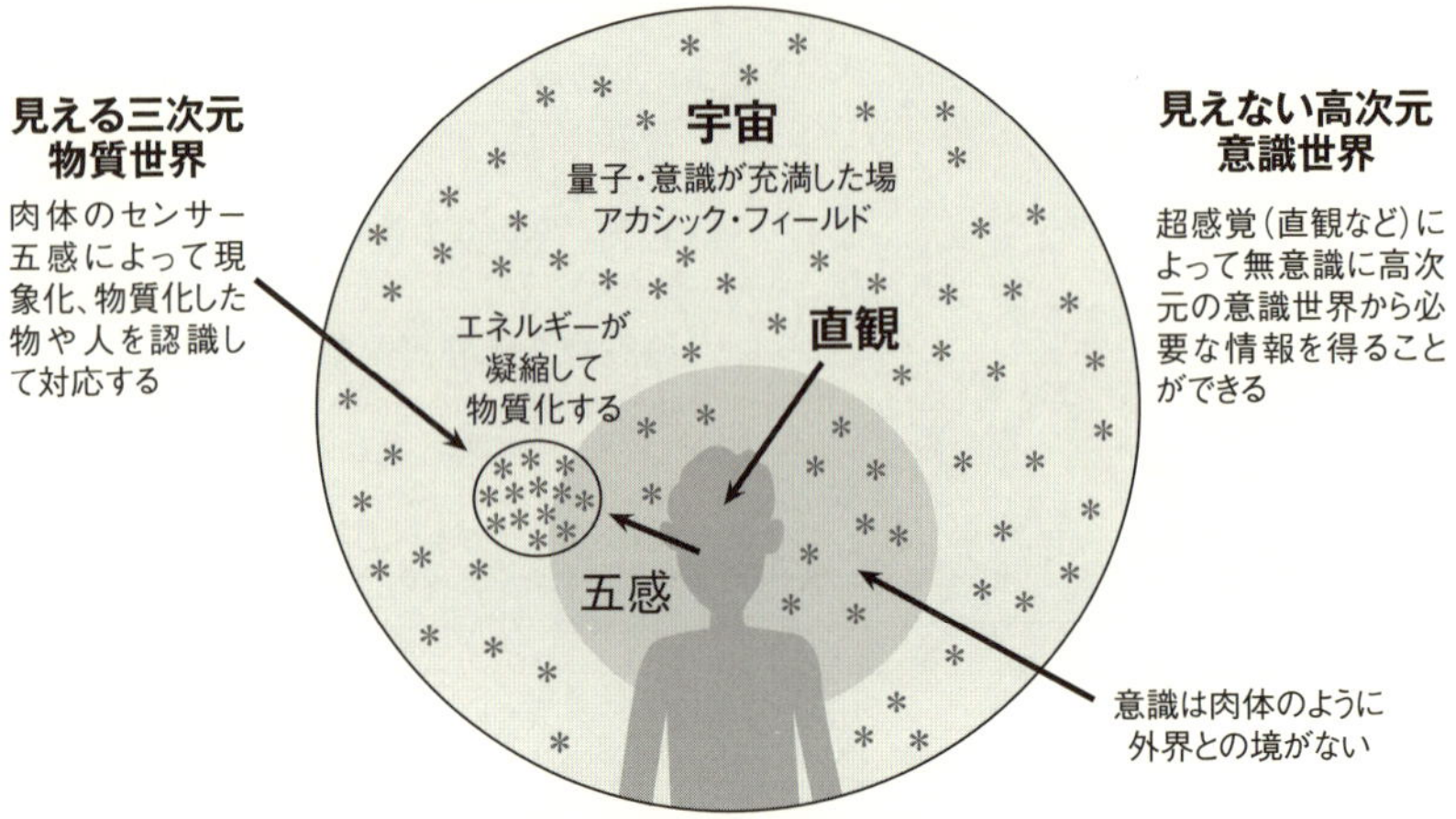

宇宙は三次元の見える物質世界と見えない高次元意識世界が同時に存在している

界）を創造した宇宙の究極の要素は「意識」であり、「物質」と「エネルギー」は「意識」から生じます。

宇宙は高次元の意識場、生命場

宇宙空間は何もない真空ではなくて、意識波動エネルギー（生命エネルギー）に満ちた生命場です。最先端の科学者が宇宙空間は量子真空場であり、かつ意識エネルギー場（アカシック・フィールド）であると言っています。この目に見えない宇宙の意識波動エネルギー空間に、目に見える物質が存在しているのは、意識によって波動エネルギーが凝縮して現象化、物質化しているためです。釈迦が証見した、宇宙の原理（真理）「色即是空、空即是色」はそのことを言っていて、まさに科学的な悟りです。

宇宙の多次元構造

物質（肉体）界は目に見える三次元の世界ですが、宇宙

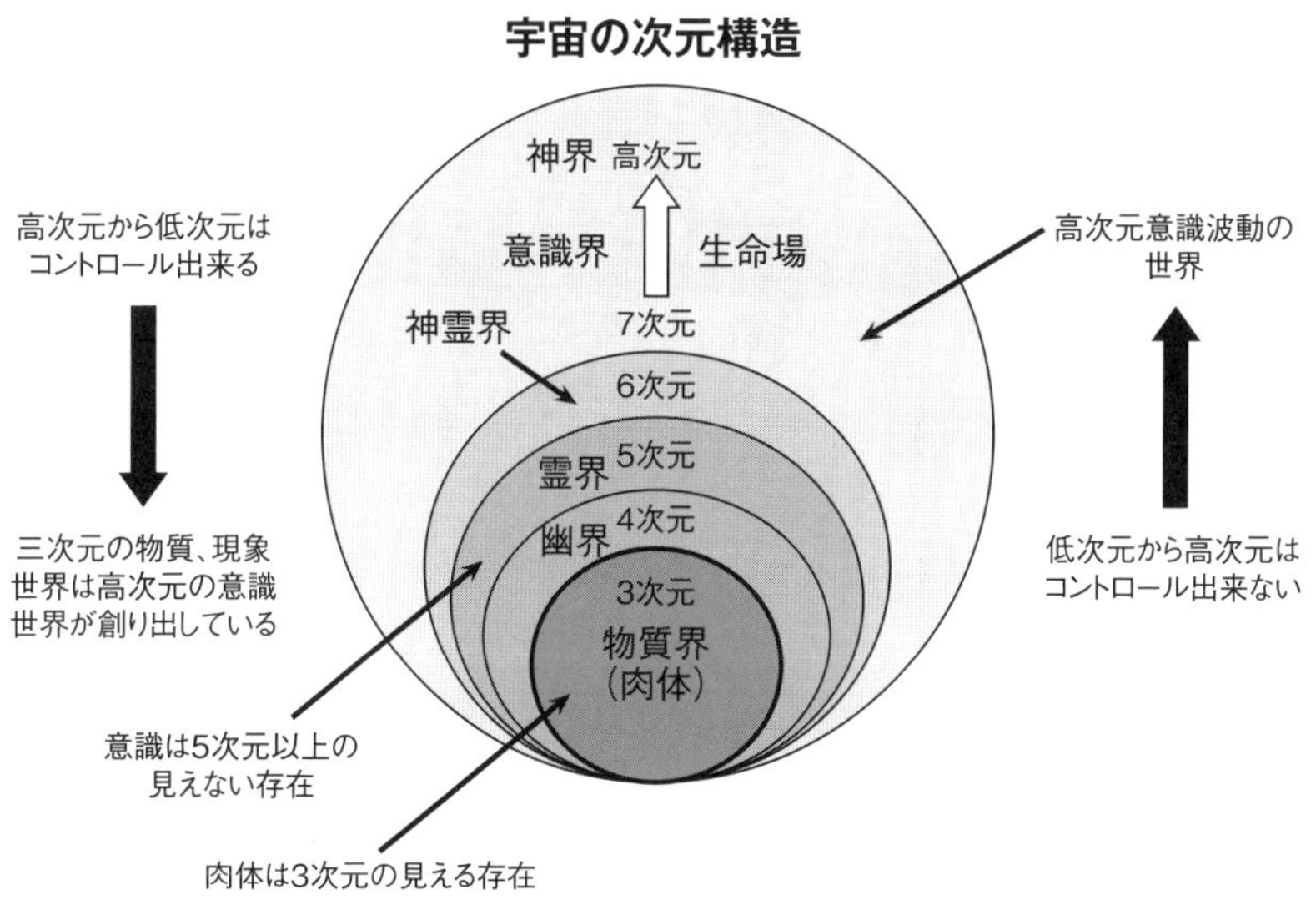

は目に見えない四次元の荒い意識波動の幽界から五次元、6次元、7次元……と、高次元の多次元構造になっています。これらの次元は波動の高さ（波長の細かさ）が異なる意識界、生命場です。三次元の物質界は高次意識世界の他に高次元世界があるのではなく、三次元の物質界の他に高次元世界がある（sic）部として存在しています。その高次元の意識は波動エネルギー、生命エネルギーの場であり、三次元の生命体（植物も動物も人間も）は高次元の生命エネルギーによって生かされているのです。

人は死んだらあの世に行くと言われますが、死んだらあの世（四次元以上の意識界）に行くのではなく、肉体を持って生きている間もあの世の中にいて、死後、肉体から離れた魂が意識のみの世界（想念の場）に存在することになります。

人間の三重構造と多次元の世界

人間は身心共にと言われるように、一般に人間は体と心

人間は体と心と霊の三位一体の存在

自我（肉体）の自分と真我（霊）の自分

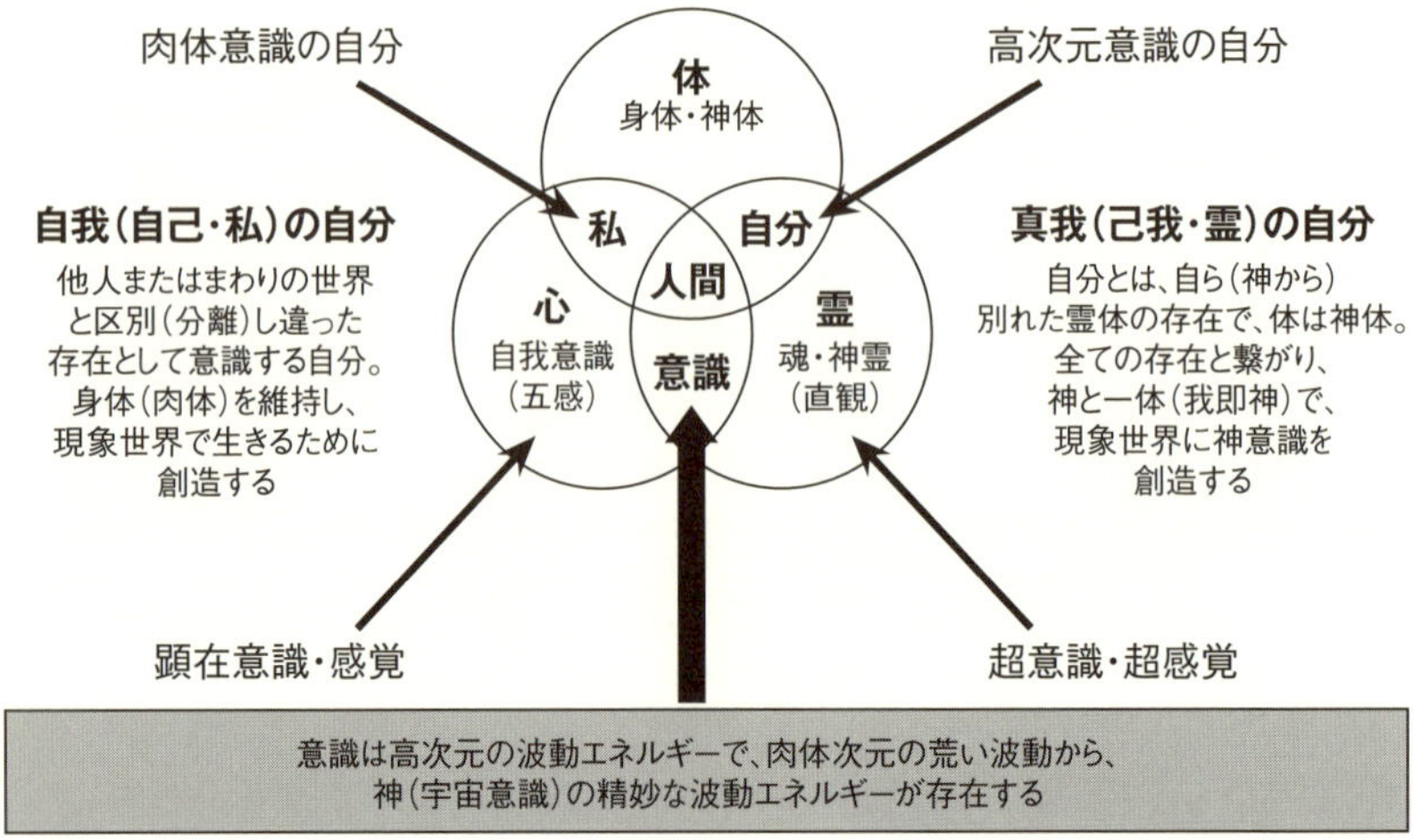

を有する存在とされています。西洋の二元論に基づいた現代科学（物質科学）は魂や霊の存在を認めていませんが、東洋（日本）では人間に魂が存在するとして古来からの精神文明の基盤を成しています。

人間は肉体に魂（霊）が宿った体と心と魂の三位一体の存在であり、意識できない無意識の魂（霊）が高次元の意識界とつながり、生命維持、心や行動に深くかかわっています。したがって、人間の本質は自分（自我意識）が自分と意識（認識）している肉体の自分ではなく霊体であると言っていいのです。

人間の三重構造のことは、昔から「一霊四魂」（神道的表現）と言われています。霊が宿っている肉体を顕御霊《あらみたま》と言い、霊と肉体を結ぶ媒体として肉体に最も近い波動の荒い幽体、和御霊《にぎみたま》があり、本体である奇御霊《くしみたま》があります。

肉体は物質であるが、心は見えないが意識できる顕在意識（脳の表面意識、自我意識とも言う）で肉体の機能である五官によって外界の情報を取り入れ、その状況によって五感が働いていろいろと心が動かされて、心（意識）が

人間の本質「霊体の構造」

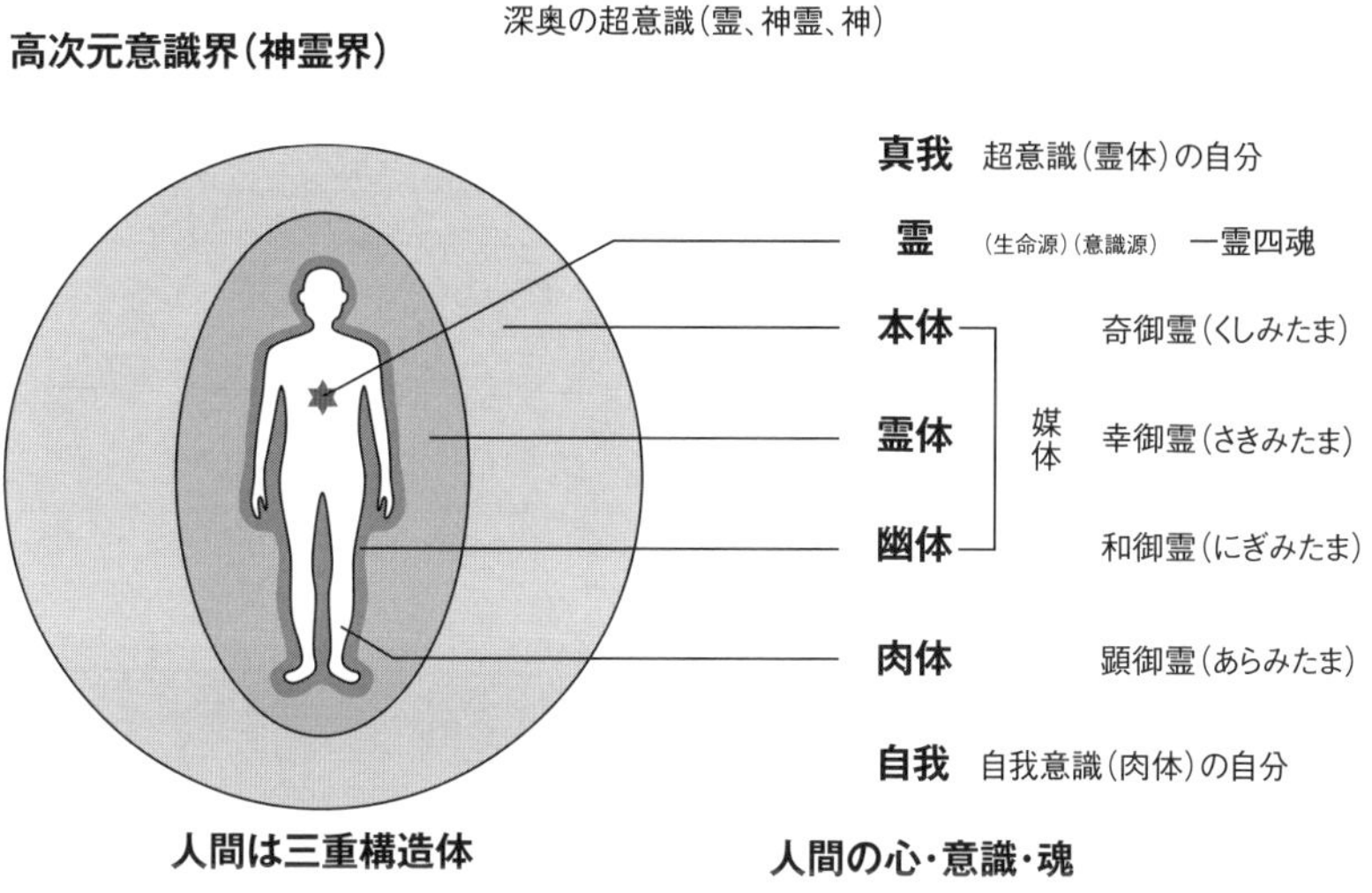

「ころころ変わる」。例えば、怒りや憎しみ、喜びや感謝の感情、思いが湧いてくるように……。

神智学では、人間は意識体（波動体）であり、一番荒い波動の肉体から、徐々に細かい波動への階層（肉体界、幽界、霊界から神界）を肉体・エーテル体・アストラル体・メンタル体・コーザル体としています。

自我の自分と真我の自分

人間は体と心と霊の三位一体の存在であることを先に述べましたが、体と心と霊の関係、自我の自分と真我の自分（本当の自分）のことをよく理解、認識する必要があります。体と心を意識（認識）している私（自己）とは、他人または周りの世界と区別（分離）し、違った存在として意識している肉体意識の自分であり、身体（肉体）を維持し、物質、現象世界で生きるためにいろいろと考え、行動します。

それに対し、体と心の五官に反応する自我意識の心も

こころ（意識）の波動

意識は波動エネルギーで、肉体意識の次元の低い荒い波動から、
精妙で高い次元の神の波動が存在する。

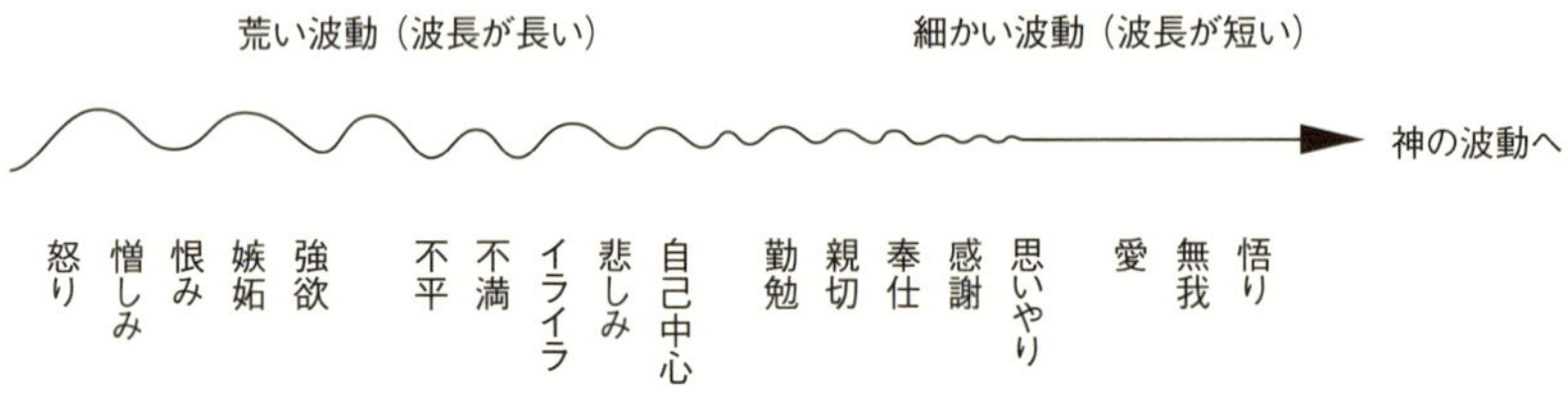

「類は友を呼ぶ」と言われるように、同じ波長の波動は同調して共振する。

無意識の霊魂や全ての存在とつながり、神と一体「我即神」で現象世界に神意識を創造する高次元意識の自分です。肉体を結ぶ本当の自分（真我の自分）は、高次元の意識（神）からおのずから別れた霊体の存在であり、超意識の神霊も三次元を超えた高次元意識波動エネルギーであり、先に述べたように意識波動は肉体次元の荒い波動から、神（宇宙意識）の精妙な波動エネルギーが存在します

こころ（意識）の波動の法則

心で思うことや感情は、高次元の意識波動エネルギーです。三次元の物質世界には時間空間が存在していて、方向と速度と時間によって場所が特定されますが、意識波動は時空を超えた高次元の波動エネルギーなので、時間、空間（距離）に制約されないで、即時に（時間ゼロで）全方向に宇宙の果てまで伝わります。

伝わるというのではなく、個人の意識がそのまま全宇宙に同時に存在するのです。したがって、一人ひとりの意識

（自分が意識する自我意識）は他と分離した個人の思い、意識と思っていますが、人の想念や意識は宇宙と一体、宇宙そのものと言うことができます。「私は宇宙、宇宙は私」ということになります。真我の意識（超越意識）は全て一つにつながり、宇宙意識そのもの〝我即神〟なのです。

意識波動エネルギーは次元が異なるものの、電波などの波動と同じように共振、共鳴現象が生じ、「類は友を呼ぶ」と言われるように、怒りや憎しみ、恨み、嫉妬などの意識（荒い波動）は、それらの意識が共振、同調していろいろな災難を呼び寄せ、不運を招きます。奉仕や感謝、愛、無我など高い意識は神の波動に近く、幸運を招き、進化の宇宙意識と共鳴して高次元新文明を創造する働きをするのです。

物質、現象のない高次元意識世界

三次元の物質世界を超えた四次元以上の世界は、時空を超えた時間も距離もない意識のみの世界です。人は「死んだらあの世（肉体の無い魂、霊のみの世界）に行く」と言われますが、あの世とはどういう世界なのでしょうか?

高次元意識世界のあの世は、――

（1）思ったことが即イメージに現れる。想念が作り出した場に位置する
（2）強い想念が超常現象を起こす。物質が現れたり消えたりする
（3）意識レベルが異なる（意識波動の周波数が異なる）と交われない

（4）我執の強い魂（霊）が生きている人に憑依する
（5）時間・距離が存在しない。光の速度を超えた虚空間の世界
（6）過去も未来も今ここにある。過去のことも未来のことも思った瞬間そこにある

——というものではないでしょうか。

宿命と運命、人間が辿る人生の意味

人が生まれて生きていく上で、自分ではどうすることもできないことがたくさん起こります。それを一般的に運命と言っています。生まれた国、時代背景、両親や家庭環境など選ぶことができない生まれ落ちた星の下を宿命と言いますが、その人の人生は運命や宿命に影響されることが大きいことは確かです。

そのことは個としての肉体的、現象的な観念であり、高次元の見えない世界（魂の世界）から見ると、魂が肉体に宿り（人間として生まれてきて）体験し、学ぶために、その願いにかなう親を選んで生まれてくるようです。したがって、それから始まる人生には人や物、出来事など無常な関係（移り変わる身の周りの環境）の中で魂の願いを果たすべく無意識に選択がなされ、意識では理解しがたい状況（悩みや苦しみなど）が生じ、運命を感じるように思われます。

私は、これまでのいろいろな体験や学びから、運命は自ら変えることができることを確信するようになりました。創造性開発の研究をする中で、脳の構造、働き（意識や直観）について学び、瞑想や共時的な体験から

物質、現象の無い見えない意識世界

魂、霊、神霊、神の意識(想念)が三次元に働いて物質や現象を生じさせる

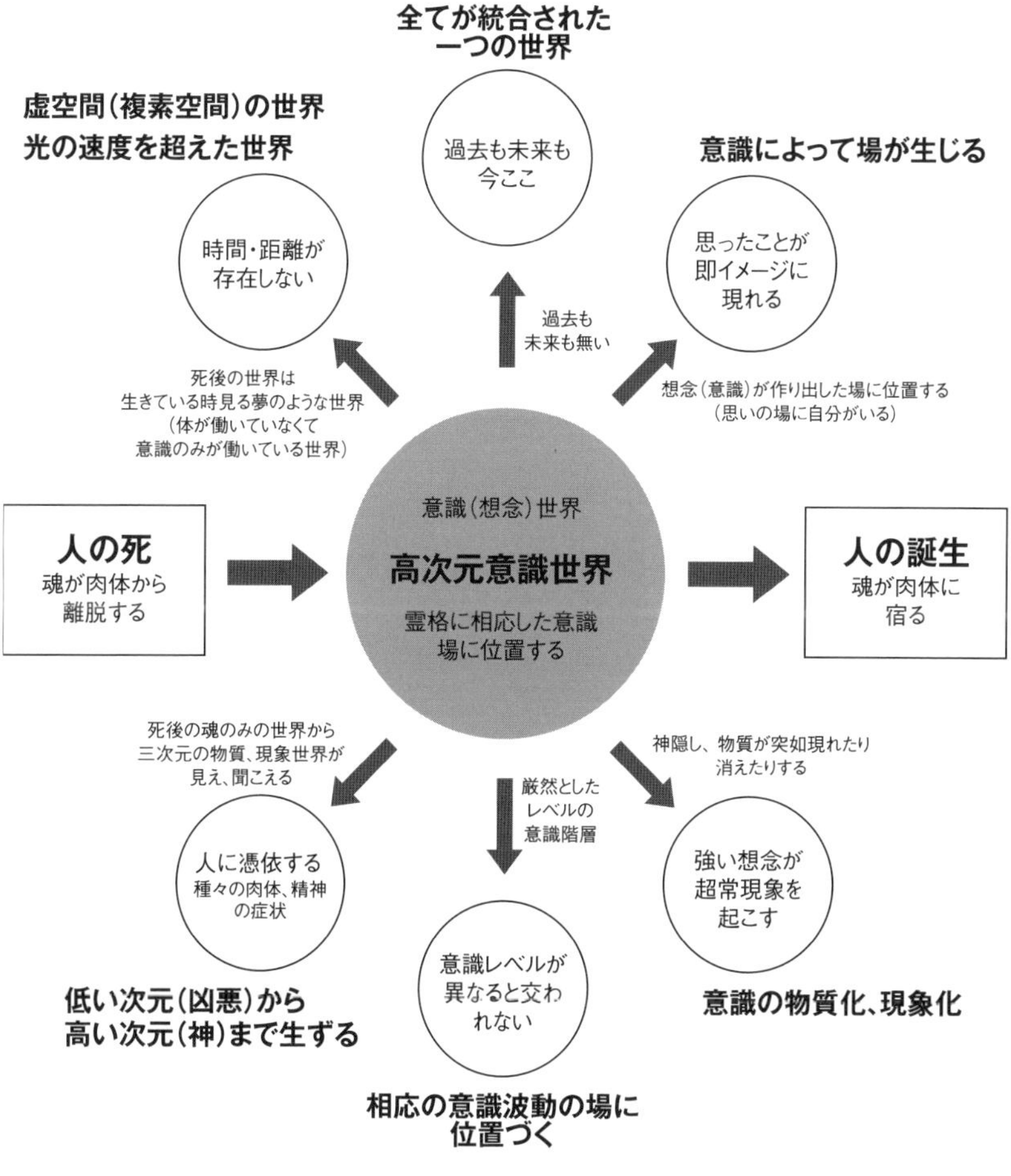

身の周りに起こる問題や悩み、苦しみは全て自分の脳（意識）が創り出している（意識が現象を創り出す）ことを実感するようになりました。

自分はどうしてこのような境遇に生れてきたのか⁉　身辺にさまざまな不幸や苦難が起こってくるのはどうしてなのか⁉　と宿命や運命を感ずる。宿命や運命は個としての肉体的な観念であり、いろいろのものやことを見聞きし、体験して、憎い、悲しい、苦しい……と思う心（感情）は、実態のない想念であり、身の周りに起こる問題や悩み、苦しみは全て自分自身（自我意識）が創り出しています。

人間が母親のお腹から生まれてきて、最初に母親と出会い、父やおじいさん、おばあさん、兄弟姉妹、親戚の人々に出会います。そして、学生を経て社会に出ていろいろな人と出会います。「人生は出会いである」と言われますが、良くも悪くも出会う人、関係する人によってその人の人生は大きく影響されます。

宿命とは「命が宿る」と書きます。命（いのち）は魂（命体）なので、肉体に魂が宿ることを意味します。運命とは「命の運び」と書きます。命を魂と置き換えると「魂の運び」であり、肉体を通していろいろの人やこと、ものに出会い、運ばれる。人間の一生は「魂が肉体の船に乗って旅をする」ことに例えられることがあります。この世の人間社会に起こるいろいろな事柄、現象は、見えない意識、魂の働きが創り出しているのです。

高次元の見えない世界（魂の世界）から見ると、この世の現象世界でいろいろのことを体験し学ぶために、魂の思い（願い）にかなう親を選んで生まれてきて、それから始まる人生には人やもの、出来事など無常な関係（移り変わる身の周りの環境）の中で魂の願いを果たすべく無意識に選択がなされ、意識（五感による肉体意識）の上で悩みや苦しみなどが生じ、運命を感じるようになります。人間が生まれ、その後に辿る人生は、魂の成長、願いによって自ら縁して、体験するために必然な「いのちの運び」です。

人間が輪廻転生して生まれてくるのは、多様なものが存存する物質界、人間界で曇った魂を磨き、魂を向上・進化させるためです。したがって、魂を磨き、魂を向上させることによって運命を自ら変えることができるのです。ところが、脳の成長過程で命にダメージを受ける体験した嫌な思い（マイナスイメージ）を抑圧することによって、潜在意識、深い無意識に追いやってトラウマ（魂の曇り、意識の汚染）を造ることになります。

そのトラウマに感応する状況（思い）に遭遇すると、反射的に無意識に感情的な行動が生じます。いくら、心（顕在意識）で思っていても、潜在意識、無意識（雲った魂、トラウマ）に動かされて、誤った行動をとってしまうことになります。

魂の使命（天命）に生きる

宇宙には無駄なものは一つも無く、偶然もない。全て意識によって必然に生起しています。人間の病気も自ら創り出したもので、気づきへのメッセージです。超意識である〝魂〟は創造が可能な物質界へ願いと使命（天命）を持って、肉体に宿って生まれてきて、魂の向上進化のために、ピンからキリまでいろいろな人やもの、ことが存在するこの世（肉体界、物質界）でいろいろなことを体験して、魂の学びをします。

ところが、「自分」という自我意識によって生ずる感情が業想念（カルマ）を造り出して、その業想念が、高次元の霊と肉体を媒介する魂を覆い、高次元意識からの直観を阻害し、霊性、神性を体現できなくしています。

それどころか、そのカルマが潜在意識となって、自分の意識（思い）や行動を起こさせ、問題を造り出すことになります。ネガティブな想念（意識）が病気や災難を引き寄せ、それを体験することによって、魂が学び、向上します。気づきによって病が治り、身の周りに起こることが変わってきます。生き方が魂の願い、使命と大きくずれると、病や災難などによって気づかされます。

「いきいき、わくわく」して、喜びが湧いてくることをすることが、その人の使命（天命）に通じる生き方です。

あとがき

意識科学研究会座長　米田 晃

サトルエネルギー学会が創立10周年を迎えて、２００６年に『意識科学研究会』を設立して、見える物質を対象に研究する科学（物理学）に対し、〝意識が物質化する〟見えない高次元意識世界と見える物質、現象世界の関係性の科学を「意識科学」として、いろいろな角度からこれまで10年間研究してきました。本書はその成果の一部をまとめて広く世に問う資料として発行するものです。

目に見える三次元の物質世界を実の世界とすると、四次元以上の意識の世界は虚の世界ということができます。物質科学を基にして考えると、第９章に記している猪股脩二氏の『三角理論』にも見られるように虚の世界から物質界にエネルギー（物質）が湧き出ることになります。

また、七沢《ななさわ》賢治氏の言霊量子論は虚の世界の意識（意志）が物質化することを示しています。三次元の世界に存在する物質は、宇宙に遍満している高次元の意識エネルギー（波動エネルギー）のほんの一部が物質化しているのです。宗教の世界では反対に、「見えないあの世（心、意識の世界）が実相世界で、物質世界（肉体界）のこの世は仮想（幻想）世界である」と言っています。

私たちが提唱する「意識科学」はそれらの両説を統合するもので、物質現象世界（三次元の見える世界）と見えない高次元の意識世界は、相対する世界ではなく、三次元の物質世界は高次元の意識世界に含まれ、大宇宙に統合された一つの世界です。

彗星捜索家で知られる木内鶴彦氏は三度も臨死体験をされていて、初回の臨死体験では30分もの長い間、心臓が停止し、肉体が死亡状態にありました。（一般には心臓が停止して20分以内に蘇生した人で、その間に死後の世界の一部を体験したとされる人を臨死体験者と言っています）

木内氏は、死亡状態にあった時、五次元の意識世界を体験したそうです。意識はとてもはっきりして、判断したり、記憶したりしながら、時間と空間を自由に超えることができたと言っています。そこは、「膨大な意識体」で個々の意識や感覚を超えた「大いなる我」と言ったらよいか、「ワンネス」と言うのか、その意識体でした。とても懐かしさを感じ、人は「膨大な意識体」から生まれてきて、再びそこに戻っていくのだと思った、と言います。

その意識体には、過去から未来に至る生きとし生けるもののあらゆる記憶や経験が蓄積されているようで、その中を通り抜ける瞬間、瞬時に全てのことが分かってしまいました。意識体の中に回転する渦のようなものができて、それが発達して物質ができるのを見た。そして、好奇心から、過去や未来に行きたいと思ったら、瞬時に過去や未来に自由に行くことができた――と、死後の五次元の世界の体験を話しています。

そして、過去に行って、痕跡を残した記憶から、蘇生したあとにその場所を調べて、そこを訪ねていくと、記憶通り、自分が残した痕跡があった、と証言しています。

私たち現代人は、私たちが生きている物質世界が全てであるという現代科学（物質科学）史観を常識にしています。物質世界のいろいろのことが行きづまっている近年、見えない世界、超常現象や不思議現象、スピリチュアルなことに関心を持つ人が増えてきています。

これまで、『意識科学研究会』を開催してきて、個別にはそのようないろいろな分野で研究されている多くの方と出会ってきました。それらのことを総合的に研究してきた内容をまとめた本書が、広く皆さんの目に触れて、生死に関わる見えない高次元の意識世界があることを知る人が増え、「意識科学」が常識になることを期待します。

本書出版に当たり、研究報告をお寄せ頂いた、朝日 舞様、大槻麻衣子様、小川博章様、論文を寄稿頂いた猪狩文郎様。また、意識科学研究会研究員、鈴木俊介様、古川彰久様、平澤幸治様、河野貴美子様、井上恒弘様、川口哲史様、天野聖子様、根本泰行様、神尾 学様、川口哲史様、阿久津淳様、向後利昭様、皆さまに感謝申し上げます。

また、アーヴィン・ラズロ博士をご紹介頂き、本書の推薦、論文寄稿の労をとって下さいました世界賢人会議「ブダペストクラブ」アンバサダー、柴田光廣様に厚くお礼申し上げます。

本書が出版できましたのは、㈱ナチュラルスピリット今井博央希社長をはじめ編集をして下さった磯貝いさお氏、デザイン、作図などをして下さった小粥 桂氏のご尽力のお陰です。有り難うございます。心から感謝申しあげます。

２０１６年　11月吉日

本書の構成と内容の企画は、サトルエネルギー学会・意識科学研究会の座長・米田晃と副座長・前田豊が中心となって、取りまとめたものであります。本書の内容に関するご意見・お問い合わせがございましたら、左記のメールアドレス宛にご連絡頂ければ幸いです。

意識科学研究会・座長　米田 晃：mail：akr-yoneda@nifty.com　副座長　前田 豊：mail：maeda_yutaka@nifty.ne.jp

意識科学
意識が現象を創る

●

2016年12月23日　初版発行

著者／意識科学研究会 米田 晃・前田 豊

編集／磯貝いさお

装幀・DTP／小粥 桂

発行者／今井博央希

発行所／株式会社ナチュラルスピリット
〒107-0062 東京都港区南青山5-1-10
南青山第一マンションズ602
TEL 03-6450-5938 FAX 03-6450-5978
E-mail: info@naturalspirit.co.jp
ホームページ http://www.naturalspirit.co.jp/

印刷所／創栄図書印刷株式会社

ISBN978-4-86451-226-8 C0011